汽车维修专业技能人才培养工学一体化课程教材

汽车电气设备检修

彭钰超　彭红梅/主　编

胡　杰　李珍珍　雷静静/副主编

沐俊杰/主　审

人民交通出版社

北　京

内 容 提 要

本书是汽车维修专业技能人才培养工学一体化课程教材之一。其主要内容包括汽车充电指示灯亮故障检修,汽车起动机不工作故障检修,汽车前照灯不亮故障检修,汽车转向灯不亮故障检修,汽车仪表照明灯不亮故障检修,汽车辅助电气设备故障检修。

本书可作为技工院校汽车维修专业教材,也可供汽车维修人员及相关技术人员参考使用。

本教材配套数字资源,读者可免费扫码观看和在线学习;同时配有教学课件,教师可通过加入汽车技工教学研讨群(QQ:428147406)获取。

图书在版编目(CIP)数据

汽车电气设备检修/彭钰超,彭红梅主编. —北京:人民交通出版社股份有限公司,2025.3. —ISBN 978-7-114-19343-9

Ⅰ. U472.41

中国国家版本馆 CIP 数据核字第 2025AB8102 号

书　　名: 汽车电气设备检修
著 作 者: 彭钰超　彭红梅
责任编辑: 李佳蔚
责任校对: 龙　雪
责任印制: 张　凯
出版发行: 人民交通出版社
地　　址: (100011)北京市朝阳区安定门外外馆斜街 3 号
网　　址: http://www.ccpcl.com.cn
销售电话: (010)85285911
总 经 销: 人民交通出版社发行部
经　　销: 各地新华书店
印　　刷: 北京市密东印刷有限公司
开　　本: 787×1092　1/16
印　　张: 16.5
字　　数: 351 千
版　　次: 2025 年 3 月　第 1 版
印　　次: 2025 年 3 月　第 1 版　第 1 次印刷
书　　号: ISBN 978-7-114-19343-9
定　　价: 49.00 元

编审委员会名单

前言

Preface

为进一步贯彻落实《关于深化技工院校改革 大力发展技工教育的意见》和《技工教育"十四五"规划》《推进技工院校工学一体化技能人才培养模式实施方案》等文件精神,对接汽车产业发展新趋势,满足汽车领域高质量发展对高素质技术技能人才的需求,人民交通出版社股份有限公司特组织江苏汽车技师学院、广西交通技师学院、贵州交通技师学院、杭州技师学院、浙江交通技师学院、江苏省交通技师学院、广西工业技师学院、北京汽车技师学院、日照技师学院等20余所院校,共同编写了汽车维修专业技能人才培养工学一体化课程教材。

工学一体化培养模式是依据国家职业技能标准及技能人才培养标准,以综合职业能力培养为目标,将工作过程和学习过程融为一体,培育德技并修、技艺精湛的技能劳动者和能工巧匠的人才培养方式。本套教材秉承上述理念,落实《技工院校教材管理工作实施细则》,遵循知识和技能并重的改革方向,根据技工教育的特点以及技工院校学生的学习情况进行编写,具有以下特点:

(1)教材编写依据最新发布的《汽车维修专业 国家技能人才培养工学一体化课程标准》,贯彻以学生为中心、以能力为本位的教学理念,构建难度适当的理论知识体系,以学生的实操内容及职业素养培养为核心,围绕典型学习任务设计教材任务、活动,突出知识的实用性、综合性和先进性。教材按照四步法"明确任务、工作准备与计划制订、计划实施、评价反馈"编写而成,充分实现思想政治教育、知识传授、技能培养融合统一,持续推动技工院校内涵发展和特色发展。

(2)教材编写过程中充分吸纳行业、企业专家,深入了解目前行业、企业对本专业人才的实际需求,由相关企业提供部分配套的教学资源和技术支持,行业企业人员真正深度参与教材编写与开发。进一步提高技能人才培养质量,帮助学生从学校学习到就业工作紧密衔接。

(3)部分教材配备了丰富的教学资源(纸数融合),教材的知识点以二维码链接动画、视频资源,所有教材配有课件、习题及答案等,满足学生个性化学习的需求,提升教材使用体验感。

(4)在教材中融入了丰富的课程思政元素及党的二十大精神内容,选取国产汽车品牌进行详解,培养学生的国产品牌意识,增强民族自信,体现"培根铸魂,启智润心"教育目标,实现思想政治教育与技术技能培养的有机结合。

本书是汽车维修专业技能人才培养工学一体化课程教材之一,包含了汽车电气的基础知识,以及电源系统、起动系统、灯光与信号系统、信息显示系统和汽车辅助电器系统等关键部分知识。教材以常用车型为例,系统地阐述了现代汽车电气设备的基本结构、工作原理及使用特性。为了加深读者的理解,将理论知识与实际技能的培养有机融合,通过"任务—活动"的方式组织教材内容。这种模式充分体现工学一体化,有助于学生在解决实际问题的过程中深化对理论知识的理解和应用。

本书由贵州交通技师学院彭钰超、成都市技师学院彭红梅担任主编,由贵州交通技师学院胡杰、李珍珍和贵阳职业技术学院雷静静担任副主编,参加编写的还有贵州交通技师学院郎启坤、彭龙、屈皎、张再菊、向健,成都市技师学院吴迪。书中共有六个学习任务。学习任务一、学习任务二、学习任务三由胡杰、郎启坤、彭龙、屈皎共同编写;学习任务四、学习任务五由彭红梅、张再菊、李珍珍共同编写;学习任务六由彭红梅、雷静静、向健、吴迪共同编写。彭钰超、胡杰对全书进行了统稿。

限于编者水平,书中难免有疏漏和错误之处,恳请广大读者提出宝贵建议,以便进一步修改和完善。

编　者

2024 年 9 月

目录

Contents

学习任务一　汽车充电指示灯亮故障检修 …… 1

学习活动1　蓄电池的维护与更换 …… 2

学习活动2　发电机皮带调整与更换 …… 12

学习活动3　发电机、充电指示灯线路的检修 …… 21

任务习题 …… 32

学习任务二　汽车起动机不工作故障检修 …… 34

学习活动1　起动系统电路识读 …… 35

学习活动2　起动线路、起动机检修 …… 45

学习活动3　熔断丝、继电器、点火开关的检测与更换 …… 58

任务习题 …… 74

学习任务三　汽车前照灯不亮故障检修 …… 76

学习活动1　前照灯电路识读 …… 77

学习活动2　灯具、灯光开关、控制线路的检修 …… 93

任务习题 …… 104

学习任务四　汽车转向灯不亮故障检修 …… 106

学习活动1　转向灯电路识读 …… 107

学习活动2　闪光器、灯泡的检查与更换 …… 117

学习活动3　转向灯开关、危险警告灯开关、信号灯控制线路的检修 …… 131

任务习题 …… 138

学习任务五　汽车仪表照明灯不亮故障检修 …… 140

学习活动1　仪表线路的检修 …… 141

学习活动2　仪表盘的检查与更换 …… 158

任务习题 …… 166

学习任务六　汽车辅助电气设备故障检修 …… 168

学习活动1　SRS系统的检查与更换 …… 169

学习活动2　电动车窗的检查与更换 …… 181

学习活动 3　电动天窗的检查与更换……………………………………………………… 189
学习活动 4　刮水器的检查与更换……………………………………………………… 201
学习活动 5　中控门锁的检查与更换…………………………………………………… 214
学习活动 6　电动座椅的检查与更换…………………………………………………… 228
学习活动 7　电动后视镜的检查与更换………………………………………………… 240
任务习题 ……………………………………………………………………………… 251
附录　本教材配套数字资源列表 ……………………………………………………… 255
参考文献 ……………………………………………………………………………… 256

学习任务一

汽车充电指示灯亮故障检修

学习目标

1. 知识目标

(1)能描述蓄电池的作用。

(2)能描述发电机的作用。

(3)能说出蓄电池的组成。

(4)能说出发电机的组成。

(5)能画出电源系统部件的框架图。

2. 技能目标

(1)能对蓄电池进行清洁和检查。

(2)能对蓄电池进行拆装。

(3)能对发电机皮带进行清洁和检查。

(4)能对发电机皮带进行调整和更换。

(5)能对电源系统进行检查。

3. 素养目标

(1)在蓄电池拆装过程中学到要一步一步做事的踏实工作的方法。

(2)在电源系统检查中培养独立思考问题的能力。

参考学时

36 学时。

任务描述

一辆汽车进厂维修,客户反映汽车起动后,充电指示灯点亮。经班组长问诊,初步检查判断为电源系统故障,需要对该系统进行检修。

学习活动1　蓄电池的维护与更换

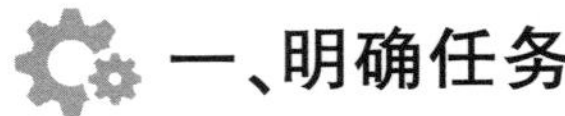

一、明确任务

根据任务描述，对故障车辆进行检测，需要对蓄电池部件进行检查与更换，使其恢复正常使用性能。

二、工作准备与计划制订

（一）知识准备

1. 汽车蓄电池的作用

汽车蓄电池等同于一个大容量电容器，不仅能稳定供电系的电压，还能吸收电路中的瞬时过高________，防止电子设备的损坏。在起动发动机时，汽车蓄电池向起动机、点火系统、燃油喷射系统和仪表系统等设备________。在起动发动机后，由发电机给用电设备供电。如果发电机不发电或电压较低时，汽车蓄电池向交流发电机磁场绕组和点火系统等其他用电设备供电。当发电机发电过量时，回收多余的电能储存起来。

2. 汽车蓄电池的安装位置

汽车蓄电池一般安装在汽车发动机舱内的左上侧或者后排座椅与行李舱之间的下部位置。

3. 汽车蓄电池的分类及特点

汽车的蓄电池主要分为三类：________、________和________。

汽车蓄电池常见类型

1）普通蓄电池

普通蓄电池的极板由铅和铅的氧化物组成，硫酸的水溶液作为电解液。其优点主要是电压稳定、价格便宜；其缺点主要是比能低、使用寿命短和日常维护繁琐。普通蓄电池如图1-1所示。

2）干荷蓄电池

干荷蓄电池主要特点是负极板有较高的储电能力，在完全干燥情况下，能保存所得到的电量两年之久。在需要使用时，加入电解液，等待20～30min就可使用。干荷蓄电池如图1-2所示。

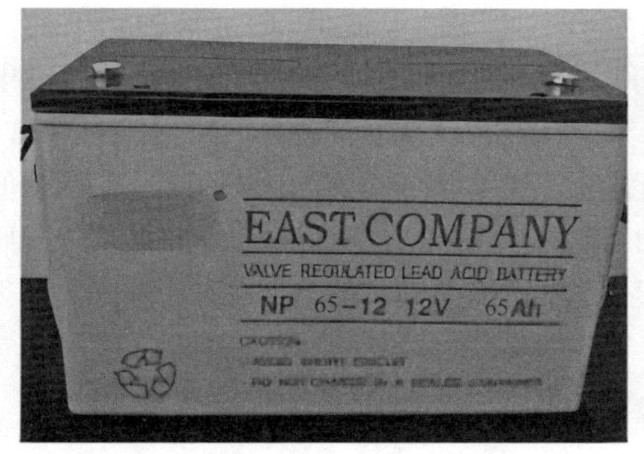

图 1-1 普通蓄电池

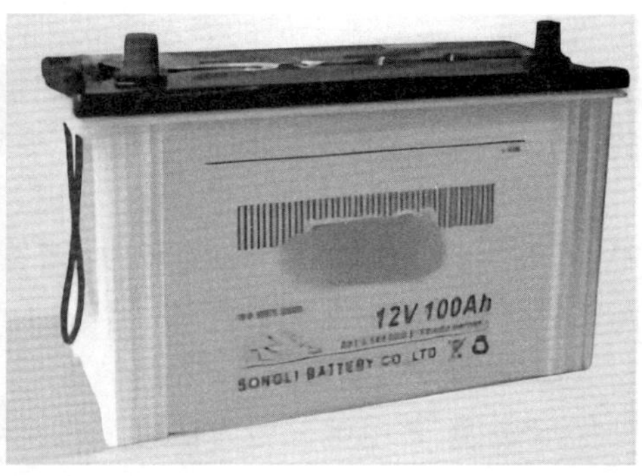

图 1-2 干荷蓄电池

3）免维护蓄电池

免维护蓄电池因为自身结构合理，栅架材料采用铅钙合金，减少了蓄电池的耗水量和自放电，所以，电解液的消耗量很小且不容易漏电。在使用期限内，免维护蓄电池不需要再加蒸馏水和拆解维修，具有耐振、耐高温、耐腐蚀、体积小和寿命长等特点。免维护蓄电池如图 1-3 所示。

图 1-3 免维护蓄电池

4. 蓄电池的规格

根据《铅酸蓄电池名称、型号编制与命名办法》（JB/T 2599—2012）规定，铅酸蓄电池的型号一般分为三部分，例如，型号为 6-QW-65 的蓄电池表示额定电压为 12V、额定容量为 65A · h 的起动型免维护铅酸蓄电池。蓄电池的型号见表 1-1。

蓄电池的型号 表 1-1

型号	第一部分（6）	第二部分（QW）		第三部分（65）	
含义	串联的单格蓄电池数	蓄电池的类型	蓄电池的特征	蓄电池的额定容量	蓄电池的特殊性能
特征	用阿拉伯数字表示	用大写的汉语拼音字母表示： Q—起动用铅蓄电池； N—内燃机车用蓄电池； M—摩托车用蓄电池	用大写的汉语拼音字母表示： A—干荷电铅蓄电池； H—湿荷电铅蓄电池； W—免维护铅蓄电池； B—薄型极板； 无字母—普通铅蓄电池	20h 放电率的额定容量，单位为 A · h，单位略去不写	用大写的汉语拼音字母表示： G—高起动率； D—低温性能好； S—塑料槽蓄电池

蓄电池有多种额定值的表示方式，常见的包括：冷起动电流值（CCA）、起动电流值（CA）和储备功率（RC）三种。这些额定值可以帮助我们估算一个完全放电后的蓄电池完全充电所需要的充电时间。其中，冷起动电流值表示蓄电池在0℉时以最低7.2V的电压起动发动机30s的能力；起动电流值表示蓄电池在32℉时以每个单元最低1.2V的电压起动发动机30s的能力；储备功率是一个充满电的蓄电池在80℉时按照25A的恒定速率放电，以达到10.5V端子电压所需要的时间，单位为min。

5. 蓄电池的充电方法

一般来说，蓄电池充电方法有恒流充电法、恒压充电法和脉冲式充电法三种。

1）恒流充电法

恒流充电法是指在充电过程中，采用调整充电装置输出________或改变与蓄电池串联________的方法来保持充电电流强度不变的充电方法。恒流充电曲线如图1-4所示。充电电流应按照容量________的蓄电池来选择，因蓄电池的可接受电流能力是随着充电过程的进行而逐渐下降的，故最大充电电流值不能超过蓄电池容量的________。

2）恒压充电法

恒压充电法是指在充电过程中，保持充电电源的电压恒定________的充电方法。随着蓄电池端电压的逐渐________，电流逐渐________。与恒流充电法相比，其充电过程更接近于最佳充电曲线。恒压充电曲线如图1-5所示。用恒定电压充电，可将相同电压等级的蓄电池________在一起充电。在充电初期蓄电池电动势较低，充电电流很大，随着充电的持续进行，电流将逐渐________。

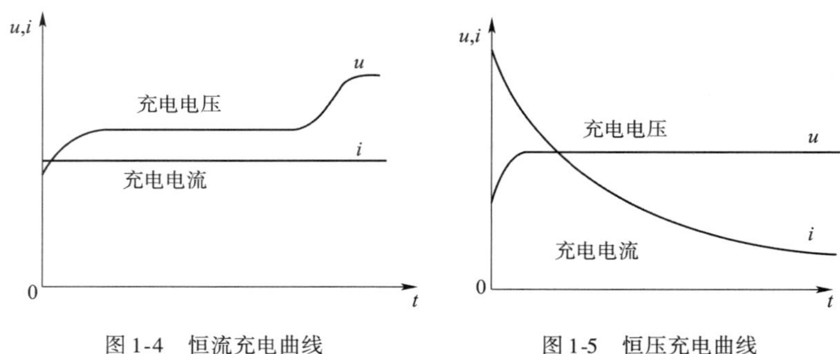

图1-4　恒流充电曲线　　图1-5　恒压充电曲线

3）脉冲式充电法

脉冲式充电法是指采用脉冲电流对蓄电池进行充电，然后让蓄电池停止充电一段时间，如此循环的充电方法。脉冲式充电曲线如图1-6所示。充电脉冲使蓄电池充满电量，而间歇期使蓄电池经化学反应产生的氧气和氢气有时间重新化合而被吸收掉，使浓差极化和欧姆极化自然而然地得到消除，从而减轻了蓄电池的内压，使下一轮的恒流充电能够更加顺利地进行，使蓄电池可以吸收更多的电量。间歇脉冲使蓄电池有较充分的反应时间，减少了析气量，提高了蓄电池的充电电流接受率。

这种充电方法不仅遵循蓄电池固有的充电接受率,而且能够提高蓄电池充电接受率,从而打破了蓄电池指数充电接受曲线的限制,这也是蓄电池充电理论的新发展。

6. 免维护蓄电池的组成和工作原理

1)免维护蓄电池的组成

免维护蓄电池简称 MF 蓄电池,其组成主要有:上盖(顶盖)、端子(正极柱和负极柱)、电解液、隔板、极板(正极板和负极板)、电槽、池槽。免维护蓄电池组成如图 1-7 所示。

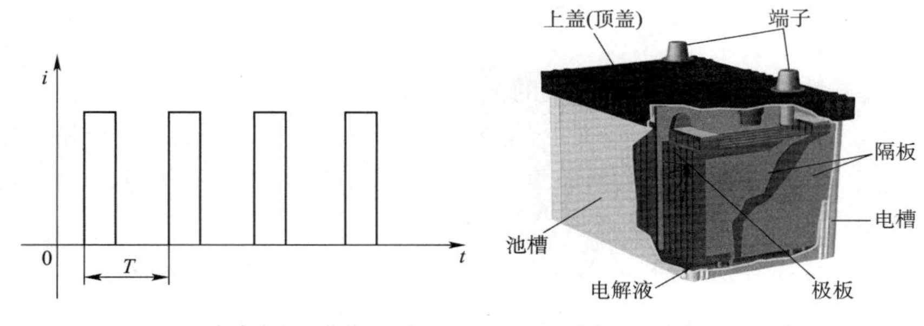

图 1-6 脉冲式充电曲线　　图 1-7 免维护蓄电池组成

(1)上盖/顶盖:用于保护蓄电池内部的电解液,防止外界环境对其产生损害并防止电解液泄漏。蓄电池的上盖(顶盖)材料通常采用________或硬质________制成,这些材料具有耐酸、耐热、耐震等特性,能够有效地保护蓄电池。

(2)端子:连接蓄电池和汽车电路系统,向汽车电器设备提供________。具体来说,端子分为正极柱和负极柱,正极柱通过正极导线连接电气负载,如照明、点火、喇叭等。负极柱连接蓄电池和汽车电路系统,向汽车电器设备提供________。负极柱通过负极导线连接汽车发动机、车身等金属部件。

(3)电解液:电解液在蓄电池中起到的作用主要是通过与蓄电池中的极板进行反应来进行充电与________。当蓄电池充电时,电解液中的离子会在电场的作用下移动,产生电能;而当蓄电池放电时,电子会从负极板流向正极板,这个过程中也会产生电流。

(4)隔板:隔离不同电极之间的连接,防止发生电极________;蓄电池内部的化学反应会产生氢气和氧气等气体,通过隔板可以控制气体的释放量并加强通风效果;隔板还可以帮助均衡电流分布。

(5)极板:负极板作用将电子从外部供电源导入蓄电池内部,从而使正极板上的电位升高,同时促使负极板上的电位降低。当蓄电池内部电势差达到一定值时,就会使电极之间产生一个电荷分离层,电荷分离层越大,电动势越高,这使得蓄电池能够储存更多的________。负极板作用将电子从蓄电池内部释放到外部电路中,从而使负极板上的电位降低。在蓄电池放电时,负极板会吸收来自电路的电子,并将它们转化为储存在正极板中的________。同时,负极板还具有收集和储存负电荷的功能,以防止蓄电池内部________。

(6)池槽:池槽的作用主要是保护蓄电池,它作为蓄电池的容器,能够抵抗硫酸的腐蚀,同时满足在使用中的一些特殊要求,如强度、耐振动、抗冲击以及耐高低温等。

(7)电槽:电槽是一个容器,用于容纳蓄电池的极板和电解液。它能够保护蓄电池免受外界环境的侵蚀和损坏,如硫酸的腐蚀、机械冲击等。同时,蓄电池电槽还具有固定蓄电池的作用,确保蓄电池在安装和使用过程中的稳定性。

2)免维护蓄电池的工作原理

免维护蓄电池的工作原理是电能和________之间的转换过程。放电时,化学能转化为________,硫酸会与正、负极板上的活性物质发生反应,生成化合物硫酸铅,放电时间越长,硫酸浓度越稀薄,蓄电池里的液体越少,蓄电池两端的电压就越低;放电时,电能转化为________,在正、负极板上的硫酸铅会被分解还原成硫酸、铅和氧化铅,同时在负极板上出现氢气,正极板出现氧气。电解液中酸的浓度逐渐新增,蓄电池两端的电压________。

$$pbO_2 + 2H_2SO_4 + pb \rightarrow pbSO_4 + 2H_2O + pbSO_4 \text{(放电反应)}$$

$$pbSO_4 + 2H_2O + pbSO_4 \rightarrow pbO_2 + 2H_2SO_4 + pb \text{(充电反应)}$$

大多数免维护蓄电池在盖上设有一个孔形液体(温度补偿型)比重计,它会根据电解液比重的变化而改变颜色,可以指示蓄电池的存放电状态和电解液液位的高度。当比重计的指示眼呈________时,表明充电已足,蓄电池正常;当指示眼绿点很少或为黑色,表明蓄电池需要充电;当指示眼显示淡________,表明蓄电池内部有故障,需要修理或进行更换。免维护蓄电池的检查孔如图 1-8 所示。

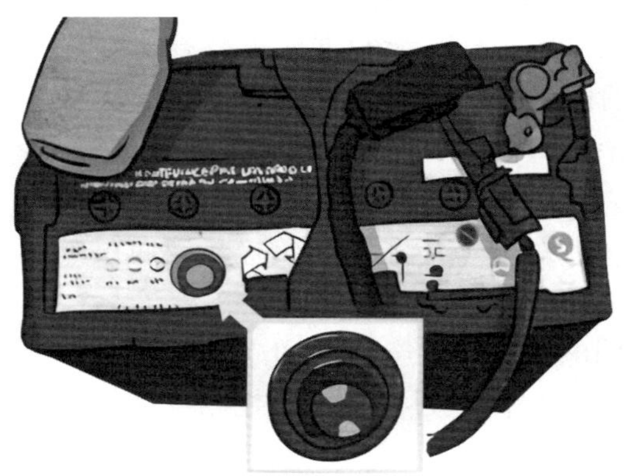

图 1-8　免维护蓄电池的检查孔

7. 蓄电池故障分析

(1)充足电的蓄电池长期放置没有使用,电量减少。

可能原因:充足电的蓄电池放置不用会逐渐失去电量,这种现象称为“自行放电”。自行放电重要原因是材料不纯。如极板材料中有杂质或电解液中有杂质,则杂质与极板、杂质与杂质之间产生了电位差,形成了闭合的“局部电流”,使蓄电池放电。

(2)蓄电池爆炸。

可能原因:蓄电池过充电时,由于电解液的水分解为氢气或氧气,发生大量气泡;蓄电池内部有短路、硫化故障;在充电时电解液温度迅速上升,使水大量蒸发;这时若加液孔盖的通气孔堵塞或由于气体太多,来不及逸出,当蓄电池内部压力达到一定限度后(或稍遇火种)就会引起蓄电池爆炸。

(3)蓄电池使用中液面降低过快。

可能原因:充电电流过大,导致水分蒸发;蓄电池外壳破裂;单格蓄电池短路或硫化。

(4)蓄电池亏电。

可能原因:蓄电池长期放置;蓄电池极板短路或硫化;蓄电池内部短路;单格蓄电池极性颠倒。

(5)电池盖或极柱上有黄、白色物质。

可能原因:壳体泄漏。

(二)制订工作方案

1. 任务分工(表1-2)

学生任务分配表 表1-2

班级		组号		指导教师	
组长		任务分工			
组员1		任务分工			
组员2		任务分工			
组员3		任务分工			
组员4		任务分工			
组员5		任务分工			
组员6		任务分工			

2. 工量具、仪器设备与耗材准备

(1)使用的工量具有:________________________________。

(2)使用的仪器设备有:________________________________。

(3)使用的耗材有:________________________________。

3. 具体方案描述

____

____

____

____

____

三、计划实施

(一)安全注意事项及技能要点

1. 安全注意事项

(1)用吹枪清洁蓄电池时要戴护目镜,避免灰尘和颗粒物进入眼睛。

(2)检查蓄电池时,金属物品不能直接接蓄电池正负极,以免发生火灾。

(3)拆装蓄电池时,蓄电池比较重,小心掉落砸到脚。

(4)关闭发动机舱盖时,注意不要压到手指。

2. 技能要点

(1)清洁蓄电池时,要将蓄电池保护盒内的杂物和水清理干净。

(2)检查蓄电池电压时,要校验万用表,万用表正负极不能接反。

(3)拆装蓄电池时,要先拆下负极,再拆正极,避免烧坏车身电器,安装时则先装正极,再装负极。

(二)蓄电池维护与更换

1. 清洁蓄电池(表 1-3)

清洁蓄电池操作方法及说明 表 1-3

步骤	操作方法及说明	质量标准及记录
清洁蓄电池	(1)将汽车停在水平地面上; (2)打开车门,安装车内防护三件套; (3)打开发动机舱盖,安装车外防护三件套; (4)戴好手套和护目镜; (5)组装好吹枪,并且试一试气管中是否有水,如果有水,打开吹枪将水排完; (6)用吹枪将蓄电池表面和缝隙中的杂质和灰尘吹干净。如果极柱上有生锈,用细砂纸擦亮,再用吹枪吹干净;	□正确安装车内防护三件套 □正确安装车外防护三件套 □正确佩戴手套和护目镜 □正确组装吹枪和排水

续上表

步骤	操作方法及说明	质量标准及记录
清洁蓄电池	(7)如果蓄电池上有油污,用多功能泡沫清洗剂喷在油污上,并用抹布擦洗干净,再用吹枪吹干水分;  (8)整理和复位	□正确清洁蓄电池

2. 检查蓄电池(表1-4)

检查蓄电池操作方法及说明 表1-4

步骤	操作方法及说明	质量标准及记录
检查蓄电池	(1)将汽车停在水平地面上; (2)打开车门,安装车内防护三件套; (3)打开发动机舱盖,安装车外防护三件套; (4)用手电筒检查蓄电池外壳是否有裂痕和破损; (5)观察蓄电池检查孔颜色,初步判断蓄电池情况; 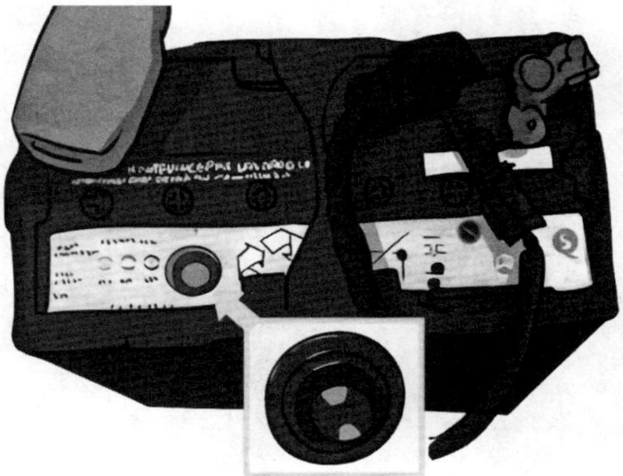 (6)校验万用表,将万用表挡位调到直流电压挡,测量蓄电池电压;	□正确安装车内防护三件套 □正确安装车外防护三件套 □正确检查蓄电池外观 □正确根据检查孔颜色,判断蓄电池情况

续上表

步骤	操作方法及说明	质量标准及记录
检查蓄电池	(7)整理和复位	□正确测量蓄电池电压大小,判断蓄电池情况

3. 拆装蓄电池(表 1-5)

拆装蓄电池操作方法及说明　　表 1-5

步骤	操作方法及说明	质量标准及记录
拆装蓄电池	(1)将汽车停在水平地面上; (2)打开车门,安装车内防护三件套; (3)打开发动机舱盖,安装车外防护三件套; (4)将点火开关调到 OFF 挡; (5)选用合适套筒组装棘轮扳手,将蓄电池负极拆下,并用电胶布将负极导线裸露部分包裹; (6)用同样方法将正极导线拆下; (7)选用合适的工具将蓄电池固定支架拆下;	□正确安装车内防护三件套 □正确安装车外防护三件套 □正确检查蓄电池外观 □正确关闭点火开关 □正确拆下蓄电池

续上表

步骤	操作方法及说明	质量标准及记录
拆装蓄电池	(8)提出蓄电池,检查蓄电池外观是否渗漏; (9)按照相反顺序安装蓄电池; (10)整理和复位	□是否检查外壳渗漏 □正确安装蓄电池

四、评价反馈(表1-6)

评价表 表1-6

评分项目	评分标准	分值(分)	得分(分)
学习目标	能明确本任务的知识、技能、素养目标,理解任务在工作中的重要程度	5	
工作任务分析	能清晰描述完成本次工作任务内容	2	
	能清晰描述完成本次工作任务需必备的技能与知识点	2	
有效信息获取	能简述蓄电池的作用	8	
	能知道蓄电池的安装位置和电压标准值	8	
	能说出蓄电池的分类	4	
	能简述蓄电池的充放电变化	8	

续上表

评分项目	评分标准	分值(分)	得分(分)
实施方案制订	能清晰地制订并填写本次蓄电池的维护与更换的准备作业计划	5	
	能组织或协同工作小组成员,明确本次任务所需仪器设备、工具、材料的准备与清点,并准备记录	5	
	能组织或协同工作小组成员交流,优化检查方案并记录	5	
任务实施	能按要求清洁蓄电池	10	
	能按步骤检查蓄电池	11	
	能规范拆装蓄电池	11	
任务评价	能通过本次任务实施,结合自己在实训过程中的表现,进行自我评价及自我反思并记录	3	
职业素养	按规定时间完成项目作业	2	
	遵守实训室管理规定、劳动纪律	2	
	积极参与课堂活动、回答问题	2	
	能够按时出勤	2	
思政要求	弘扬劳动精神、奋斗精神、奉献精神;了解安全操作要求,养成安全文明操作的习惯	5	
总计		100	
改进建议: 教师签字: 日期:			

学习活动2　发电机皮带调整与更换

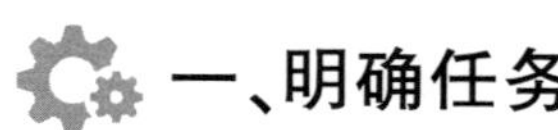

一、明确任务

根据任务描述,对故障车辆进行检测,需要对发电机皮带进行调整与更换,使其恢复正常使用性能。

二、工作准备与计划制订

(一)知识准备

1. 汽车发电机的作用

汽车发电机的主要作用是将机械能转化为________,给汽车的电气设备提供电源,例如,点火系统、车灯和收音机等。它还能给汽车蓄电池充电,使汽车每次起动都有充足的电能。

2. 汽车发电机和皮带的安装位置

汽车发电机主要安装在发动机前端(左边或右边),通过可调节支座与发动机缸体连接在一起,由附件皮带进行驱动,发电机和皮带的安装位置如图1-9所示。

3. 汽车发电机的分类及特点

汽车的发电机主要分为两类:直流发电机和交流发电机,由于交流发电机在许多方面优于直流发电机,直流发电机已被淘汰。

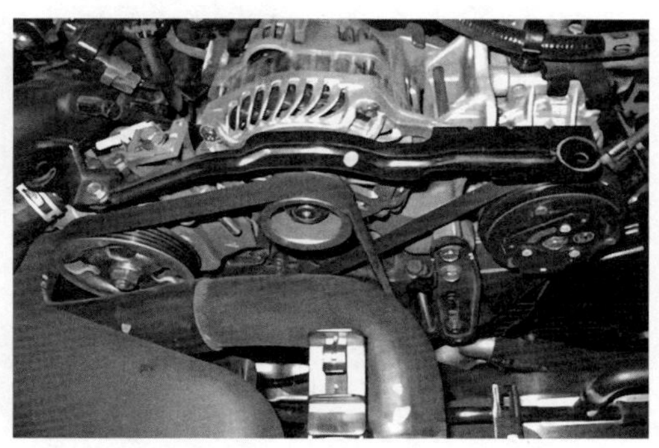

图1-9 发电机和皮带的安装位置

1)直流发电机

直流发电机是把机械能转化为直流电能的设备。它主要作为电解、电镀、电冶炼、充电及交流发电机的励磁等所需的直流电机。虽然在需要直流电的地方,也用电力整流元件,把交流电变成直流电,但从使用方便、运行的可靠性及某些工作性能方面来看,直流电机还不能和交流发电机相比。直流发电机的电势波形较好,电磁干扰较小,但由于存在换向器,其制造、维护复杂,价格较高。

2)交流发电机

(1)按总体结构分类。

①普通交流发电机:又称为“硅整流发电机”,使用时需要配装电压调节器的发电机。

②整体式交流发电机:发电机和调节器制成一个整体的发电机。

③带泵交流发电机:带泵交流发电机安装的泵是真空泵不是真空助力泵,真空助力泵是汽车制动系统上的。

④无刷交流发电机:不需要电刷的发电机。

⑤永磁交流发电机:磁极为永磁铁制成的发电机。

(2)按整流器结构分类。

①六管交流发电机。

②八管交流发电机。

③九管交流发电机。

④十一管交流发电机。

(3)按磁场绕组搭铁形式分类。

①内搭铁型交流发电机:磁场绕组的一端(负极)直接搭铁(和壳体相联)。

②外搭铁型交流发电机:磁场绕组的一端(负极)接入调节器,通过调节器后再搭铁。

4. 汽车整体交流发电机的组成和工作原理

1)整体交流发电机的组成

交流发电机一般由转子、定子、整流器、端盖四部分组成。整体交流发电机的组成如图 1-10 所示。

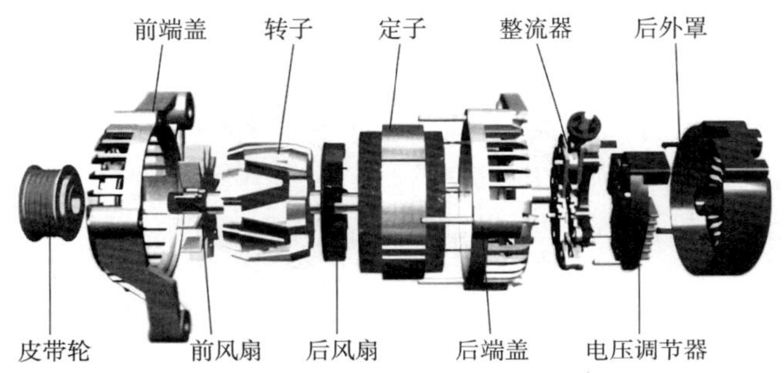

图 1-10 整体交流发电机的组成

2)整体交流发电机的工作原理

当外电路通过电刷使励磁绕组通电时,便产生________,使爪极被磁化为 N 极和 S 极。当转子旋转时,磁通交替地在定子绕组中变化,根据电磁感应原理可知,定子的三相绕组中便产生交变的感应________。这就是交流发电机的发电原理。

由原动机(即发动机)拖动直流励磁的同步发电机转子,以转速 n 旋转,三相定子绕组便感应交流电势。定子绕组若接入用电负载,电机就有交流电能输出,经过发电机内部的整流桥将交流电转换成直流电从输出端子输出。

交流发电机分为定子绕组和转子绕组两部分,三相定子绕组按照彼此相差 120°电角度分布在壳体上,转子绕组由两块极爪组成。当转子绕组接通直流电时即被励磁,两块爪极形成 N 极和 S 极。磁力线由________极出发,透过空气间隙进入定子铁心,再回到相邻的________极。转子一旦旋转,转子绕组就会切割磁力线,在定子绕组中产生互差 120°电角度的正弦电动势,即三相交流电,再经由二极管组成的整流元件变为直流电输出。

当开关闭合后,首先由蓄电池提供电流。电路为:蓄电池正极→充电指示灯→调节器触点→励磁绕组→搭铁→蓄电池负极。此时,充电指示灯由于有电流通过,所以灯会亮。

但发动机起动后，随着发电机转速提高，发电机的端电压也不断________。当发电机的输出电压与蓄电池电压相等时，发电机"B"端和"D"端的电位________，此时，充电指示灯由于两端电位差为零而熄灭。指示发电机已经正常工作，励磁电流由发电机自己供给。发电机中三相绕组所产生的三相交流电动势经二极管整流后，输出直流电，向负载供电，并向蓄电池充电。整体交流发电机发电原理如图 1-11 所示。

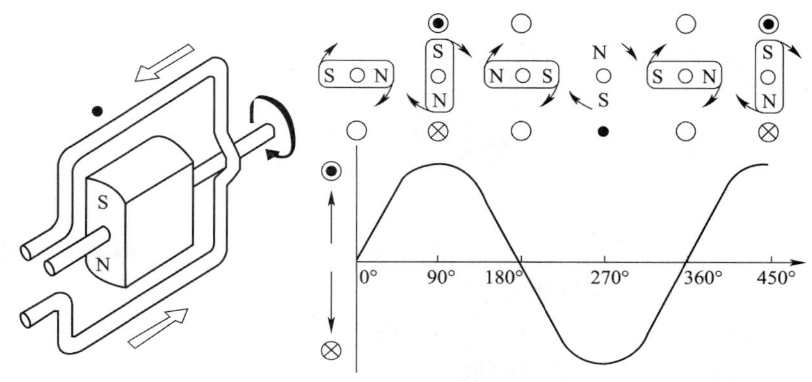

图 1-11　整体交流发电机发电原理

(二)制订工作方案

1. 任务分工(表 1-7)

学生任务分配表　　　　表 1-7

班级		组号		指导教师	
组长		任务分工			
组员 1		任务分工			
组员 2		任务分工			
组员 3		任务分工			
组员 4		任务分工			
组员 5		任务分工			
组员 6		任务分工			

2. 工量具、仪器设备与耗材准备

(1)使用的工量具有：________________________________。

(2)使用的仪器设备有：______________________________。

(3)使用的耗材有：__________________________________。

3. 具体方案描述

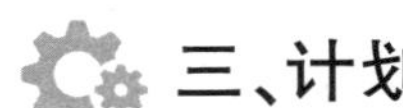

三、计划实施

(一)安全注意事项及技能要点

1. 安全注意事项

(1)用吹枪清洁发电机时要戴护目镜,避免灰尘和颗粒物进入眼睛。

(2)检查发电机时,汽车不能起动。

(3)拆装发电机时,发电机比较重,小心掉落砸到脚。

(4)拆装发电机皮带时,防止压到手指。

2. 技能要点

(1)清洁发电机时,要将发电缝隙内的杂物和灰尘清理干净。

(2)检查发电机输出电压时,要校验万用表,万用表正负极不能接反。

(3)拆装发电机时,要先拆下蓄电池负极,再拆发电机。拆下发电机皮带时,检查皮带是否要更换,皮带松紧度是否正常。

(二)发电机皮带调整与更换任务实施

1. 清洁发电机(表 1-8)

清洁发电机操作方法及说明　　表 1-8

步骤	操作方法及说明	质量标准及记录
清洁发电机	(1)将汽车停在水平地面上; (2)打开车门,安装车内防护三件套; (3)打开发动机舱盖,安装车外防护三件套; (4)戴好手套和护目镜;	□正确安装车内防护三件套 □正确安装车外防护三件套 □正确佩戴手套和护目镜

续上表

<table>
<tr><th>步骤</th><th>操作方法及说明</th><th>质量标准及记录</th></tr>
<tr><td>清洁发电机</td><td>(5)组装好吹枪,并且试一试气管中是否有水,如果有水,打开吹枪将水排完;
 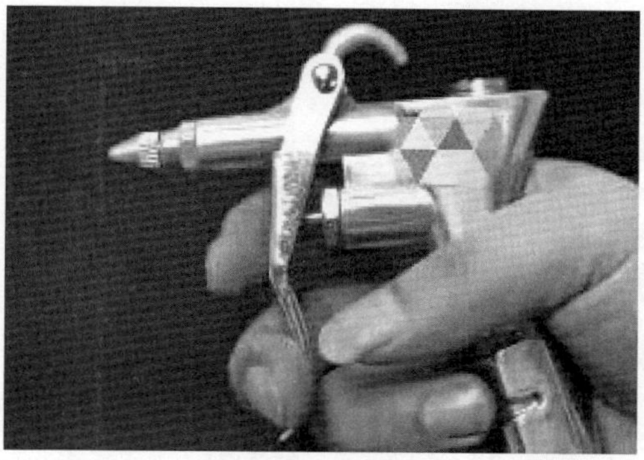
(6)用吹枪将发电机和皮带表面和缝隙中的杂质和灰尘吹干净;

(7)如果发电机皮带上有油污,用多功能泡沫清洗剂喷在皮带上,并用抹布擦洗干净,再用吹枪吹干水分;

(8)整理和复位</td><td>□正确组装吹枪和排水
□正确清洁发电机
□正确清洁发电机皮带</td></tr>
</table>

2. 检查发电机和皮带(表 1-9)

检查发电机和皮带操作方法及说明　　表 1-9

步骤	操作方法及说明	质量标准及记录
检查发电机	(1)将汽车停在水平地面上； (2)打开车门,安装车内防护三件套； (3)打开发动机舱盖,安装车外防护三件套； (4)用手电筒检查发电机端盖是否有裂痕和破损；  (5)用手电筒检查发电机线束是否有松动和脱落； (6)校验万用表,将万用表挡位调到直流电压挡,测量发电机输出端电压；  (7)检查发电机皮带松紧度和破损； (8)整理和复位	□正确安装车内防护三件套 □正确安装车外防护三件套 □正确检查发电机端盖 □正确检查发电机线束 □正确测量发电机输出端电压,判断发电机是否发电 □正确检查皮带松紧度和破损情况

3. 拆装发电机(表 1-10)

拆装发电机操作方法及说明　　表 1-10

步骤	操作方法及说明	质量标准及记录
拆装发电机	(1)将汽车停在水平地面上； (2)打开车门,安装车内防护三件套；	□正确安装车内防护三件套

续上表

步骤	操作方法及说明	质量标准及记录
拆装发电机	(3)打开发动机舱盖,安装车外防护三件套; (4)拆下蓄电池负极,并用电胶布包裹导线裸露部分; (5)松开发电机皮带张紧轮螺栓,取下张紧轮;  (6)取下发电机皮带,检查是否破损和有裂痕;  (7)选用合适的工具将发电机线束固定螺栓拆下; (8)选用合适的工具将发电机固定螺栓拆下; (9)取下发电机,检查是否损坏;  (10)按照相反顺序安装发电机和皮带;	□正确安装车外防护三件套 □正确检查蓄电池负极 □正确拆下张紧轮 □正确拆下皮带 □正确拆下发电机线束 □正确拆下发电机

续上表

步骤	操作方法及说明	质量标准及记录
拆装发电机	(11)调节皮带张紧轮螺栓调节皮带松紧度，并用皮带张力测量仪测量皮带松紧度，使其符合标准； (12)整理和复位	□正确安装发电机 □正确调节发电机皮带

四、评价反馈(表1-11)

评价表　　表1-11

评分项目	评分标准	分值(分)	得分(分)
学习目标	能明确本任务的知识、技能、素养目标，理解任务在工作中的重要程度	5	
工作任务分析	能清晰描述完成本次工作任务内容	2	
	能清晰描述完成本次工作任务需必备的技能与知识点	2	
有效信息获取	能简述发电机的作用	8	
	能找到发电机的安装位置，测量发电机输出端电压	8	
	能说出发电机的分类	4	
	能简述发电机的工作原理	8	

续上表

评分项目	评分标准	分值(分)	得分(分)
实施方案制订	能清晰地制订并填写本次发电机皮带调整与更换的准备作业计划	5	
	能组织或协同工作小组成员,明确本次任务所需仪器设备、工具、材料的准备与清点,并准备记录	5	
	能组织或协同工作小组成员交流,优化检查方案并记录	5	
任务实施	能按要求清洁发电机	10	
	能按步骤检查发电机	11	
	能规范拆装发电机	11	
任务评价	能通过本次任务实施,结合自己在实训过程中的表现,进行自我评价及自我反思并记录	3	
职业素养	按规定时间完成项目作业	2	
	遵守实训室管理规定、劳动纪律	2	
	积极参与课堂活动、回答问题	2	
	能够按时出勤	2	
思政要求	弘扬劳动精神、奋斗精神、奉献精神;了解安全操作要求,养成安全文明操作的习惯	5	
总计		100	
改进建议: 教师签字: 日期:			

学习活动3 发电机、充电指示灯线路的检修

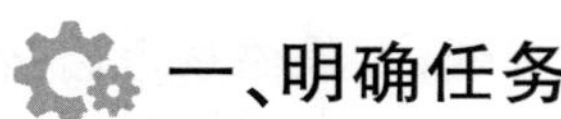

一、明确任务

根据任务描述,对故障车辆进行检测,需要对发电机、充电指示灯线路进行检修,使其恢复正常使用性能。

二、工作准备与计划制订

(一)知识准备

1. 汽车充电指示灯的作用

充电指示灯用来检测充电系统的工作状况。正常情况下,汽车发动机未起动前,充电指示灯亮起,当起动发动机后,充电指示灯熄灭。如果汽车在起动发动机后充电指示灯亮,表示发电机不发电或电压较低。汽车行驶中,若充电指示灯亮,则表明充电系统故障。

2. 汽车发电机整流器作用

汽车发电机主要为三相交流发电机,产生的是交流电(AC),但车载用电器需要的是直流电(DC)。整流器的功用是将定子绕组的三相交流电转变为直流电。

六管交流发电机整流器如图1-12所示,一般由________只硅整流二极管分别压装(或焊接)在相互绝缘的两块板上组成。其中,一块为正极板(带有输出端螺栓);另一块为负极板,负极板和发电机外壳直接连接(搭铁),也可以将发电机的后盖直接作为负极板。6只整流二极管分为正极管和负极管两种,引出电极为正极的称为正极管,3只正极管装在同一块板上,称为________;引出电极为负极的称为________,3只负极管安装在负极板上,也可直接安装在后盖上。

3. 汽车发电机电压调节器作用

发电机的电压调节器如图1-13所示,其主要作用是调节发电机的输出________,防止输出电压过大损坏设备。电压调节器实际是在发电机转速变化时,自动改变励磁电流的大小,使发电机的输出________稳定。其电压调节电路工作原理如图1-14所示。

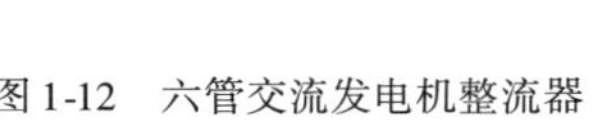
图1-12 六管交流发电机整流器

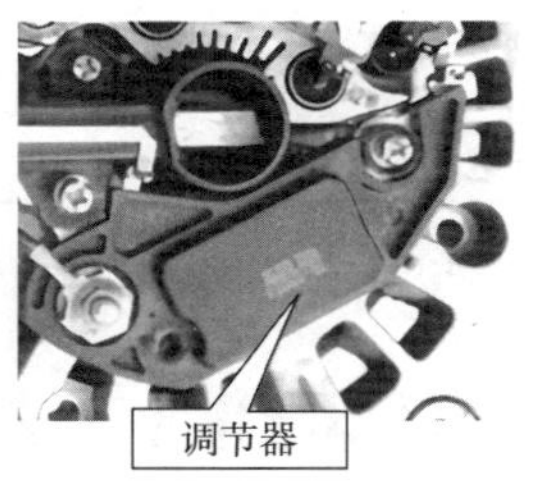

图1-13 电压调节器

当接通点火开关时,蓄电池电流经点火开关到发电机调节器的IG端,单片集成电路检测出该电压后,给V_1的基极一个正向电压,使V_1导通,于是磁场电路接通。其电路为蓄电池正极→发电机B端→转子线圈→调节器F端→V_1→端子E→蓄电池负极。此时发动机未运转,发电机不发电,P端电压为零,单片集成电路检测出该电压后,给V_2的基极一个正向电压,使V_2导通,电路为蓄电池正极→点火开关→充电指示灯→调节器“L”端→V_2→端子 E→蓄电池负极。此时充电指示灯亮,表示发电机不发电。

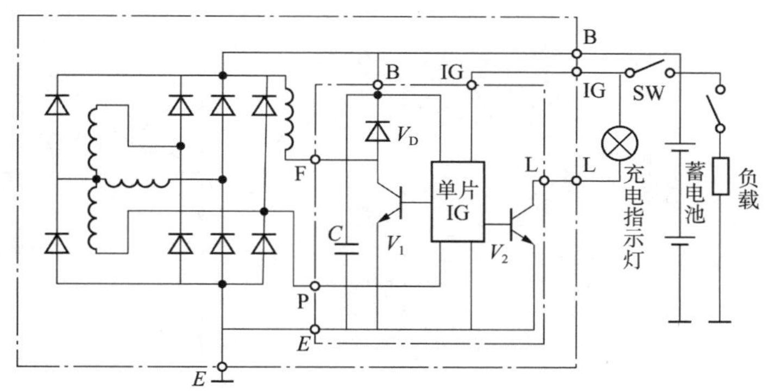

图 1-14　电压调节电路工作原理图

发动机起动后,发电机开始工作。当单片集成电路检测到 P 端电压信号后,使 V_2 基极电压断开,V_2 截止,充电指示灯熄灭,表示发电机开始自励并向蓄电池充电。

当发电机电压高于蓄电池电压而低于调节电压时,V_1 继续导通,B 端电压继续上升。当发电机的输出电压超过调节电压时,检测点 IG 信号使单片集成电路将 V_1 基极电压断开,V_1 截止,磁场电流迅速减小,发电机的输出电压随之下降;当发电机的输出电压低于调节电压值时,单片集成电路又使 V_1 导通,转子线圈得到电流,发电机的输出电压又重新上升。V_1 循环导通与截止,磁场电路循环导通与切断,周而复始,将发电机的输出电压控制在调节电压值。

当磁场电流被切断时,磁场电路产生的自感电动势经并联在转子线圈两端的续流二极管 VD 给电容充电,保护了晶体管 V_1。

4. 充电系统电路工作原理

充电系统工作原理电路图如图 1-15 所示,点火开关处于 ON/ST 位置,电流通过点火开关针脚 2 到 IG1 继电器 R10 针脚 85,IG1 继电器 R10 针脚 86 搭铁,线圈通电,产生磁场,使 IG1 继电器 R10 触点闭合;电流通过仪表板熔断器熔断丝 F05、IG1 继电器 R10 触点到组合仪表 B014 针脚 10,通过充电指示灯,从组合仪表 B014 针脚 6 输出,到发电机针脚 L 输入发电机,通过内部电压调节器到发电机激磁绕组,激磁绕组通电,产生________。发电机旋转,定子线圈切割磁感线,产生三相感应电动势,通过二极管组成的整流器,转换成直流电,通过发电机针脚 B 输出,经过蓄电池正极熔断器熔断丝 GF\L4,给蓄电池进行充电,并向其他用电设备提供________。

5. 发电机的检查方法

发电机是充电系统的核心部件,通过检测发电机的好坏就可以知道充电系统是否充电正常。充电系统发生故障时,除了检查相关线路以外,对于发电机的检查通常采用检测发电机输出电压和检测发电机电磁场的方法。

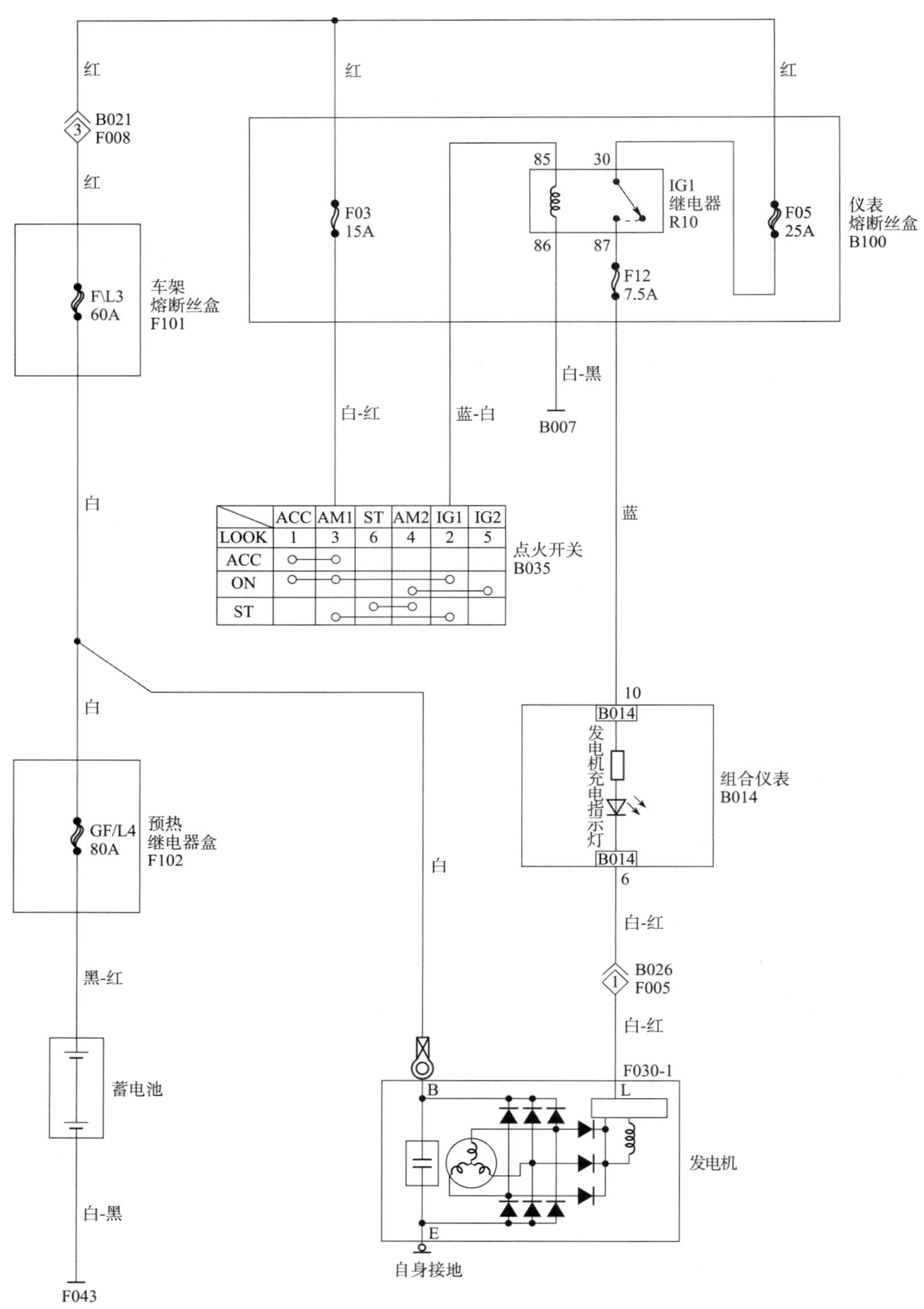

图 1-15　充电系统工作原理电路图

1)输出电压检查方法

发电机输出电压检查可以帮助维修人员诊断发电机的发电电压是否符合标准范围,具体步骤如下。

(1)万用表设置为“DC”电压挡。

(2)万用表正极连接蓄电池“+”,负极连接至蓄电池“-”。

(3)起动发动机,调整发动机转速至2000r/min,电压表应该显示在13.5~15.2V。如果发电机输出电压太高或________都表明发电机存在故障,应更换发电机调节器或________。

2)电磁场检查方法

在发电机处于工作状态时,发电机的励磁线圈通电会产生________。此时,使用螺丝刀或者铁质工具靠近发电机转子端部,应该能够感觉到磁场吸引螺丝刀的力量。否则,说明发电机没有发电,应检查调节器、电刷以及转子线圈。

6.充电系统故障分析

(1)指示灯一直不亮。

可能原因:充电指示灯发光二极管断路;熔断丝烧断使指示灯线路不通;指示灯或调节器电源线路导线断路或接头松动;蓄电池极柱上的电缆线头松动;点火开关故障;发电机电刷与滑环没有接触;调节器内部电路故障。

(2)指示灯一直点亮。

可能原因:发电机磁场绕组短路、断路或搭铁;定子绕组短路,断路或搭铁故障;整流器故障;电刷与滑环接触不良;调节器故障;发电机的传动带过松而打滑;发电机输出电压降太大。

(3)指示灯时亮时灭。

可能原因:发电机传动带松弛出现打滑现象;发电机整流二极管断路;定子绕组连接不良;发电机电刷磨损过多;调节器调节电压过低;相关线路接触不良。

(4)充电电流过大。

可能原因:发电机充电电流过大往往是由于电压调节器调节电压过高或者是由于调节器失效造成的。

(二)制订工作方案

1.任务分工(表1-12)

学生任务分配表 表1-12

班级		组号		指导教师	
组长		任务分工			
组员1		任务分工			

续上表

组员 2		任务分工	
组员 3		任务分工	
组员 4		任务分工	
组员 5		任务分工	
组员 6		任务分工	

2. 工量具、仪器设备与耗材准备

(1)使用的工量具有:________________________________。

(2)使用的仪器设备有:________________________________。

(3)使用的耗材有:________________________________。

3. 具体方案描述

____

____

____

____

____

三、计划实施

(一)安全注意事项及技能要点

1. 安全注意事项

(1)用吹枪清洁发电机时要戴护目镜,避免灰尘和颗粒物进入眼睛。

(2)检查发电机时,汽车不能起动。

(3)拆装发电机时,发电机比较重,小心掉落砸到脚。

(4)拆装发电机皮带时,注意不要压到手指。

2. 技能要点

(1)清洁发电机时,要将发电缝隙内的杂物和灰尘清理干净。

(2)检查发电机输出电压时,要校验万用表,万用表正负极不能接反。

(3)拆装发电机时,要先拆下蓄电池负极,再拆发电机,拆下发电机皮带时,检查皮带是否要更换,皮带松紧度是否正常。

（二）发电机、充电指示灯线路的检修任务实施

1. 拆卸发电机（表 1-13）

拆卸发电机操作方法及说明 表 1-13

步骤	操作方法及说明	质量标准及记录
拆卸发电机	（1）将汽车停在水平地面上； （2）打开车门，安装车内防护三件套； （3）打开发动机舱盖，安装车外防护三件套； （4）关闭点火开关； （5）断开蓄电池负极电缆； （6）拆卸发电机励磁线固定螺母，发电机线束固定螺母； 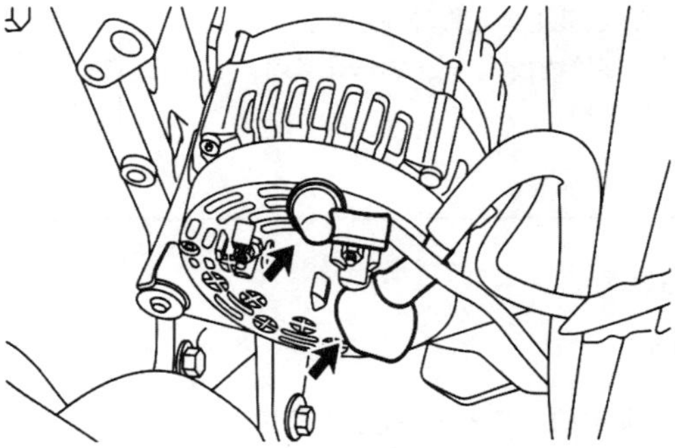 （7）拆卸发电机输出端接线柱固定螺母，发电机线束固定螺母； （8）转动张紧轮，取下传动皮带； （9）拆卸发电机固定螺栓，取下发电机总成，发电机固定螺母； （10）整理和复位	□正确安装车内防护三件套、车外防护三件套 □正确关闭点火开关 □正确断开蓄电池负极电缆 □正确拆卸发电机励磁线固定螺母 □正确拆卸发电机线束固定螺母 □正确拆卸发电机输出端接线柱固定螺母 □正确拆卸发电机线束固定螺母 □正确取下传动皮带 □正确拆卸发电机固定螺栓 □正确拆卸发电机线束固定螺母 □整理和复位

2. 安装发电机（表 1-14）

安装发电机操作方法及说明 表 1-14

步骤	操作方法及说明	质量标准及记录
安装发电机	（1）将汽车停在水平地面上； （2）打开车门，安装车内防护三件套； （3）打开发动机舱盖，安装车外防护三件套； （4）关闭点火开关； （5）安装发电机到安装位置，装上固定螺栓并紧固，力矩：45～59N·m；	□正确安装车内防护三件套 □正确安装车外防护三件套 □正确关闭点火开关 □正确固定螺栓并紧固，力矩正确

续上表

步骤	操作方法及说明	质量标准及记录
安装发电机	(6)扳动张紧轮,安装传动皮带; (7)安装发电机励磁线,装上固定螺母并紧固; (8)安装发电机输出端接线,装上固定螺母并紧固; (9)连接蓄电池负极电缆; (10)整理和复位	□正确安装传动皮带 □正确安装发电机励磁线 □正确固定螺母并紧固 □正确安装发电机输出端接线 □正确装上固定螺母并紧固 □正确连接蓄电池负极电缆 □整理和复位

3. 发电机皮带调整与更换

1)发电机不充电(表1-15)

发电机不充电操作方法及说明 表1-15

步骤	操作方法及说明	质量标准及记录
发电机不充电	(1)将汽车停在水平地面上; (2)打开车门,安装车内防护三件套; (3)打开发动机舱盖,安装车外防护三件套; (4)检查发电机皮带是否过松或打滑。皮带松紧度的检查方法:皮带张力测量仪测量皮带松紧度,若张力过小,说明发电机皮带过松,应调整; (5)接通点火开关,用一字旋具靠近发电机后轴承盖,探测转子电磁吸力,若有明显吸力,说明励磁回路正常,故障在充电回路;若无吸力或吸力微弱,说明励磁回路有断路、接触不良或局部短路故障; (6)若充电回路有故障,可将试灯的一端搭铁,另一端接触发电机"B"接线柱。试灯亮,表明蓄电池到发电机电枢接线柱之间连接正常,故障在发电机;若灯不亮,表明蓄电池到发电机"B"接线柱之间断路; (7)若励磁回路有故障,可将发电机电枢接线柱与调节器励磁接线柱短接(注:对于内搭铁式,短接发电机"B"与"F"接线柱,如下图所示;	□正确安装车内防护三件套 □正确安装车外防护三件套 □正确用皮带张力测量仪测量皮带松紧度 □正确检查励磁回路

续上表

<table>
<tr><th>步骤</th><th>操作方法及说明</th><th>质量标准及记录</th></tr>
<tr><td>发电机不充电</td><td> 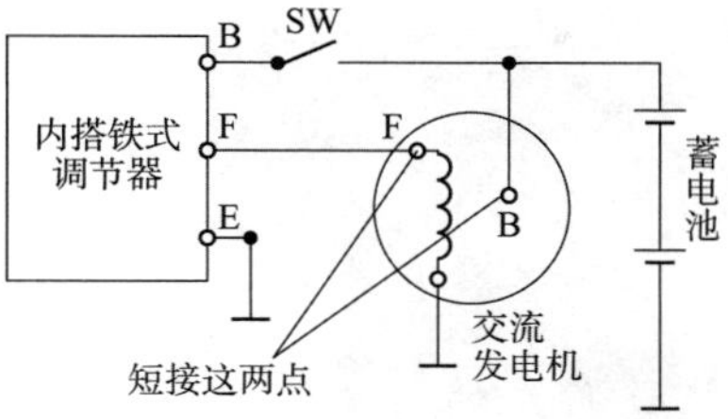a) 内搭铁式
对于外搭铁式，短接“F2”与“ – ”，如下图所示。 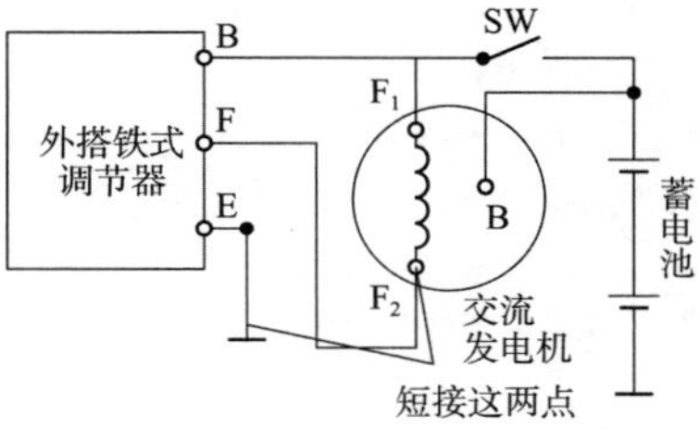
b) 外搭铁式
然后重新探测磁力，磁力变强，说明发电机内部励磁电路正常，故障在调节器；若仍不能增强，说明故障在发电机内部；
(8) 整理和复位</td><td>□正确检查充电回路
□正确清洁发电机皮带</td></tr>
</table>

2) 充电电流过小或过大(表 1-16)

充电电流过小或过大操作方法及说明 表 1-16

步骤	操作方法及说明	质量标准及记录
充电电流过小	(1) 将汽车停在水平地面上； (2) 打开车门，安装车内防护三件套； (3) 打开发动机舱盖，安装车外防护三件套； (4) 检查发电机传动带松紧度和油污情况，使之恢复正常； (5) 拆下发电机“F”接线柱或调节器“F”接线柱上的导线，对内搭铁式发电机将发电机“B”接线柱与“F”接线柱短接(对外搭铁式发电机将发电机“F2”接柱搭铁)，如果充电电流增大，说明故障在调节器；如充电电流仍然过小，则故障在发电机；	□正确安装车内防护三件套 □正确安装车外防护三件套 □正确检查发电机传动带 □正确检查发电机线束

续上表

步骤	操作方法及说明	质量标准及记录
充电电流过小	(6)整理和复位	□正确测量调节器 □正确清洁场地
充电电流过大	(1)将汽车停在水平地面上; (2)打开车门,安装车内防护三件套; (3)打开发动机舱盖,安装车外防护三件套; (4)将调节器励磁接线柱上的线取下,提高发动机转速,观察是否仍有充电电流。若有,说明发电机内部电刷与元件板短路,应更换发电机。若没有,说明调节器有故障; (5)整理和复位	□正确安装车内防护三件套 □正确安装车外防护三件套 □正确检查蓄电池负极 □正确检查充电电流

3)充电电流不稳(表1-17)

充电电流不稳操作方法及说明 表1-17

步骤	操作方法及说明	质量标准及记录
充电电流不稳	(1)将汽车停在水平地面上; (2)打开车门,安装车内防护三件套; (3)打开发动机舱盖,安装车外防护三件套; (4)检查和调整发电机传动带,排除传动带打滑和导线接触不良等因素; (5)检查集电环和电刷的接触是否良好;检查整流器,清洗油污表面; (6)检查调节器,对于晶体管调节器可换件对比检查; (7)整理和复位	□正确安装车内防护三件套 □正确安装车外防护三件套 □正确检查蓄电池负极 □正确检查传动带是否打滑 □正确检查导线接触是否良好 □正确检查集电环是否良好 □正确检查整流器是否良好 □正确整理场地

4）充电指示灯故障（表 1-18）

充电指示灯故障操作方法及说明 表 1-18

步骤	操作方法及说明	质量标准及记录
充电指示灯故障	（1）将汽车停在水平地面上； （2）打开车门，安装车内防护三件套； （3）打开发动机舱盖，安装车外防护三件套； （4）接通点火开关，充电指示灯不亮，则表明充电指示灯回路断路。应检查充电指示灯是否烧坏；调节器是否断路；点火开关是否损坏；磁场绕组是否断路；连接线路有无断路等； （5）起动发动机后，充电正常而指示灯不熄灭，说明“B”与“D＋”间存在电压降，应检查发电机定子是否单相搭铁、整流正二极管是否有一只短路或励磁二极管是否有短路、断路的情况； 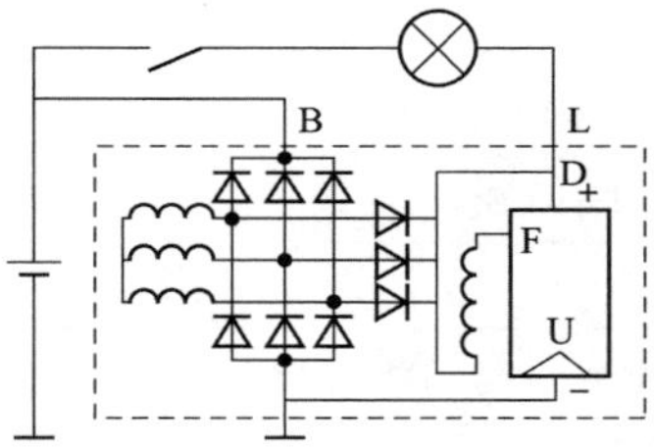 B L D+ F U − （6）整理和复位	□正确安装车内防护三件套 □正确安装车外防护三件套 □正确检查充电指示灯 □正确检查点火开关 □正确检查连接线路 □正确检查电压降 □正确检查二极管 □正确整理场地

四、评价反馈（表 1-19）

评价表 表 1-19

评分项目	评分标准	分值（分）	得分（分）
学习目标	能明确本任务的知识、技能、素养目标，理解任务在工作中的重要程度	5	
工作任务分析	能清晰描述完成本次工作任务内容	2	
	能清晰描述完成本次工作任务需必备的技能与知识点	2	
有效信息获取	能简述发电机的作用	8	
	能找到发电机的安装位置，测量发电机输出端电压	8	
	能说出发电机的分类	4	
	能简述发电机的工作原理	8	

续上表

评分项目	评分标准	分值(分)	得分(分)
实施方案制订	能清晰地制订并填写本次发电机、充电指示灯线路的检修的准备作业计划	5	
	能组织或协同工作小组成员,明确本次任务所需仪器设备、工具、材料的准备与清点,并准备记录	5	
	能组织或协同工作小组成员交流,优化检查方案并记录	5	
任务实施	能规范拆卸发电机	11	
	能正确安装发电机	11	
	能进行发电机皮带调整与更换	10	
任务评价	能通过本次任务实施,结合自己在实训过程中的表现,进行自我评价及自我反思并记录	3	
职业素养	按规定时间完成项目作业	2	
	遵守实训室管理规定、劳动纪律	2	
	积极参与课堂活动、回答问题	2	
	能够按时出勤	2	
思政要求	弘扬劳动精神、奋斗精神、奉献精神;了解安全操作要求,养成安全文明操作的习惯	5	
总计		100	
改进建议: 教师签字: 日期:			

任务习题

1. 单选题

(1)汽车蓄电池放电是将(　　)转化为(　　)。

A. 电能;化学能　　B. 化学能;电能　　C. 电能;热能　　D. 电能;光能

(2)当比重计的指示眼呈(　　)时,表明充电已足,蓄电池正常。

A. 黑色　　B. 红色　　C. 绿色　　D. 白色

(3)当转子旋转时,磁力线切割(　　)线圈,在线圈内产生交变电动势。

A. 转子　　B. 定子　　C. 整流器　　D. 电刷

(4)交流发电机中产生磁场的元件是(　　)。

A. 定子　　B. 转子　　C. 整流器　　D. 端盖

(5)(　　)是汽车发电机的重要性能指标。

A. 马力输出　　B. 电压输出　　C. 燃油效率　　D. 保修期

(6)在进行汽车发电机维护时,(　　)是正确的。

A. 检查电线是否破损　　B. 检查电线是否破损

C. 检查冷却液的液位　　D. 检查蓄电池的电量

2. 判断题

(1)免维护蓄电池电压一般为 14V 左右。　　(　　)

(2)拆蓄电池时,应该先拆正极,以防止触电。　　(　　)

(3)汽车发电机在发动机的驱动下将机械能转变为电能。　　(　　)

(4)发电机高速运转中突然失去负载,将烧坏电子元件。　　(　　)

(5)交流发电机电压高低与转速无关。　　(　　)

(6)硅整流发电机是由“自励”转入“他励”进行发电的。　　(　　)

3. 实操练习题

(1)对亏电蓄电池进行充电。

(2)更换蓄电池。

(3)进行发电机皮带的调整与更换。

学习任务二

汽车起动机不工作故障检修

学习目标

1. 知识目标

(1)能正确讲述熔断丝作用及更换和检修方法;

(2)能正确认识电路图中各元件符号;

(3)能正确讲述继电器的工作原理及更换和检修方法;

(4)能正确讲述起动系统线路图的原理分析;

(5)能正确讲述点火开关的工作原理及更换和检修方法;

(6)能够讲述常规起动机的组成、结构、工作原理;

(7)能够讲述无钥匙起动、自动起停技术的工作原理;

(8)能够正确描述汽车起动系统电路图的构成、工作情况及功能;

(9)能够简单分析起动系统故障的原因。

2. 技能目标

(1)能够规范使用常用设备对起动线路检测;

(2)能够规范使用常用设备对熔断丝、继电器检测;

(3)能够依据维修标准对起动机进行拆解检测;

(4)依据汽车维修操作要求,规范完成起动系统简单故障诊断与排除;

(5)依据汽车维修操作要求,规范完成熔断丝、继电器、点火开关的更换。

3. 素养目标

(1)培养爱党报国、敬业奉献、服务人民的意识;

(2)培养正确的劳动精神,弘扬劳动精神、奋斗精神、奉献精神;

(3)了解安全操作要求,养成安全文明操作的习惯。

参考学时

36 学时

任务描述

一辆汽车进厂维修,客户反映发动机无法起动,点火开关转至起动挡位时,发动机无转动迹象。经班组长问诊检查后，判断是起动系统故障，需要对该系统进行检修。

学习活动1 起动系统电路识读

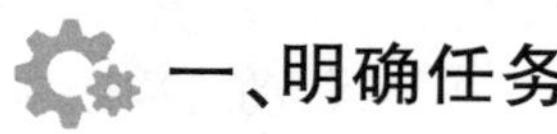

一、明确任务

根据任务描述，在对故障车辆进行检测前，需要对起动系统的电路图进行识读。

二、工作准备与计划制订

（一）知识准备

1.起动系统的功用

为了使静止的发动机进入自行运转状态，必须先依靠外力带动发动机曲轴，使活塞开始上下运动，汽缸内吸入________，并将其________、点燃，体积迅速膨胀产生强大的动力，推动活塞运动并带动曲轴旋转，发动机才能自动地进入工作循环。通常把发动机的曲轴在外力作用下开始转动到发动机自动怠速运转的全过程，称为发动机的________。

起动系统的作用就是在正常使用条件下，通过起动机将________储存的电能转变为________，带动发动机以足够高的转速运转，以顺利起动发动机。当发动机进入自行运转状态后，起动系统应立即与________分离并停止工作，以防止发动机高速运转时起动机产生较大离心力致使损坏。

2.起动系统的基本要求

（1）必须有足够的起动转矩和转速。发动机起动时，必须克服汽缸内被压缩气体的阻力和发动机本身及其附件内相对运动的零件之间的摩擦阻力，克服这些阻力所需的力矩称为起动转矩。起动阻力矩与发动机压缩比、温度、机油黏度等有关。能使发动机顺利起动所必需的曲轴转速称为起动转速。

（2）起动转矩应能随转速的升高而降低。因为在起动之初，曲轴由静止开始转动时，机件就做加速运动，需要克服很大的静止惯性力，同时各摩擦副处于半干摩擦状态，摩擦阻力较大，这时需要较大的起动转矩，才能带动发动机曲轴转动，并使转速很快升高。但随着曲轴转速升高，加速阻力减小，油膜也逐渐形成，所需的转矩相应减小，而当曲轴转速升至起动转速，发动机一旦起动后，自己就能够独立工作，就不需要电机带着转动了。

（3）为了保证起动机具有足够大的起动电流和必要的持续时间，要求蓄电池必须有足够的容量，且起动主电路的导线电阻和接触电阻要尽可能的小，一般在0.01Ω左右，所以，起动主电路中导线的截面积比普通导线大得多。

3. 起动系统的基本结构与原理

目前,汽车用发动机广泛采用________。电力起动系统由提供动力的________、________和________等三个部分构成,如图 2-1 和图 2-2 所示。起动机的作用是________,普遍采用串激式直流电机。控制机构用来接通和切断起动机与蓄电池之间的电路及控制起动机驱动齿轮与飞轮的啮合与分离。传动机构在发动机传动时,使起动机驱动齿轮与飞轮齿圈啮合,将起动机转矩传给发动机________;而在发动机起动后,使驱动齿轮与飞轮齿圈自动脱开,断开发动机向起动机的逆向动力传递。在有些汽车上,传动机构还具有接入和断开点火线圈附加电阻的作用。起动机在点火开关或起动按钮的控制下,将蓄电池的________转化为________,通过飞轮齿圈带动发动机曲轴转动。为增大转矩,便于起动,汽油机中起动机与曲轴的传动比一般为 13 ~ 17,柴油机一般为 8 ~ 10。

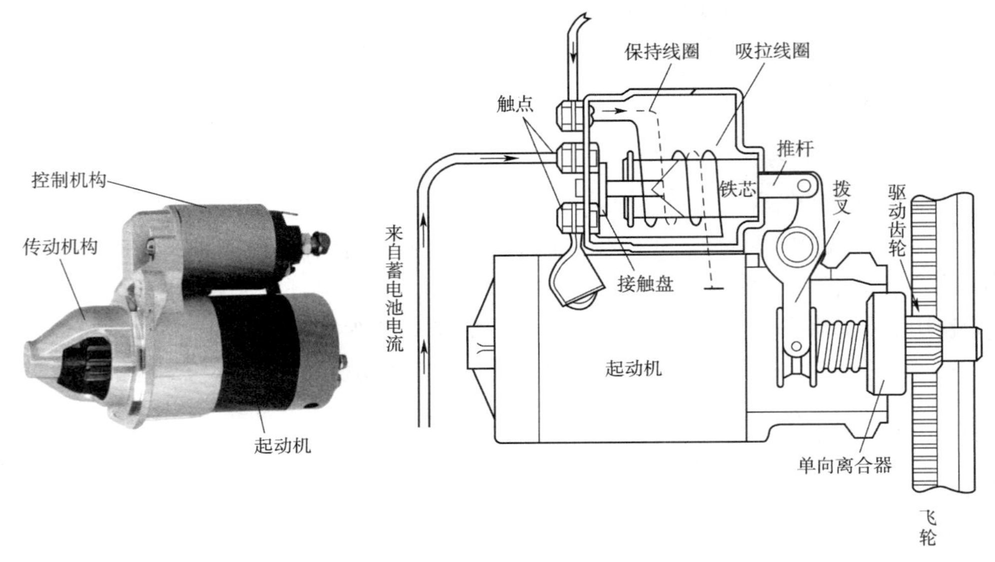

图 2-1　起动系统的组成

图 2-2　起动系统结构示意图

4. 无钥匙起动技术

随着电子技术和车载网络系统技术的发展越来越成熟,也为了出行便利,无钥匙进入和起动系统已经成为很多车辆的标配。传统起动系统需将钥匙插入起动孔,才能起动发动机,但是无钥匙起动技术,车钥匙也一样存在,只需携带车钥匙在身上,不需要使用钥匙,就可以打开或者关闭车门及起动发动机。在起动时,只要车载系统检测到智能钥匙在一定距离内,系统会识别出该信号,该信号一旦经过确认后,车载电脑会立即进入准备工作。在满足条件下,例如,自动变速器挡位位于 P 挡或 N 挡的位置、是否踩下制动踏板等,无钥匙起动技术相比于传统的起动技术具有明显的优势。无钥匙起动技术不必使用钥匙,只需随身携带,开门、上锁方便快捷;采用 CAN 数据通信总线进行信息共享,采用双绞线方式,在抗干扰和防盗方面更加安全。当驾驶人按下“发动机起动和停机(Engine Start Stop)”按钮,车辆方可起动,如图 2-3 所示。还有一些车型能够利用钥匙发射器遥控起动车辆,如图 2-4 所示。

图 2-3 发动机起动和停机按钮

图 2-4 钥匙发射器起动按钮

在汽车电子车载网络技术如此发达的今天,除以上无钥匙起动技术以外,液晶车钥匙是将车钥匙的核心技术全部集成在芯片上,用一块显示屏显示钥匙及整车的信息,即发动机工作时的即时温度、车内与车外温度、蓄电池电压等信息;有些厂家做出的车钥匙可以控制汽车短暂的行驶,例如在狭窄停车位当中停车,甚至研发出车载 app 可以连接车载相关电子控制单元(ECU),利用手机下载 App,控制汽车起动、空调温度设置、汽车行驶、汽车寻人等。

汽车遥控钥匙是一个多功能遥控器(内含天线接收器和发射器),主要包括遥控车门上锁或开锁;同时接收天线所发出识别信号并反馈信号。根据车型不同,接收天线安装位置及数量也有所不同,可分为车内天线和车外天线,通过线束与无钥匙进入起动系统模块相连接,其主要作用是接收模块的指令,向外发送不同距离和频率的低频信号。在信号发射范围内,如果感应到钥匙存在,就能够接收到此信号,钥匙内的发射器向外界发射一个高频的无线电信号。无钥匙进入起动系统天线只能发射信号,不能接收信号;遥控接收器根据车型不一样,安装位置也有所区别,其功能是接收遥控钥匙发来的无线电信号,对其进行分析对比后,以数据信息传输的方式通过车载网络模块传送给车内相关控制模块。

无钥匙起动技术是无钥匙进入起动系统的重要组成部分。当汽车内检测到与系统的遥控钥匙信号匹配时,驾驶人踩下制动踏板并按下点火开关,则无钥匙进入起动系统与数据总线中的系统共同接收点火开关的起动信号。无钥匙进入起动系统中的接收模块激活有效的遥控钥匙,遥控钥匙将钥匙信息发送给遥控接收器,遥控接收器再将遥控钥匙信息通过数据线传递给车身控制模块,车身控制模块验证完钥匙的匹配性后,还要继续进行下一步的防盗验证,包括验证防盗信息的几个模块是否通过等。以上模块全部通过验证后,才通过数据线路允许发动机控制模块控制起动机运转,进行发动机起动。无钥匙起动工作原理流程如图 2-5 所示。

5. 自动起停技术

发动机自动起停技术是指汽车在行驶过程中临时停车(如等红灯或交通堵塞)时,发动机自动熄火,当需要继续前进的时候,起动系统自动工作。对于手动挡汽车,当遇到红灯或堵车时,驾驶人踩下制动踏板,车辆停止,将变速器挡位置于空挡位置,释放离合器踏板,自动起停控制系统将控制发动机处于不工作状态;当绿灯放行或不再堵车时,驾驶人踩下离合器踏板,控制系统控制发动机自动重新起动。对于自动挡汽车操作更为简便，驾驶人踩下制动踏板，车辆完全停止后，发动机自动熄火，当汽车需要前进时，松开制动踏板，踩下加速踏板，发动机将自动起动。

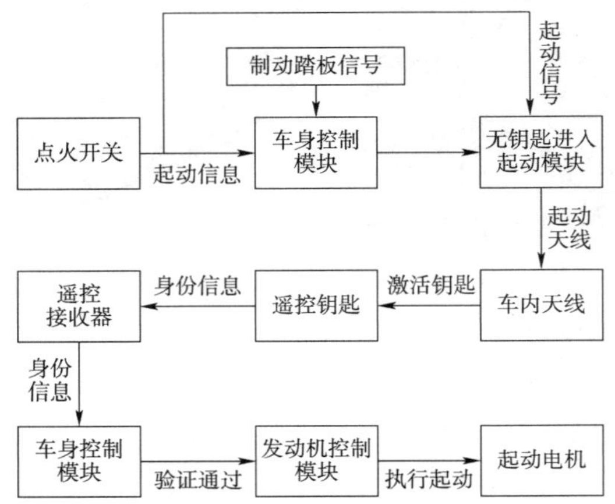

图 2-5　无钥匙起动工作原理流程

发动机自动起停系统由________、________、________、________、________、________、________等组成，该系统的组件与传统部件尺寸一样，所以可以装配在各种车型上，其工作原理如图 2-6 所示。

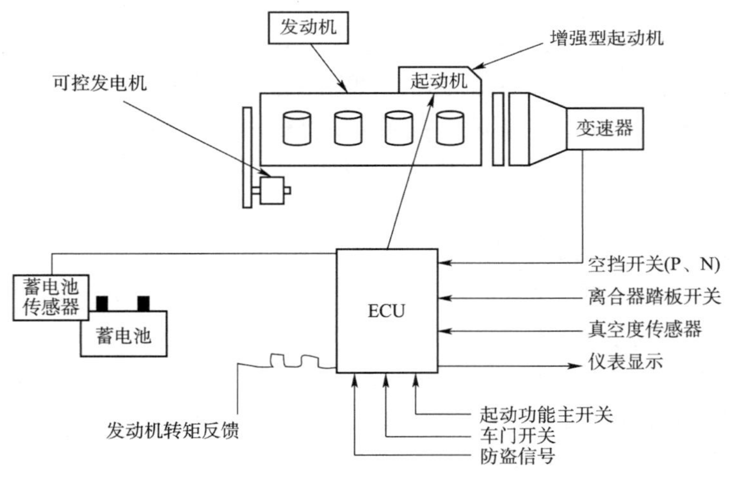

图 2-6　发动机自动起停技术工作原理

6. 起动系统电路识读

当点火模式开关置于“START（起动）”位置时，离散信号被提供至车身控制模块（BCM），通知其点火开关已置于“START（起动）”位置。然后，车身控制模块向发动机控制模块（ECM）发送已经请求起动的________消息。发动机控制模块（ECM）确认离合器已完全踩下或自动变速器挂驻车挡/空挡。若如此，则发动机控制模块（ECM）向起动机继电器控制电路提供 12V 电压。这时，蓄电池电压通过起动机继电器的开关提供至起动机电磁线圈。起动系统电路图如图 2-7 所示。

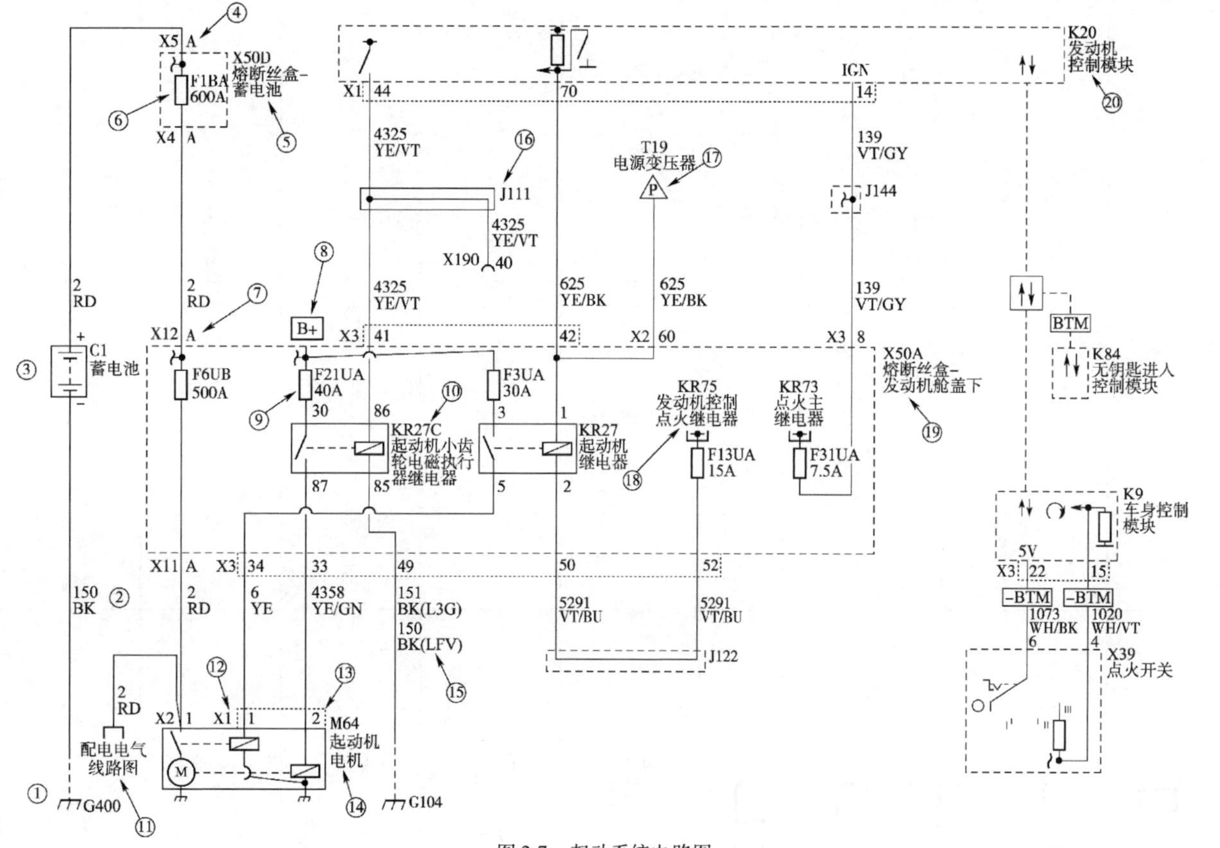

图 2-7　起动系统电路图

①-搭铁编号;②-150 代表线束编号、BK 代表线的颜色为黑色;③-蓄电池;④-线束插头名称及针脚号;⑤-X50D 熔断丝盒,蓄电池旁;⑥-F1BA600A,代表熔断丝盒中的熔断丝,熔断丝的额定容量为 600A;⑦-X12/A,代表熔断丝盒中的线束插头编号为 X12 中的 A 针脚;⑧-蓄电池正极;⑨-F21 UA 40A,代表发动机舱盖下熔断丝盒中编号为 F21 的熔断丝,额定容量为 40A;⑩-KR27C 起动机小齿轮电磁执行器电磁阀;⑪-电路图的不完整性,指向下一张图;⑫-起动机 X1 插头;⑬-起动机 X1 插头中的针脚号;⑭-M64 起动机电机;⑮-(LFV)发动机型号的选配;⑯-J111 代表线束中的并联插头;⑰-电路图的不完整性,指向下一张图;⑱-电路图的不完整性,指向下一张图;⑲-X50A 发动机舱盖下熔断丝盒的名称;⑳-K20 发动机控制模块的名称

起动系统电路图电气示意图符号说明见表2-1。

起动系统电路图电气示意图符号说明　　　　表2-1

符号	说明
B+	蓄电池电压
IGN 0	点火开关－“Off(关闭)”位置
IGN Ⅰ	点火开关—Accessory(附件)位置
IGN Ⅱ	点火开关—Run(运行)位置
IGN Ⅲ	点火开关—Start(起动)位置
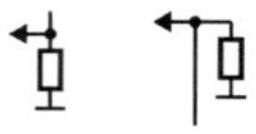	输入/输出下拉电阻器(－)
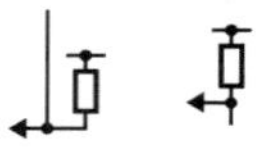	输入/输出上拉电阻器(＋)
	输入/输出高压侧驱动开关(＋)
	输入/输出低压侧驱动开关(＋)
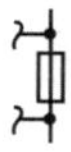	熔断丝
动力总成继电器 	继电器供电的熔断丝

续上表

符号	说明
	搭铁
X100 12 母端子 公端子	直列式线束连接器
	完整物理接头—三线或多线
	导线交叉
	4 针单刀/单掷继电器—常开
	5 针继电器—常闭
M	电机
	位置 4 开关
12	直接固定在部件上的连接器

描绘导线颜色时,采用下列次序:

(1)导线颜色修饰符,如浅色或深色(如适用)。

(2)导线主色。

(3)导线辅色(色带/色环)。

示意图中的导线颜色和连接器主体颜色说明见表 2-2。

导线颜色和连接器主体颜色说明 表 2-2

缩写	颜色	缩写	颜色
AM	琥珀色	OG	橙色
BARE	裸线	PK	粉红色
BG	浅褐色	PU	紫色
BK	黑色	RD	红色
BN	棕色	RU	铁锈色
BU	蓝色	SR	银白色
CL	透明色	TL	水鸭色
CR	奶油色	TN	黄褐色
CU	咖喱色	TQ	青绿色
GD	金黄色	VT	紫罗兰色
GN	绿色	WH	白色
GY	灰色	YE	黄色
NA	本色	—	—
颜色修饰符			
L	浅色	D	深色

(二)制订工作方案

1. 任务分工(表 2-3)

学生任务分配表 表 2-3

班级		组号		指导教师	
组长		任务分工			
组员 1		任务分工			
组员 2		任务分工			
组员 3		任务分工			
组员 4		任务分工			
组员 5		任务分工			
组员 6		任务分工			

2. 工量具、仪器设备与耗材准备

(1)使用的工量具有:______________________________。

(2)使用的仪器设备有:______________________________。

(3)使用的耗材有:______________________________。

3. 具体方案描述

____

____

____

____

____

三、计划实施

(一)安全注意事项及技能要点

1. 安全注意事项

(1)开始读图时,必须先读电路图的图注,对照图注先弄清楚各电器部件的数量及功能,找出每一个电器部件的电流通路。

(2)保持电路图的整洁和完整。

2. 技能要点

(1)了解电路图的特点与规定。

(2)牢记汽车电路的基本特点。

(3)熟悉电器的结构与工作原理。

(4)了解开关及继电器的功能与状态。

(5)分清相关联电路的关系。

(二)起动系统电路图识读任务实施(表2-4)

起动系统电路图识读操作方法及说明 表2-4

步骤	操作方法及说明	质量标准及记录
准备工作	(1)确保具备一定的电子、电气基础知识; (2)熟悉常见电路图符号和标注; (3)掌握各种电路图符号的含义	□正确认识电子元件 □正确认识电路图符号 □正确认识电路图标注 □正确认识电路图符号的含义
分析电路用途	(1)了解电路图的设计用途,以便把握整个电路的核心功能; (2)在识读电路图过程中,要了解电路的工作原理,以便更好地理解电路图; (3)掌握各种电路图符号的含义,确保正确识别和理解电路图	□理解电路图的用途 □理解电路的工作原理 □理解电路图的核心功能 □掌握各种电路图的符号含义 □正确识别和理解电路图

续上表

步骤	操作方法及说明	质量标准及记录
分步分析电路	(1)针对复杂电路,采用分割法; (2)从整体到局部,逐一分析电路模块; (3)针对不同电路,分析其特性,如交流电路、直流电路、模拟电路、数字电路等; (4)根据电路图中的元件符号,识别元器件的类型、参数和规格	□分析电路方法正确 □正确分析电路特性 □正确判断电路特性 □正确识别元器件的类型 □正确识别元器件的参数 □正确识别元器件的规格
实践与总结	(1)多实践操作,提高电路图识读的熟练程度; (2)在识读电路图时,要仔细观察每个部分,避免遗漏重要信息; (3)不断学习新知识,关注电子技术发展趋势,提高电路图识读能力	□正确做好实践与总结

四、评价反馈(表2-5)

评价表 表2-5

评分项目	评分标准	分值(分)	得分(分)
学习目标	能明确本任务的知识、技能、素养目标,理解任务在工作中的重要程度	5	
工作任务分析	能清晰描述完成本次工作任务内容	2	
	能清晰描述完成本次工作任务需必备的技能与知识点	2	
有效信息获取	能清晰描述起动系统的组成	5	
	能清晰描述起动系统的工作原理	5	
	能清晰描述起动系统电路图的组成	5	
	能清晰描述起动系统电路图的原理	5	
实施方案制订	能清晰地制订并填写本次起动系统电路图的识读的准备作业计划	5	
	能组织或协同工作小组成员,明确本次任务所需仪器设备、工具、材料的准备与清点,并准备记录	5	
	能组织或协同工作小组成员交流,优化检查方案并记录	5	
任务实施	能正确认识电子元件及符号含义	5	
	能理解电路图的用途和工作原理	5	
	能理解电路图的核心功能	6	

续上表

评分项目	评分标准	分值(分)	得分(分)
任务实施	能正确分析电路特性	6	
	能正确识别元器件的类型	6	
	能正确识别元器件的参数	6	
	能正确识别元器件的规格	6	
任务评价	能通过本次任务实施,结合自己在实训过程中的表现,进行自我评价及自我反思并记录	3	
职业素养	按规定时间完成项目作业	2	
	遵守实训室管理规定、劳动纪律	2	
	积极参与课堂活动、回答问题	2	
	能够按时出勤	2	
思政要求	弘扬劳动精神、奋斗精神、奉献精神;了解安全操作要求,养成安全文明操作的习惯	5	
总计		100	
改进建议: 教师签字: 日期:			

学习活动2　起动线路、起动机检修

一、明确任务

根据任务描述,对故障车辆进行检测,需要对起动机及起动线路进行检修,使其恢复正常使用性能。

二、工作准备与计划制订

(一)知识准备

1. 起动线路控制原理

起动机的控制主要采用以下两种方式。

1)P/N 挡开关控制

在传统自动变速器车辆上,只有自动变速器的排挡杆置于________位置时,从点火开关过来的起动电源才能通过起动继电器,使起动机工作。

2)模块控制

当前大部分车型的起动系统均由模块控制,采用电子控制模块(ECM)控制起动机的自动挡车辆,ECM 需要采集________、________、________等信号。当 ECM 从变速器模块中采集到 P/N 挡信号,同时接收到点火开关的起动信号后,才会接通起动机继电器,使起动机工作。其控制电路如图 2-8 所示。

采用 ECM 控制起动机的手动挡车辆,ECM 需要采集________和________才能接通起动机继电器,使起动机工作。

采用模块控制的起动系统,在点火开关回位到 ON 位置时,起动机处于空转状态,这属于正常现象。当发动机起动运转后,ECM 将控制起动继电器停止工作,起动机停止运转。

起动控制系统由下列部件或系统组成。

(1)起动机:通常驱动功率在 0.4 ~2.0kW,在冷车起动时可以短时间爆发 6.0kW 的功率。

(2)蓄电池。

(3)起动控制线圈与继电器。

(4)起动驱动机构:使用小齿轮驱动发动机飞轮,有的起动机配置有减速机构。

(5)防盗阻断系统:识别点火钥匙是否为合法钥匙,车辆是否符合起动条件。

(6)点火开关:用于监测电源模式,控制起动机的供电。

2. 起动机故障分析

(1)起动机异响。

①起动时(发动机运转前)有高频变调的噪声,但发动机可以起动。

可能原因:起动机小齿轮与飞轮间距过大。

②发动机已运转,钥匙已释放后,有高频变调般的噪声,这种间歇性故障通常被诊断为“起动机卡住”或“电磁阀弱”。

可能原因:起动机小齿轮与飞轮间距过小,飞轮跳动引起间性故障。

③发动机已运转但仍与起动机结合时,有很大声音的鸣响,当起动机结合发动机反转时,声音类似于警报声。

可能原因:离合器失效。

④发动机已运转,起动机渐停时,有隆隆声或敲击声(严重时)。

可能原因:起动机电枢转子变曲或不平衡。

(2)起动机不转动。

①起动机不转动,前照灯仍然亮。

可能原因:点火开关电路开路;起动机故障;控制电路开路;蓄电池接线端子电阻高。

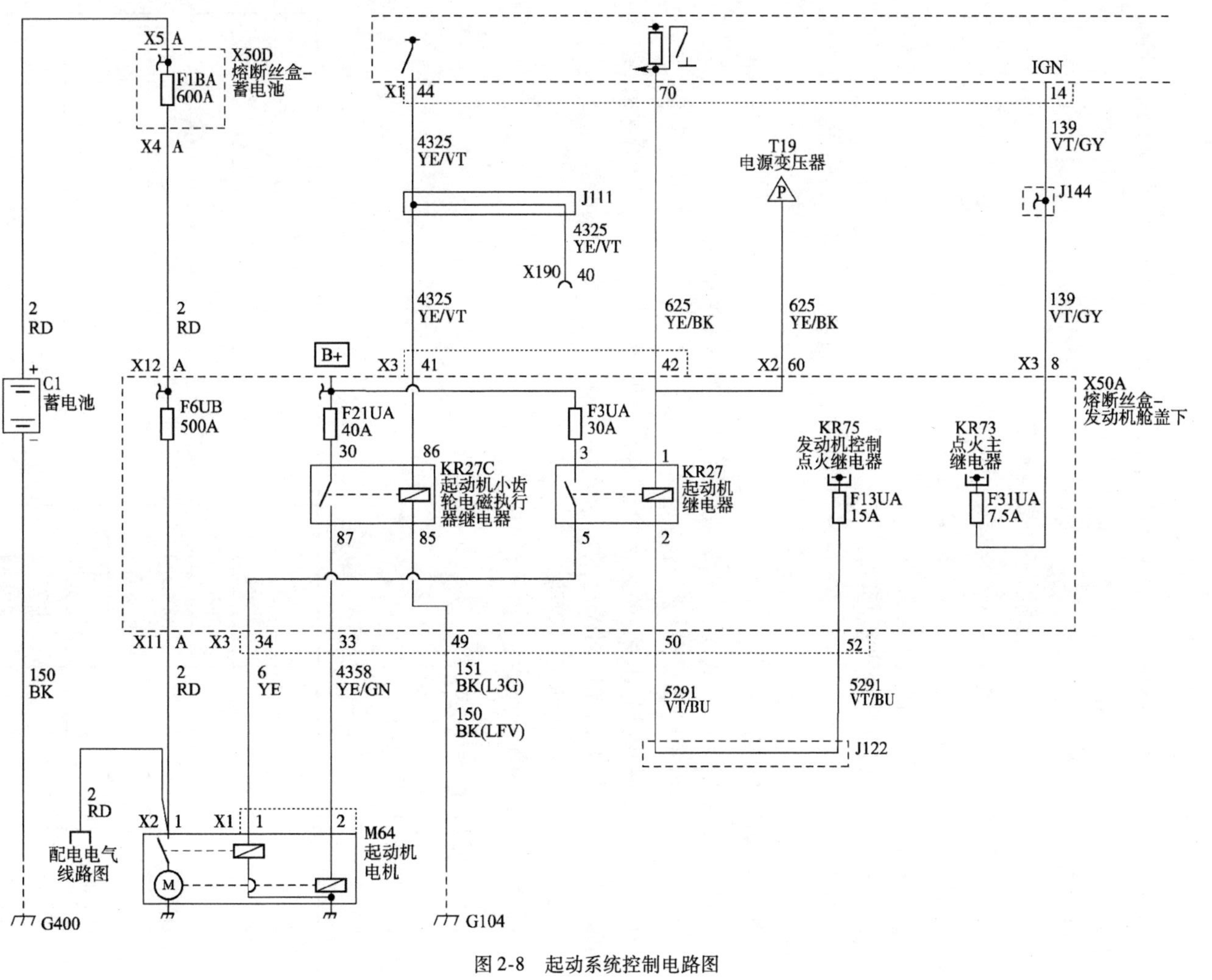

图 2-8 起动系统控制电路图

②起动机不转动，前照灯明显变暗。

可能原因：蓄电池馈电或有故障；环境温度太低；小齿轮卡死；电枢转子卡滞；起动机短路；发动机故障。

③起动机不转动，前照灯稍微变暗。

可能原因：蓄电池接线端子松动或腐蚀；小齿轮未结合；电磁阀接通但不运作起动机电路中电阻过大或开路。

④起动机不转动，前照灯熄灭。

可能原因：可能在蓄电池接线端子处接触不良。

⑤起动机不起动，前照灯不亮。

可能原因：开路；蓄电池放电或有故障。

(3)起动机能转运，但无法起动发动机。

①起动机转动慢但发动机不起动。

可能原因：蓄电池亏电；环境温度过低；蓄电池电缆过细；起动机失效；发动机机械故障。

②电磁阀推杆颤动。

可能原因：蓄电池电压低，端子松动或腐蚀；电磁阀保持线圈开路。

③起动后，小齿轮脱开缓慢。

可能原因：电磁阀推杆卡死；超越离合器卡在电枢转子轴；超越离合器失效；拨杆回位弹簧老化；飞轮及齿轮间对位过紧。

④起动机转动，但发动机不转动。

可能原因：小齿轮未啮合；小齿轮打滑。

(二)制订工作方案

1. 任务分工(表2-6)

学生任务分配表　　表2-6

班级		组号		指导教师	
组长		任务分工			
组员1		任务分工			
组员2		任务分工			
组员3		任务分工			
组员4		任务分工			
组员5		任务分工			
组员6		任务分工			

2. 工量具、仪器设备与耗材准备

(1)使用的工量具有：________________________________。

(2)使用的仪器设备有：________________________________。

(3)使用的耗材有：________________________________。

3. 具体方案描述

____

____

____

____

____

三、计划实施

(一)安全注意事项及技能要点

1. 安全注意事项

(1)断开蓄电池负极前,确保车辆点火开关在“OFF”位置。

(2)在检修区域周围避免存放易燃、易爆和有毒物质,确保检修环境清洁、无杂物。

(3)在检修过程中,避免导线之间的短路,确保线路的完好无损。

(4)在封闭空间内进行检修时,应确保通风良好,避免吸入有毒或有害气体。

(5)对于高温设备,应采取防止烫伤的措施。

(6)操作人员应穿戴绝缘手套、绝缘鞋和其他防护设备,确保自身安全。

2. 技能要点

(1)检查起动线路。

(2)检查起动机。

(3)检查起动电机控制电路。

(4)检修起动机的注意事项。

(二)起动线路、起动机检修任务实施

1. 起动线路检修(表 2-7)

起动线路检修操作方法及说明 表 2-7

步骤	操作方法及说明	质量标准及记录
准备工作	(1)专用工具若干; (2)断开蓄电池负极; (3)维修手册	□断开蓄电池负极

续上表

步骤	操作方法及说明	质量标准及记录
线路检修	(1)将点火开关置于"OFF(关闭)"位置,断开 KR27 起动机继电器; (2)测试之前,将测试灯一端接蓄电池负极,另一端接蓄电池正极,此时测试灯应点亮,否则测试灯损坏; 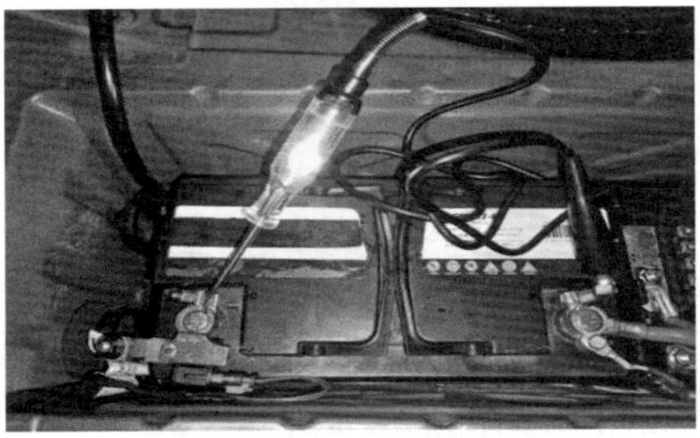 (3)确认 B + 电路端子和搭铁之间的测试灯点亮;如果测试灯未点亮且电路熔断丝完好;将点火开关置于"OFF(关闭)"位置; 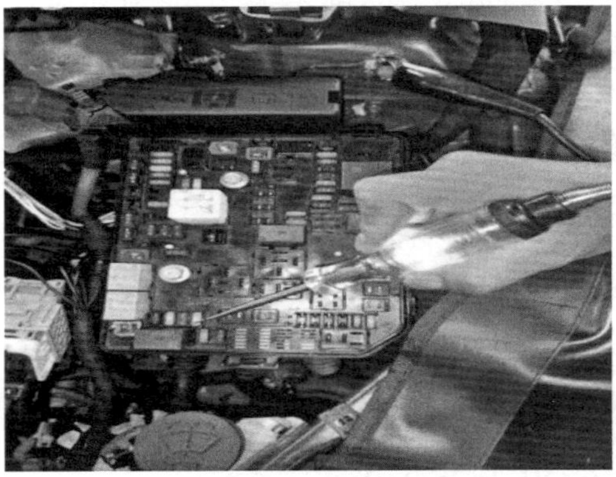 (4)注意:如果故障诊断仪中起动机继电器指令不适用,则在踩下驻车制动器装置和离合器踏板(手动变速器)或变速器置于驻车挡(自动变速器)时,确认在将点火开关在"OFF(关闭)"和"CRANK(起动)"位置之间循环时,测试灯点亮和熄灭; (5)测试控制电路端对端的电阻是否小于 2Ω。如果大于或等于 2Ω,则修理电路中的开路或电阻过大故障。如果小于 2Ω,则更换 K20 发动机控制模块;	□测试灯自检 □是否满足起动条件 □继电器针脚号测量正确 □断开蓄电池负极 □B + 电路端子和搭铁之间试灯

续上表

步骤	操作方法及说明	质量标准及记录
线路检修	 (6)测试起动继电器的发动机控制线路电压 	□起动继电器的发动机控制线路电压______V □测量端对端电阻______V □起动继电器的发动机控制线路电压______V
部件检修	(1)关闭点火开关; (2)断开蓄电池负极; (3)使用工具拔下怀疑部件; (4)熔断丝的检测; (5)继电器的检测	□不允许带电操作 □断开蓄电池负极 □部件的检修

2. 起动机检修(表 2-8)

起动机检修操作方法及说明 表 2-8

步骤	操作方法及说明	质量标准及记录
准备工作	(1)专用工具; (2)万用表; (3)打开发动机舱盖,找到蓄电池的位置,并断开蓄电池负极	□工具功能正常 □万用表功能正常

续上表

<table>
<tr><th>步骤</th><th>操作方法及说明</th><th>质量标准及记录</th></tr>
<tr><td>起动机拆卸
及检测</td><td>(1)检查线束;
(2)使用专用工具拆卸控制机构与起动机的连接线的螺母,并取下连接线; 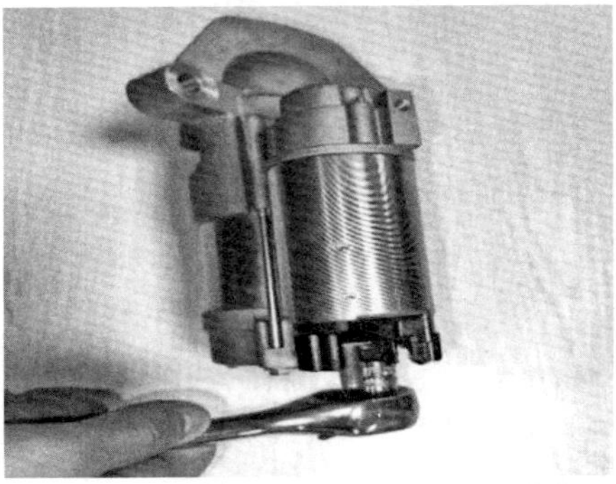
(3)使用专用工具拆卸控制机构与起动机的连接螺母,并分离控制机构; 
(4)使用专用工具分解起动机,并分离电枢;
(5)检查电枢线圈,检查换向器有无烧蚀部分,从炭刷上掉下的灰尘和铜屑有时会落在换向器块之间造成短路; </td><td>□断开蓄电池,确保电源已经关闭
□确认所有线束要避开有可能造成电缆发热、磨损或振动的部件,另外,线束在铁板件处布线时,需在线束外加塑胶保护套
□正确将起动机从发动机上拆卸下来
□正确选择工具
□拆卸的零部件摆放工作台</td></tr>
</table>

续上表

步骤	操作方法及说明	质量标准及记录
起动机拆卸及检测	(6)检查电枢有无黑色的烧蚀点或变色点,接触不良引起的开路将会导致产生电弧烧蚀换向器。将万用表的一个表笔连到换向器,另一表笔接到电枢芯或轴,两者之间的阻值应无穷大,若阻值为零或很小,说明电枢线圈绝缘不良。 用万用表的两个表笔分别依次与相邻换向器接触,电阻值读数应一致,否则,说明电枢线圈断路;  (7)检查磁场线圈时,将万用表的一个表笔接到磁场架,另一表笔接到磁场接柱上,两者阻值应无穷大,若阻值为零或很小,说明磁场线圈绝缘不良; 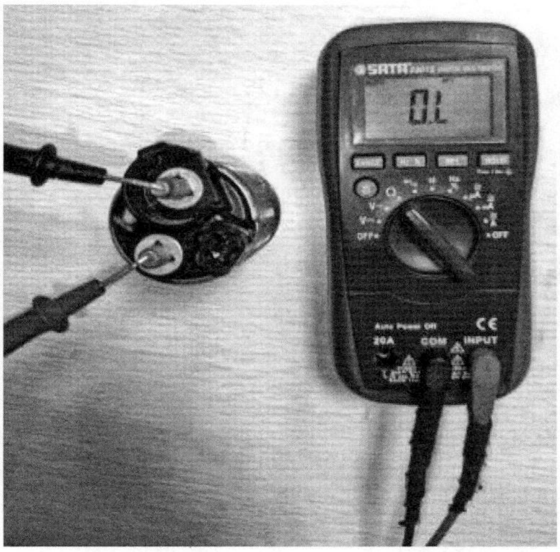 (8)检测电磁开关。	□检查并记录电枢线圈的外观________ □换向器的阻值________ □其他________ □磁场线圈的阻值________ □其他________ □检查电磁开关外观并记录________

续上表

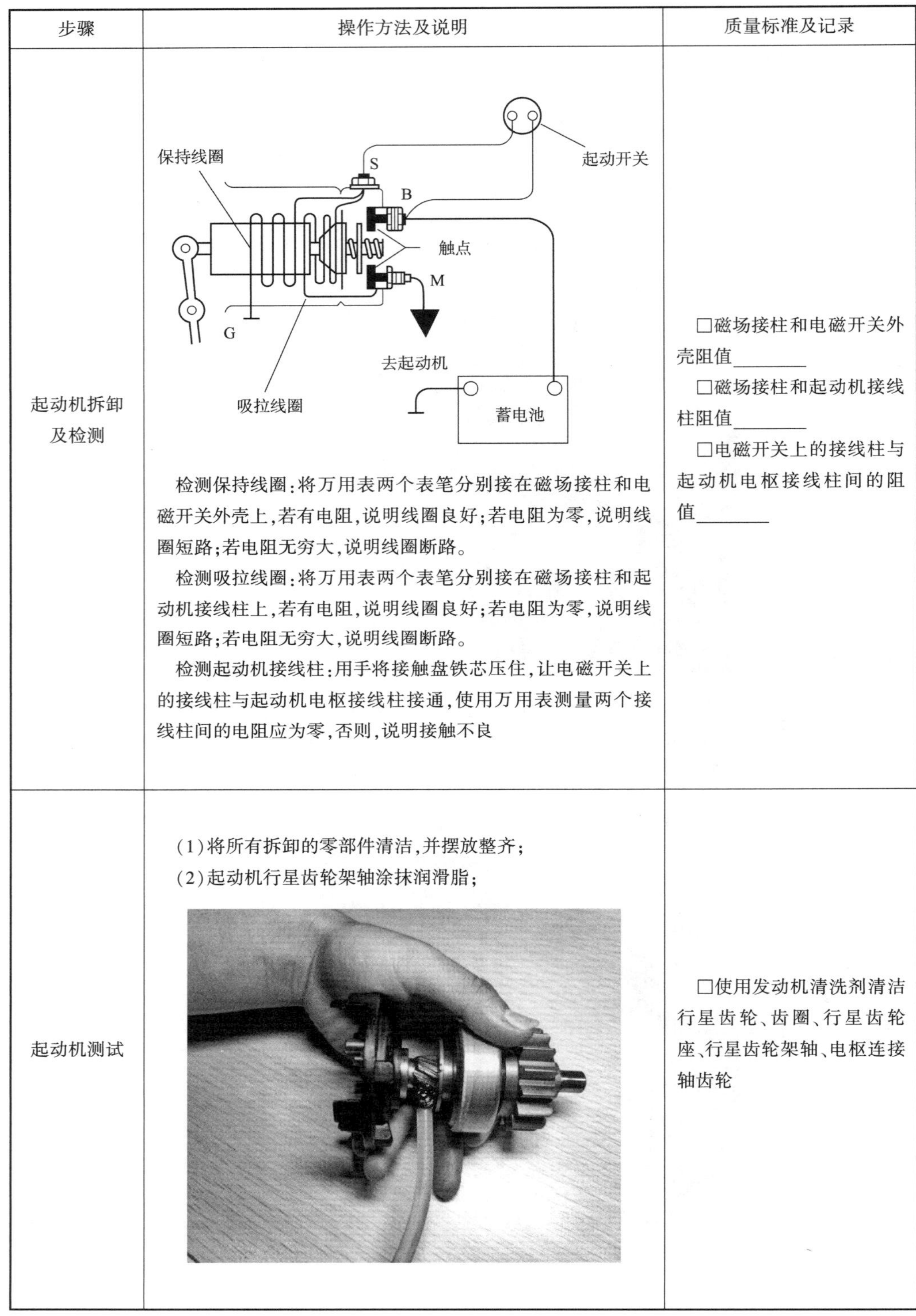

步骤	操作方法及说明	质量标准及记录
起动机拆卸及检测	检测保持线圈:将万用表两个表笔分别接在磁场接柱和电磁开关外壳上,若有电阻,说明线圈良好;若电阻为零,说明线圈短路;若电阻无穷大,说明线圈断路。 检测吸拉线圈:将万用表两个表笔分别接在磁场接柱和起动机接线柱上,若有电阻,说明线圈良好;若电阻为零,说明线圈短路;若电阻无穷大,说明线圈断路。 检测起动机接线柱:用手将接触盘铁芯压住,让电磁开关上的接线柱与起动机电枢接线柱接通,使用万用表测量两个接线柱间的电阻应为零,否则,说明接触不良	□磁场接柱和电磁开关外壳阻值________ □磁场接柱和起动机接线柱阻值________ □电磁开关上的接线柱与起动机电枢接线柱间的阻值________
起动机测试	(1)将所有拆卸的零部件清洁,并摆放整齐; (2)起动机行星齿轮架轴涂抹润滑脂;	□使用发动机清洗剂清洁行星齿轮、齿圈、行星齿轮座、行星齿轮架轴、电枢连接轴齿轮

续上表

<table>
<tr><th>步骤</th><th>操作方法及说明</th><th>质量标准及记录</th></tr>
<tr><td>起动机测试</td><td>(3)组装拨叉及起动机传动齿轮机构； 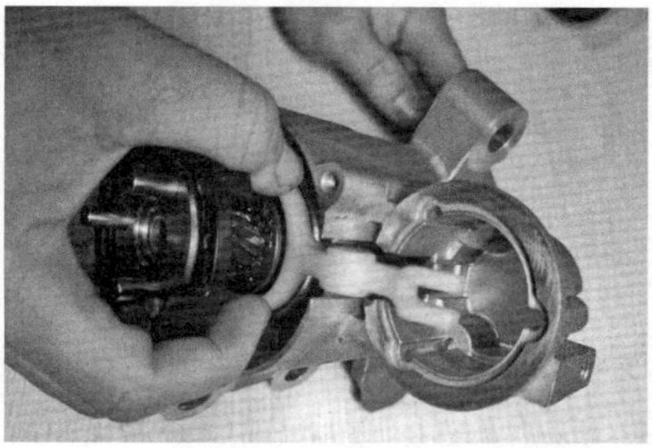
(4)分别给3个行星齿轮及齿圈涂抹润滑脂； 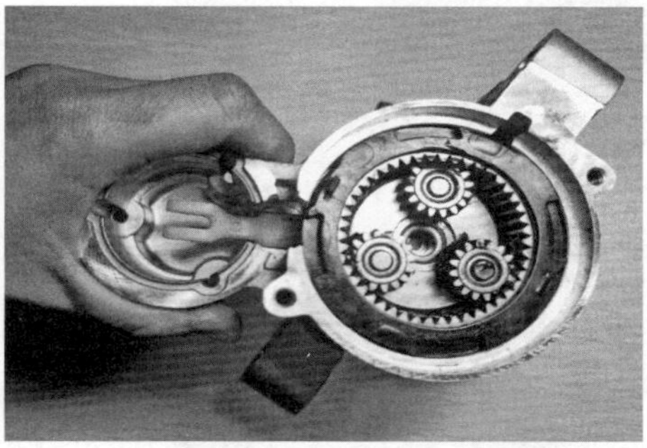
(5)安装行星齿轮机构压板及推杆； 
(6)电枢与行星齿轮机构连接键涂抹润滑脂； 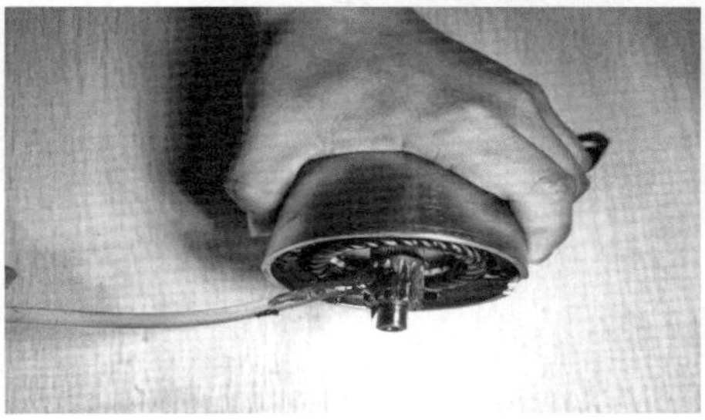</td><td>□使用压缩空气将以上零部件吹洗干净
□使用清洗剂和压缩空气时注意安全
□将清洗过的零部件摆放整齐在工作台
□使用润滑脂润滑行星齿轮座、行星齿轮、齿圈、单向离合器滑动轴
□注意润滑脂的使用方法
□安装拨叉时注意方向
□组装完成以后用手按压拨叉，检查并记录单向离合器
□单向离合器是否正常移动________
□起动机驱动齿轮是否正常旋转
□安装行星齿轮机构压板时注意安装方向</td></tr>
</table>

续上表

步骤	操作方法及说明	质量标准及记录
起动机测试	(7)将电枢与起动机壳连接,并按标准力矩紧固螺栓;  (8)安装起动机控制机构,并按标准力矩紧固螺栓;  (9)按照标准力矩紧固起动机连接线螺栓; 	□安装推杆时确保推杆前端与拨叉充分结合,移动推杆时单向离合器能够移动 □电枢与行星齿轮机构连接键涂抹润滑脂 □按照标准力矩紧固螺栓 □按标准力矩紧固起动机控制机构螺栓

续上表

步骤	操作方法及说明	质量标准及记录
起动机测试	(10)将起动机安装至实车上，连接蓄电池负极，打开点火开关，测试起动机是否正常工作；  (11)结束检修：关闭发动机舱盖，结束检修操作	□按照标准力矩紧固起动机连接线螺栓 □装车测量起动机性能

四、评价反馈(表2-9)

评价表 表2-9

评分项目	评分标准	分值(分)	得分(分)
学习目标	能明确本任务的知识、技能、素养目标，理解任务在工作中的重要程度	5	
工作任务分析	能清晰描述完成本次工作任务内容	2	
	能清晰描述完成本次工作任务需必备的技能与知识点	2	
有效信息获取	能清晰描述起动系统的组成	5	
	能清晰描述起动系统的工作原理	5	
	能清晰描述起动系统电路原理	5	
	能清晰描述起动机部件的名称	5	
实施方案制订	能清晰地制订并填写本次起动线路、起动机检修的准备作业计划	5	
	能组织或协同工作小组成员，明确本次任务所需仪器设备、工具、材料的准备与清点，并准备记录	5	
	能组织或协同工作小组成员交流，优化检查方案并记录	5	

续上表

评分项目	评分标准	分值(分)	得分(分)
任务实施	能规范地完成起动机的拆卸	10	
	能正确检测故障线路、填写测量数据	10	
	能规范安装起动机	10	
	能正确进行起动机的测量	10	
任务评价	能通过本次任务实施,结合自己在实训过程中的表现,进行自我评价及自我反思并记录	3	
职业素养	按规定时间完成项目作业	2	
	遵守实训室管理规定、劳动纪律	2	
	积极参与课堂活动、回答问题	2	
	能够按时出勤	2	
思政要求	弘扬劳动精神、奋斗精神、奉献精神;了解安全操作要求,养成安全文明操作的习惯	5	
总计		100	
改进建议: 教师签字: 日期:			

学习活动3　熔断丝、继电器、点火开关的检测与更换

一、明确任务

根据任务描述,经对故障车辆进行检测,需要对熔断丝、继电器、点火开关进行检查与更换,使其恢复正常使用性能。

二、工作准备与计划制订

(一)知识准备

1. 熔断丝

熔断丝是一种用于保护电路和设备的电子元件。其主要作用是在电流异常升高

到一定程度时，________，防止电流过大导致________、________甚至________等危险。

熔断丝________在其所保护的电路中，一般情况下，当熔断丝的电流达到________时，熔断丝会在60s内熔断；当电流达到额定电流的1.5倍时，20A以下的熔断丝在15s内熔断，30A熔断丝在30s以内熔断。

熔断丝通常固定在可插式塑料片上或封装在玻璃管内。汽车电路有多个熔断丝，通常是安装在一个或几个接线盒中。各个熔断丝都编号排列，有的还涂有不同的颜色，以便于辨别。各种熔断丝的额定电流见表2-10，各种熔断丝保持特性的比较见表2-11。

各种熔断丝的额定电流 表2-10

品种	额定电流(A)
管式、片式熔断丝	2;3;5;7.5;10;15;20;25;30
金属丝熔断丝	7.5;10;15;20;25;30
平板熔断丝	30;40;60

各种类型熔断丝保持特性的比较 表2-11

保持特性	熔断丝类型		
	玻璃管式	片式	金属丝式
110%额定电流能持续的通电时间(h)	4	100	4
135%额定电流能持续的通电时间(min)	<60	0.75~30	
200%额定电流能持续的通电时间(s)	<10	0.15~5	<30
350%额定电流能持续的通电时间(s)		<0.08	

1)熔断丝的类型

(1)按形状分：________熔断丝、________熔断丝、________熔断丝、________熔断丝、________熔断丝，如图2-9所示。

(2)按额定电压分：________、________。

高压熔断丝指工作电压在DC32V~DC450V之间的熔断丝，标准的熔断丝额定电压值分为：32V、125V、250V和600V。

(3)按熔断速度分：________、________。

快熔熔断丝的主要部件是________，用在阻性电路中，保护一些对电流变化特别敏感的元器件；慢熔熔断丝又被称为________或________，与快熔熔断丝的最主要区别在于它对瞬间脉冲电流的承受能力不同,其熔体主要部件是锡铜合金片,主要应用于感性或容性电路中。

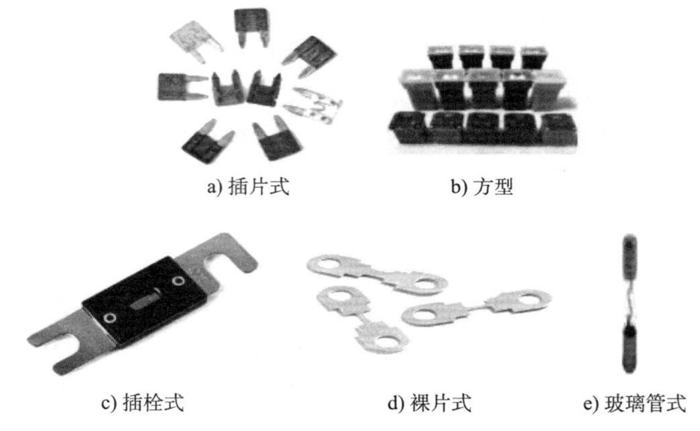

a) 插片式　b) 方型　c) 插栓式　d) 裸片式　e) 玻璃管式

图 2-9　熔断丝类型

2)插片式熔断丝的结构与原理

插片式熔断丝的结构与原理如图 2-10 所示,"20"指熔断丝的额定电流为 20A。

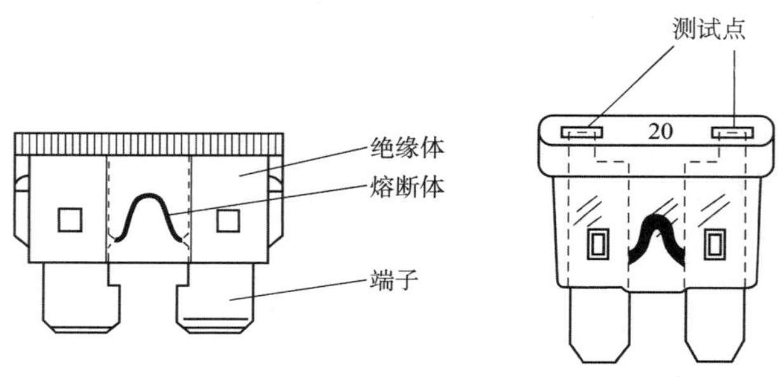

图 2-10　插片式熔断丝的结构原理

插片式熔断丝主要由________组成。熔断体是熔断丝的核心,由比普通导线本身熔点低的类似于焊料金属制成,熔断时起到切断电流的作用。其尺寸通过非常精确地校准,当电流通过熔断体时,因熔断体存在一定的电阻,所以熔断体将会发热,使熔断体的温度从环境温度逐渐上升,同时熔断丝也会通过连接条件散热,当工作电流正常时,熔断体发热和散热达到平衡,熔断体温度会维持在一定的范围内。

为了保证使用安全,绝缘体的材料必须具有良好的机械强度、绝缘性、耐热性和阻燃性,在使用中不应产生断裂、变形、燃烧机短路等现象。图 2-11 为劣质熔断丝的熔断情形。

3)熔断丝的规格及选择方法

(1)工作参数。

熔断丝在使用过程中有两个重要的工作参数,即额定电流和额定电压,使用时要根据电路的电流和电压来选择相对应的熔断丝。

额定电压是指熔断丝的公称额定电压,是熔断丝安全保护性能的指标。只有电路中的电压等于或小于熔断丝额定电压时,熔断丝才可保证熔断体经过电流熔断后,不被击穿,不会持续拉弧或再次导通,从而安全可靠地切断电路。标准的熔断丝额定电压值分为:32V、125V、250V 和 600V。

额定电流是指熔断丝的公称额定电流,是一个识别名称,并不能真实反映其实际熔断电流和熔断时间。

汽车插片式熔断丝的规格一般为 2 ~ 40A,其数值会在熔断丝的顶端标注。为避免熔断丝外壳的损坏导致看不清顶部标示的安培数,在制作时不同安培数的熔断丝采用不同颜色,更换时只要确定其颜色相同即可。熔断丝颜色与额定电流有一套国际标准,即 2A 灰色、3A 紫色、4A 粉色、5A 橘黄、7.5A 咖啡色、10A 红色、15A 蓝色、20A 黄色、25A 无色透明、30A 绿色、40A 深橘色,熔断丝颜色与额定电流对照如图 2-12 所示。

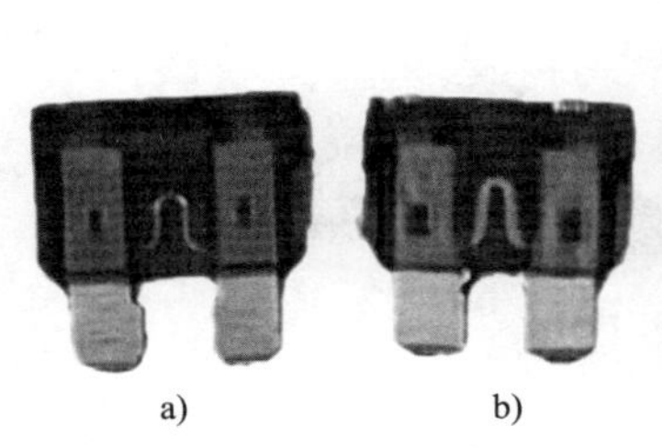

图 2-11　劣质熔断丝熔断情形

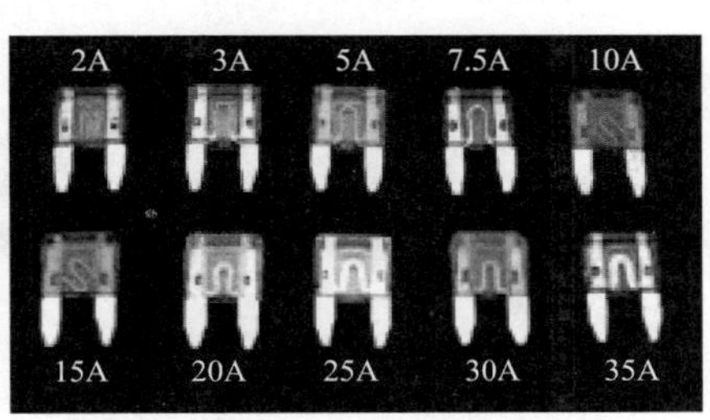

图 2-12　熔断丝颜色与额定电流对照图

(2)额定电流的确定。

根据被保护电路的稳态工作电流及相关的使用折损系数(正常工作状态下),确定熔断丝的额定电流。

不同认证的熔断丝对额定电流的使用有所不同:UL(美规)的熔断丝,在 25℃ 环境温度下,实际使用时的稳定工作电流应不超过额定电流的 75%;IEC(欧规)的熔断丝实际使用时的稳定工作电流应不超过额定电流的 90% 或 100%。这是因为熔断丝额定电流为熔断丝所能承载的电流,是在 25℃ 环境温度下,采用经控制的实验条件(接触电阻、空气流动、瞬时峰值)确定的。而熔断丝的实际使用条件是变化的,为了补偿这些变化,电路设计工程师在为设备设计安全可靠且寿命又长的保护电路时,加给熔断丝的负荷通常应不超过额定值的 75%,以提供足够的过载和短路保护。

另外,熔断丝是温度敏感元件,在实际使用中,由于受其周围工作环境温度及长期老化等因素的干扰,在实际使用中还应留出 85% 的余量,所以熔断丝额定电流应有如下关系式:

$$\text{额定电流} \geqslant \frac{\text{稳态工作电流}}{0.75 \times 0.85}$$

2. 继电器

1)继电器的作用及分类

继电器是一种电子控制器件,继电器主要由________等组成,其作用是通过线圈电流控制经过触点的用电器的工作电流,继电器如图 2-13 所示。在继电器中有几

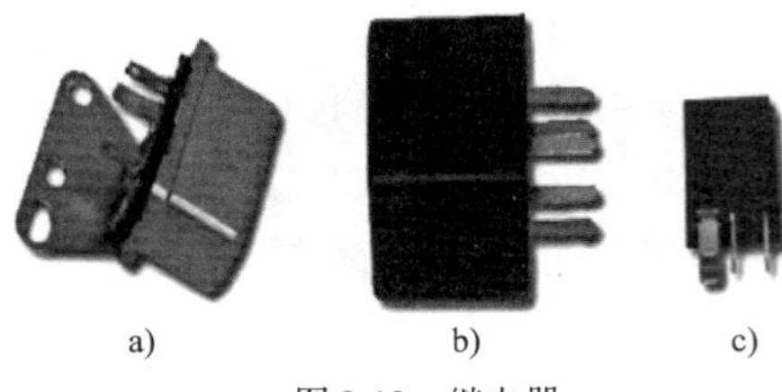
a) b) c)
图 2-13 继电器

个关键的部件：线圈、可动臂和开关触点，如图 2-14a）所示。线圈是缠绕在铁芯上的多圈导线环，当电流流经继电器的线圈之后，使其变成一个电磁体。可动臂被电磁体的电磁力吸引后，其开关触点闭合，如图 2-14b）所示。此时，允许大电流流过继电器的开关触点，驱动大功率负载。因此，继电器通常用于控制大电流的用电装置，如汽车上的起动机、空调压缩机、离合器等。

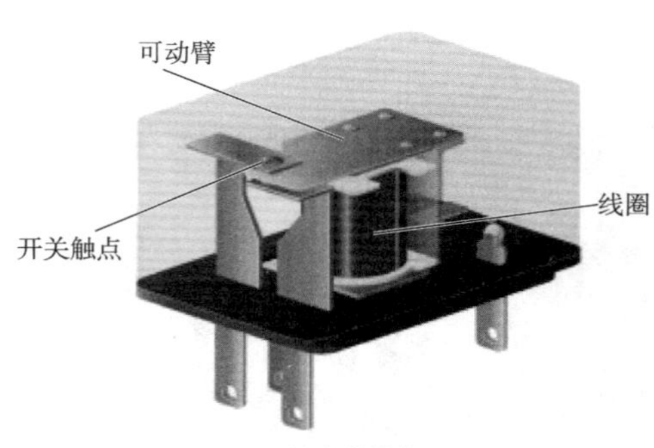

a) 继电器结构
b) 继电器工作状态

继电器结构 3D 结构展示

图 2-14 继电器结构及工作状态

当断开继电器的电源之后，磁场消失，可动臂在复位弹簧的作用下返回到初始位置，开关触点断开，中断流动到由继电器控制的负载的电流。

目前，在车辆电气系统中使用的继电器主要有以下三种类型。

________：常闭继电器在不工作的状态下，其开关触点一直处于闭合状态，在工作时开关触点断开，中断电流流动。常闭继电器通常使用在车辆防盗系统中。

________：常开继电器在不工作的状态下，其开关触点一直处于断开状态，在工作时开关触点才闭合，允许电流流动。

________：转换继电器上有两组开关触点，一组开关触点是常开的，另一组开关触点是常闭的，可用于控制两个不同的电路。当继电器工作时，常开触点和常闭触点可以实现切换，将控制电路切换到不同的工作状态。

2）继电器的符号

继电器在电路图中用电器符号表达，符号由线圈与开关组成，线圈与开关用虚线连接，表示此开关受该线圈控制。继电器中开关一般表现为该系统处于不工作状态时的位置，也就是开关如果断开即为常开继电器，如图 2-15 所示。反之，则为常闭继电器。

图 2-15 常开继电器符号

继电器工作原理

3）继电器的工作原理

继电器是一种电控制器件，用于用较小的电流控制较大电流的自动开关，其工作原理基于电磁感应。继电器主要由铁芯、线圈和触点组成，当给线圈通电时,线圈中会产生磁场,这个磁场会吸附衔铁。衔铁与触点相连,当衔铁移动时,触点会发生打开或关闭的动作。

具体的工作过程如下。

(1)通电:给继电器线圈施加电压,线圈中产生电流,从而产生磁场。

(2)吸附:继电器铁芯在磁场作用下被吸附,带动衔铁运动。

(3)触点变化:衔铁的运动使得触点发生状态变化,常开触点闭合,常闭触点断开。

(4)控制电路:触点状态变化从而控制外部电路的通断,实现对较大电流的控制。

(5)断电:当线圈断电时,电磁吸力消失,衔铁在弹簧作用下返回原位,触点也随之恢复到原始状态。

3.点火开关

点火开关功用

汽车点火开关主要用于控制发动机的________,同时也适用于其他电系电路,如灯光、空调等。点火开关在汽车操作过程中发挥着重要作用,确保行车安全。

点火开关的结构设计使其能够在不同的情况下发挥相应的作用,如在车辆起动时,将点火开关旋转至"ON"位置,发动机即可起动。而在发动机运行过程中,将点火开关旋转至"ACC"或"OFF"位置,可以切断发动机电源,实现安全停车。

点火开关的工作原理是:当钥匙插入钥匙孔并转动时,点火开关内部的触点闭合或断开,从而控制电流的通断,实现对汽车电路的控制。

1)点火开关结构

车辆电源模式主控模块就是车身控制模块(BCM)。点火开关是小电流开关,具有多个到车身控制模块的离散电路。车身控制模块逻辑电路使用点火开关位置来识别操作者期望的电源模式并激活特定离散信号和串行数据信息,以便在必要时操作不同的子系统。如果电源模式主控模块串行数据信息与单个模块通过自身的连接检测到的信息不匹配,则已切换电压输入的其他模块将以默认模式运行。

根据计算出的电源模式的需要,电源模式主控模块将起动继电器以及电源模式主控模块的其他直接输出。车身控制模块控制的一些继电器通过车身控制模块内的电路直接从点火开关切换点火电压输出。如果这些电路对搭铁短路,则至点火开关的B+电路熔断丝将熔断。

点火开关的原理如图2-16所示,点火开关为4个挡位,"OFF(关闭)""ACCESSORY(附件)""ON(打开)"和"CRANK(起动)"。

2)点火开关的检测原理

将点火开关置于"OFF(关闭)"位置,断开S39点火开关处的线束连接器。

使用下列电阻测试,电阻标准见表2-12,确认下列端子间的电阻值是否与每个S39点火开关位置匹配。如果任何读数不同于规定值,则更换S39点火开关。如果读数匹配,则一切正常。

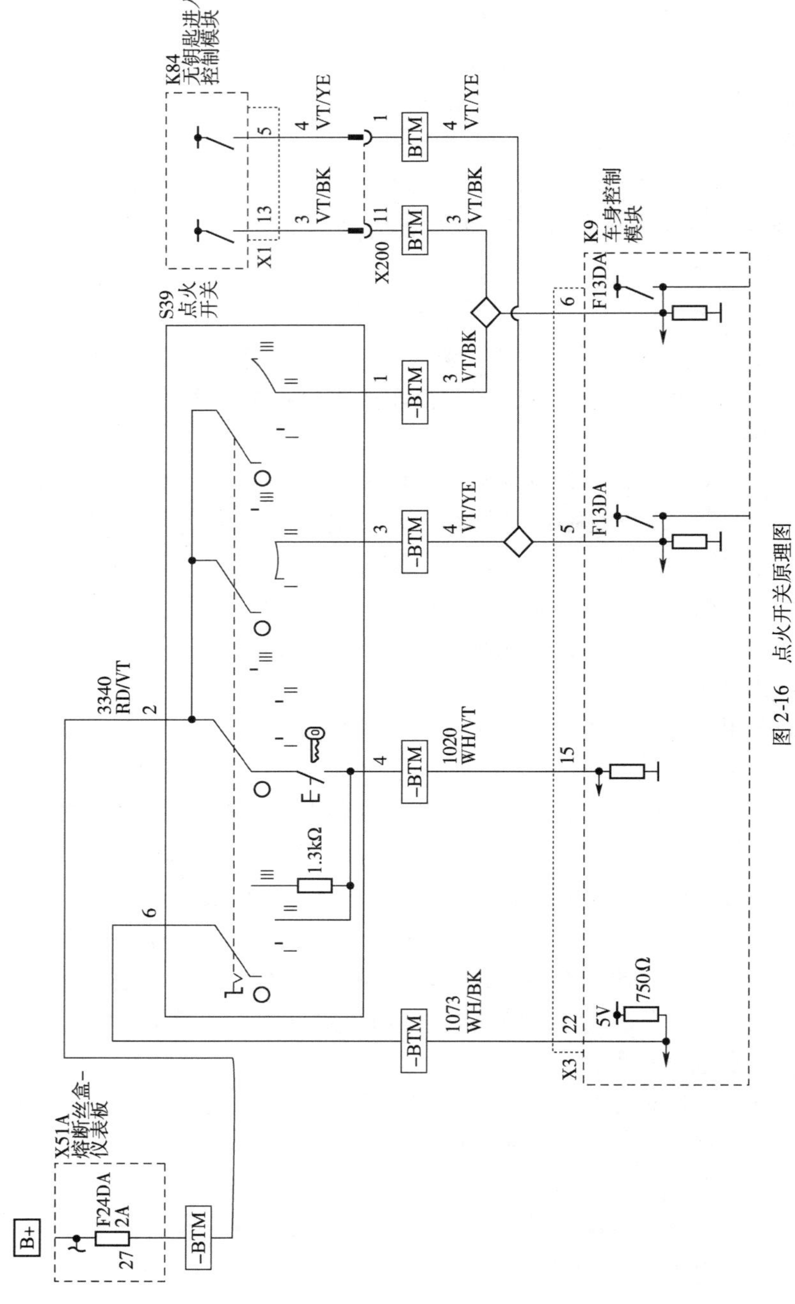

图 2-16 点火开关原理图

电阻测试标准　　表 2-12

点火开关位置	端子1和端子2	端子3和端子2	端子4和端子2	端子6和端子2	端子4和端子6
OFF(关闭)拔出钥匙	无穷大	无穷大	无穷大	无穷大	无穷大
OFF(关闭)插入钥匙	无穷大	无穷大	<5Ω	无穷大	无穷大
ACC(附件)	无穷大	<5Ω	无穷大	无穷大	无穷大
ON(打开)	<5Ω	<5Ω	无穷大	无穷大	<5Ω
CRANK(起动)	<5Ω	无穷大	无穷大	无穷大	1275～1325Ω

(二)制订工作方案

1. 任务分工(表 2-13)

学生任务分配表　　表 2-13

班级		组号		指导教师	
组长		任务分工			
组员 1		任务分工			
组员 2		任务分工			
组员 3		任务分工			
组员 4		任务分工			
组员 5		任务分工			
组员 6		任务分工			

2. 工量具、仪器设备与耗材准备

(1)使用的工量具有:____。

(2)使用的仪器设备有:____。

(3)使用的耗材有:____。

3. 具体方案描述

____

____

____

____

____

三、计划实施

(一)安全注意事项及技能要点

1. 安全注意事项

(1)工作电压和电流应在继电器额定范围内。

(2)加到触点上的负载应符合触点的额定负载和性质,避免超过额定负载。

(3)避免继电器频繁切换,以免影响其寿命。

(4)切勿使用额定电流较低或较高的熔断丝,以免造成电路保护不足或频繁熔断。

(5)如果新更换的熔断丝再次熔断,说明电路可能存在故障或负载过大。

(6)确保选择合适的熔断丝规格,插座接触良好,并定期检查电路状况。

(7)在更换点火开关过程中,要注意防止钥匙的损坏。

(8)在更换点火开关时,尽量避免静电对电子元件的损害。

(9)在安装新点火开关时,需按照正确的方向和位置进行插入,确保与周边零件的连接牢固。

2. 技能要点

(1)了解继电器的作用。

(2)了解熔断丝的作用。

(3)了解点火开关的作用。

(4)检查熔断丝的性能。

(5)检修继电器的性能。

(6)注意安装方向和位置,避免错误安装。

(7)使用万用表测量继电器线圈的电阻值,与标准值进行对比,判断线圈是否正常。

(8)使用万用表测量点火开关线圈的电阻值,与标准值进行对比,判断线圈是否正常。

(二)熔断丝、继电器、点火开关检测与更换任务实施

1. 熔断丝的检测与更换(表 2-14)

熔断丝的检测与更换操作方法及说明　　表 2-14

步骤	操作方法及说明	质量标准及记录
准备工作	(1)万用表; (2)熔断丝夹子或尖嘴钳; (3)12V 试灯	□正确使用万用表 □熔断丝的特性 □正确使用试灯

续上表

步骤	操作方法及说明	质量标准及记录
观察法	(1)通过目视检查,从而辨别保险片是否已熔断; (2)检测时,需要使用夹子取下故障熔断器之后,观察插片式熔断器内的熔丝是否完整 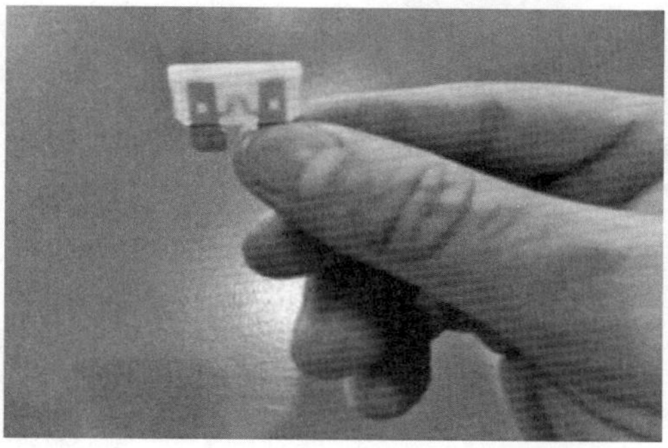	□熔断丝具有光滑、均匀的表面,无明显的凸起、凹陷、裂纹等缺陷 □熔断丝的尺寸应与规定的尺寸相符 □熔断丝在过载情况下应能迅速熔断,防止电器受损
试灯检测法	(1)利用试灯检测插片式熔断器时,需要接通与熔断器关联的电路; (2)测量点火或喷射系统电源串联的熔断器时,必须起动车辆; (3)测量刮水器串联的熔断器时,需要扳动刮水器开关手柄; (4)测量灯光系统串联的熔断器时,必须打开前照灯开关 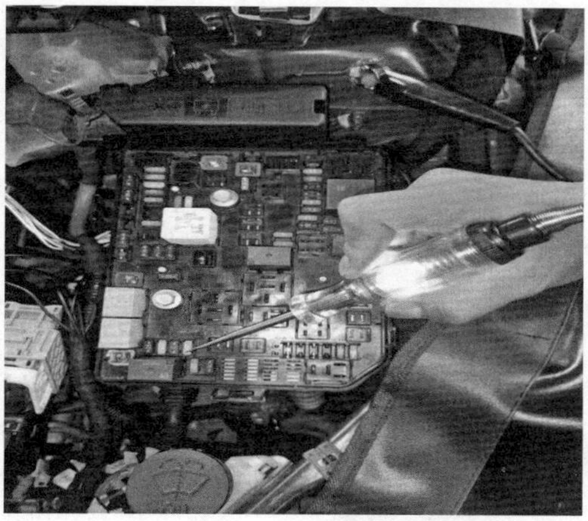	测量是否接通线路 □是 □否 □确保试灯和熔断丝规格匹配 □将试灯的一端接在电源上,另一端接触到熔断丝的安装座 试灯的颜色________ 熔断丝的规格________ 熔断丝是否异常 □是 □否
万用表检测法	(1)将万用表打至电阻挡,然后把万用表的黑、红表笔头各自连接同一个插片式熔断器上方的两个测试点; (2)若测得的电阻小于2Ω,则表明所测得的熔断器正常;	□万用表挡位________ □检测过程中,确保电源已切断

续上表

步骤	操作方法及说明	质量标准及记录
万用表检测法	(3)若测得的电阻无穷大,说明该熔断器内部熔丝已烧断	□使用万用表时,应确保其量程合适,以免损坏万用表或熔断丝 □记录异常________
熔断丝的更换	(1)在更换熔断丝之前,首先要确保切断电源,以防止发生触电事故; (2)更换中需根据电路中熔断丝的额定电流要求; (3)注意安装的熔断丝尺寸	是否带电更换熔断丝 □是 □否 熔断丝额定电流是否正确 □是 □否 安装是否紧密接触 □是 □否

2. 继电器的检测与更换(表 2-15)

继电器的检测与更换操作方法及说明 表 2-15

步骤	操作方法及说明	质量标准及记录
准备工作	(1)万用表; (2)继电器夹子或尖嘴钳; (3)继电器测试线	□正确使用万用表 □继电器的特性 □正确使用测试线
继电器单体测试	(1)测继电器性能时,首先将继电器取下来; (2)将万用表打至 200Ω 电阻挡; (3)两支表笔连接 85、86 号端子,测得的阻值应为 60 ~ 120Ω,太大或太小都说明继电器有损坏	□熔断丝具有光滑、均匀的表面,无明显的凸起、凹陷、裂纹等缺陷 □熔断丝的尺寸应与规定的尺寸相符 □熔断丝在过载情况下应能迅速熔断,防止电器受损

续上表

步骤	操作方法及说明	质量标准及记录
继电器的通电检测	(1)使用两根测试线,一根测试线一端连接继电器线圈端85,另一端接蓄电池正极;另外一根测试线一端连接继电器线圈端86,另一端连接蓄电池负极; (2)接通85和86时继电器发出吸合的声音; (3)使用万用表电阻挡最小挡位; (4)测量继电器开关端30和87之间的电阻; (5)通电时注意,测试线出现短路会造成安全事故	是否测量线圈端电阻 □是 □否 继电器吸合是否有声音 □是 □否 □继电器线圈阻值________ □30和87的阻值 □85和30的阻值 □85和87的阻值 □记录异常________
继电器的更换	(1)更换的继电器与原继电器参数与规格一致; (2)拆卸和安装时切断电源,确保安全	参数与规格是否一致 □是 □否 □不能出现带电操作

3. 点火开关的检测与更换(表2-16)

点火开关检测与更换的操作方法及说明 表2-16

步骤	操作方法及说明	质量标准及记录
准备工作	(1)专用工具若干; (2)断开蓄电池负极; (3)内饰拆装工具等	□断开蓄电池负极
点火开关的拆卸	(1)使用内饰专用工具拆卸转向柱上、下装饰盖;	□切勿使用尖锐工具拆卸装饰盖

续上表

<table>
<tr><th>步骤</th><th>操作方法及说明</th><th>质量标准及记录</th></tr>
<tr><td>点火开关的拆卸</td><td>(2)使用十字螺丝刀拆卸转向柱上装饰盖与转向柱下装饰盖固定螺栓； 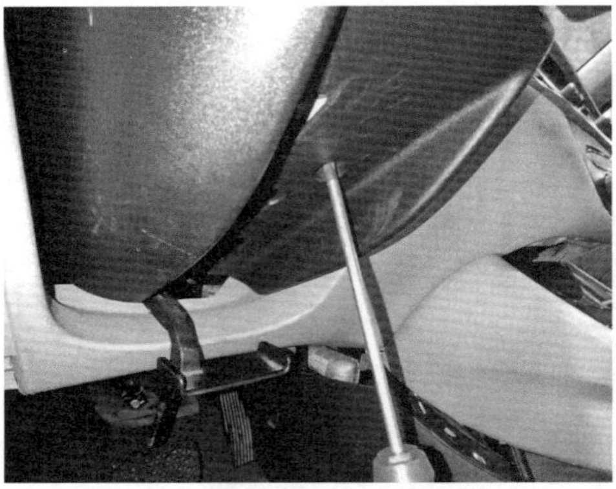
(3)断开点火和起动开关连接器插头，使用工具拆卸点火和起动开关的固定螺栓； 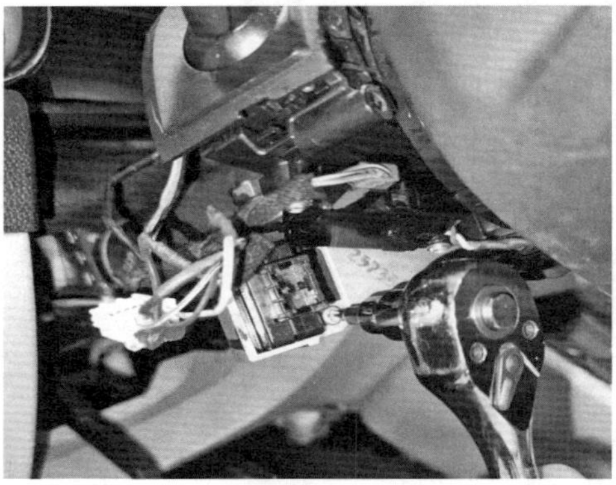
(4)将点火钥匙插入锁芯，点火钥匙转至“RUN(运行)”位置； </td><td>□使用工具拆卸固定螺栓
□断开电气连接插头时，注意插头锁舌开关
点火钥匙是否插入锁芯
□是　□否
点火钥匙是否转至“RUN(运行)”位置
□是　□否</td></tr>
</table>

续上表

步骤	操作方法及说明	质量标准及记录
点火开关的拆卸	(5)使用铁丝插入锁芯拆卸孔内,将锁芯推出 	工具是否选用正确 □是 □否 □零部件应存放在干燥、通风的地方
点火开关的检测	(1)将点火开关置于"OFF(关闭)"位置; (2)断开点火开关处的线束连接器; (3)使用万用表电阻挡测量各挡位之间的电阻; (4)根据维修手册标准判定性能 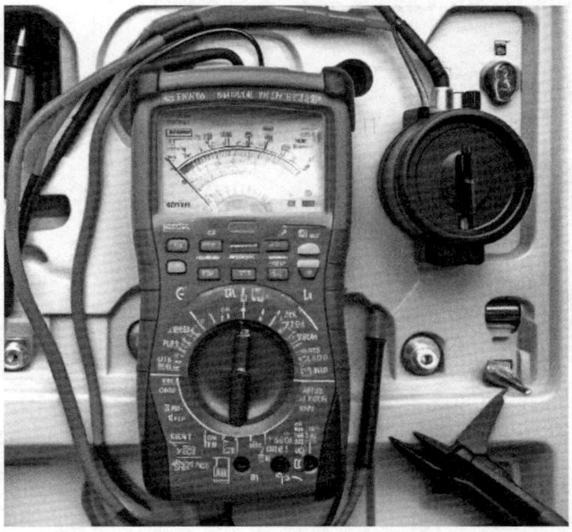	□插入钥匙(OFF 关闭时)时端子电阻________ □插入钥匙(附件)时端子电阻________ □插入钥匙(ON)时端子电阻________ □插入钥匙(运行)时端子电阻________ □记录异常________
点火开关的更换	(1)更换的点火开关与原点火开关的参数和规格一致; 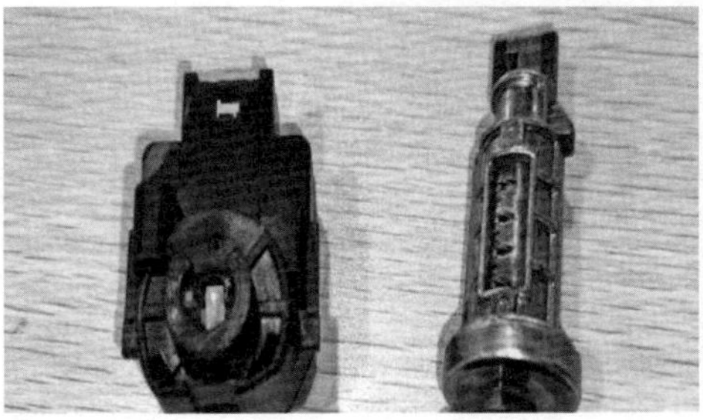	参数与规格是否一致 □是 □否 □不能出现带电操作

续上表

步骤	操作方法及说明	质量标准及记录
点火开关的更换	(2)安装点火和起动开关,使用工具紧固,并按标准力矩紧固固定螺栓; 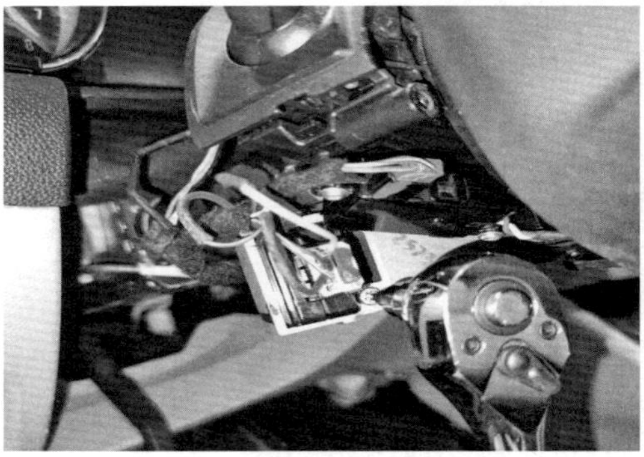 (3)安装锁芯; 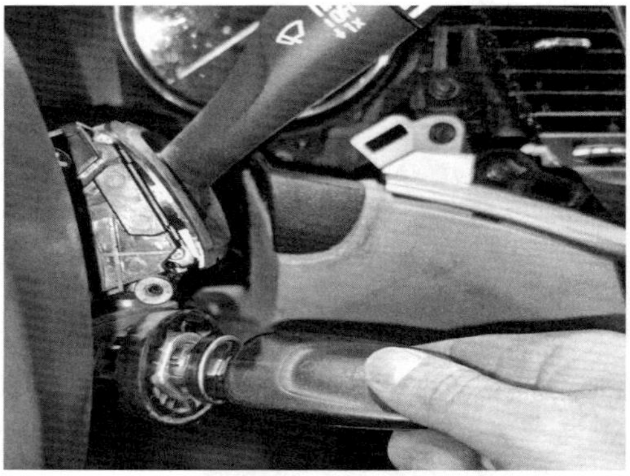 (4)连接电器接头,装回转向柱上、下装饰板,按照标准力矩紧固螺栓 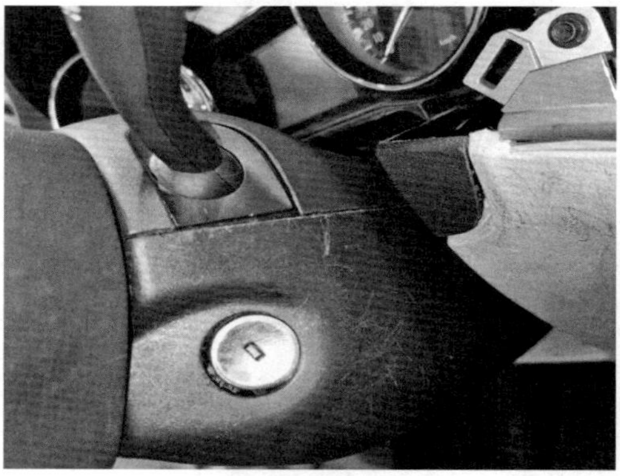	是否按照标准力矩紧固螺栓 □是 □否 锁芯是否安装到位 □是 □否

四、评价反馈(表2-17)

评价表 表2-17

评分项目	评分标准	分值(分)	得分(分)
学习目标	能明确本任务的知识、技能、素养目标,理解任务在工作中的重要程度	5	
工作任务分析	能清晰描述完成本次工作任务内容	2	
	能清晰描述完成本次工作任务需必备的技能与知识点	2	
有效信息获取	能清晰描述熔断丝的作用	5	
	能清晰描述继电器的工作原理	5	
	能清晰描述点火开关的原理	5	
	能清晰描述检测的基本原则	5	
实施方案制订	能清晰地制订并填写本次熔断丝、继电器、点火开关的检测与更换的准备作业计划	5	
	能组织或协同工作小组成员,明确本次任务所需仪器设备、工具、材料的准备与清点,并准备记录	5	
	能组织或协同工作小组成员交流,优化检查方案并记录	5	
任务实施	能正确进行熔断丝的检测与更换	10	
	能正确进行继电器的检测与更换	15	
	能正确进行点火开关的检测与更换	15	
任务评价	能通过本次任务实施,结合自己在实训过程中的表现,进行自我评价及自我反思并记录	3	
职业素养	按规定时间完成项目作业	2	
	遵守实训室管理规定、劳动纪律	2	
	积极参与课堂活动、回答问题	2	
	能够按时出勤	2	
思政要求	弘扬劳动精神、奋斗精神、奉献精神;了解安全操作要求,养成安全文明操作的习惯	5	
总计		100	
改进建议: 教师签字: 日期:			

任务习题

1. 单选题

(1)(　　)用于为起动机提供电力。

A. 发电机　　B. 蓄电池　　C. 点火开关　　D. 起动机本身

(2)(　　)可能是起动系统故障的表现。

A. 发动机起动困难　　B. 发动机起动后自行熄火

C. 点火系统故障　　D. 以上都是

(3)在起动系统电路中,(　　)用于控制大电流。

A. 点火开关　　B. 蓄电池

C. 电磁开关(电磁铁或继电器)　　D. 发电机

(4)起动机中直流串励电机的功能是(　　)。

A. 将电能转变为机械能　　B. 将机械能转变为电能

C. 将化学能转变为机械能　　D. 将机械能转变为机械能

(5)起动机的电刷磨损后,应该(　　)。

A. 更换电刷　　B. 更换整流器

C. 调整电刷弹簧　　D. 清理电刷接触面

(6)(　　)可以有效地检测继电器的工作性能。

A. 线圈电阻测量　　B. 触点电阻测量　　C. 绝缘电阻测量　　D. 动作时间测试

(7)当电路中电流超过熔断丝的额定电流时,(　　)。

A. 熔断丝会立即断路　　B. 熔断丝会过热而损坏

C. 熔断丝会短路　　D. 熔断丝会断路并引发火灾

(8)当更换熔断丝后,应该做(　　)来确保其正常工作。

A. 电压测试　　B. 电流测试　　C. 绝缘测试　　D. 功能测试

(9)点火开关的故障通常会导致(　　)。

A. 发动机无法起动　　B. 发动机运转不平稳

C. 行驶过程中突然熄火　　D. 油耗增加

(10)点火开关在汽车起动过程中起到(　　)的作用。

A. 控制点火电路　　B. 控制起动电路

C. 控制发动机运转　　D. 控制车轮转向

2. 判断题

(1)起动机由直流电机、传动机构和电磁开关组成。　　(　　)

(2)直流电起动机的直流电机的主要作用是将蓄电池输入的电能转换为机械能,产生电磁转矩。　　(　　)

(3)起动机依靠自身动力运转之前,必须先借助外力旋转,这个过程称为起动机的起动。　　(　　)

(4)起动线路图是一种用于描述起动机工作原理和电路连接的图形。 ( )

(5)在起动线路图中,蓄电池、起动机、点火开关和其他相关部件的电路连接会被清晰地表示出来。 ( )

(6)起动线路图中的符号和标注通常采用国际通用的电气图形符号和标注方式。 ( )

(7)继电器是一种通过控制电磁铁的电压来控制触点开关的装置。 ( )

(8)继电器的线圈电路通常与被控制的电路并联,而触点开关则与被控制的电路串联。 ( )

(9)金属丝是熔断丝的核心部分,它通常是由铜或铝等导电材料制成的。 ( )

(10)熔断丝断路后,需要更换新的熔断丝,防止再次发生电路故障。 ( )

3. 实操练习题

(1)更换点火开关。

(2)更换起动机。

学习任务三

汽车前照灯不亮故障检修

学习目标

1. 知识目标

(1)能够正确叙述熔断丝作用及更换和检修方法。

(2)能够正确叙述电路图中各元件符号的含义。

(3)能够正确分析前照灯系统线路图的原理。

(4)能够正确叙述汽车前照灯系统电路图的构成、工作情况及功能。

(5)能够正确叙述汽车前照灯的基本要求。

(6)能够正确叙述汽车前照灯的组成及功用。

(7)能够正确叙述汽车前照灯一侧不亮异常的原因。

2. 技能目标

(1)能够规范使用常用设备对前照灯线路检测。

(2)能够运用前照灯开关和变光开光调节远近光灯。

(3)能够规范使用万用表检测熔断丝、继电器、前照灯灯泡等零件。

(4)能够查阅车辆维修手册收集整理信息,对前照灯故障进行分析。

(5)能够依据汽车维修操作要求,规范完成前照灯系统简单故障诊断与排除。

3. 素养目标

(1)培养学生爱国报国、敬业奉献、服务人民的意识。

(2)培养学生安全操作的意识,养成安全文明操作的习惯。

(3)培养学生严谨的工作态度,规范实训8S管理,养成良好的职业行为习惯。

(4)培养学生主动钻研的态度,养成精益求精的工匠精神。

(5)培养学生自主学习、崇尚劳动的观念,形成有耐心,够细心,爱岗敬业的劳模精神。

参考学时

24学时

任务描述

一辆汽车进厂维修,客户反映汽车左前照灯不亮,经班组长确认故障后,需要对灯光系统进行检修。

学习活动1　前照灯电路识读

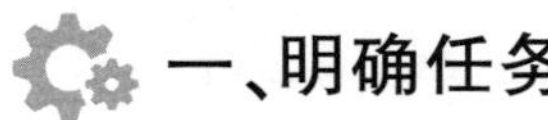

一、明确任务

根据任务描述，在对故障车辆进行检修前，需要对前照灯系统的电路图进行识读。

二、工作准备与计划制订

(一)知识准备

1. 汽车照明系统的概述

汽车照明是汽车电气系统中常见电气设备，为了保证车辆行驶的安全，现代汽车上都配有汽车灯光与照明系统，其作用如下。

(1)提供照明：在夜晚或自然光线不足的情况下，前照灯能够照亮前方的道路，为驾驶人提供必要的视野，使他们能够看清路面情况和障碍物，有效防止意外事故的发生。此外，在雨雾等恶劣天气条件下，灯光的照射也能够增加车辆的可见度，帮助驾驶人更好地判断道路状况和行车环境。

(2)提供警示：为周围的其他车辆或行人提供警示，注意避免发生碰撞，保证行车安全。

照明系统分类

2. 汽车照明系统的分类及功用

汽车灯光与照明是车辆电器系统中最常见的电器设备，也是车辆安全行驶的必备系统之一。汽车照明系统根据安装位置与用途不同可分为：车外灯和车内灯。车外灯是保证车辆安全行驶的必备灯具，根据其功能的不同，可分为________和________两部分。车外照明灯和车外信号灯如图3-1所示。

图3-1　车外照明灯和车外信号灯

车外照明灯能保证车辆在不同环境下为驾驶人提供良好照明，根据其功能的不同可以分为：________、________、________及________，它们能够保证车辆在不同的行驶环境下为驾驶人提供良好的照明，其中倒车灯既是照明灯又兼有信号灯的功能。

车外信号灯按其功能的不同可分为________、________、________、________、________、________及________等。在不同的行驶环境下，它们能有效地提醒前后车辆及行人，保证行驶的安全性。

前照灯作用　前照灯组成

1）前照灯

前照灯俗称大灯，安装于车辆前部两侧，用于夜间行车道路的照明使用。它主要由前照灯开关、远光灯、近光灯、前照灯变光开关、环境光照传感器及控制模块等组成。前照灯示意图如图 3-2 所示。

（1）延时控制。

在一些高配置的车辆上，增加了前照灯延时关闭功能，前照灯延时如图 3-3 所示。它是利用环境光照传感器感知外界环境光照的强度，并将信息送入车身控制模块。当车外环境光照较弱时，通过个性化设置，在关闭点火开关后，车身控制模块将控制前照灯延迟一段时间后再熄灭，可为驾驶人下车后提供一段时间的外部照明。

图 3-2　前照灯示意图

图 3-3　前照灯延时

（2）SGM 前照灯。

目前，SGM 车辆中所使用的前照灯主要有卤素前照灯和高强度气体放电前照灯两种类型。为了更好地提高行驶的安全性，自适应前照灯已被广泛地应用到车辆中，它由车身控制模块或前照灯控制模块控制，可根据车辆的运行状态信息自动调整灯光的照射角度。

（3）组合前照灯。

组合前照灯是将前照灯、小灯（日间行车灯）及转向灯集成在一起的总成件，灯泡一般可以独立更换，组合前照灯如图 3-4 所示。这种组合前照灯的外观更趋于美观化，与流线型的车身更好地融为一体，同时也便于维护和更换。

（4）自适应前照灯。

自适应前照灯系统（Adaptive Front-lighting System，AFS）目前已在多款车型上装配使用。它能够根据驾驶人的操作和路况的变化自动调节前照灯的照射角度，根据其功能配置的不同可分为左右角度调节、上下高度调节及上下左右四向调节三种类型。为了自动识别环境，有些车辆上还配有水平/垂直光线传感器，水平和垂直光线传感器用来监测不同方向的光线强弱，结合车辆速度来判断车辆是行驶在街区，还是在乡村或其他的道路上，自适应前照灯系统会采用不同的照明策略。

①左右调节前照灯系统。

左右调节前照灯系统主要由前照灯开关、前照灯控制模块及前照灯执行器等组成。它可以随着转向盘的转动自动调节前照灯左右照射的角度，且左前照灯左转 15°、右转 5°，右前照灯左转 5°、右转 15°。在夜间行车中能增加驾驶人在弯道时的视野范围，保证转弯时的安全性，前照灯左右角度调节如图 3-5 所示。

图 3-4　组合前照灯

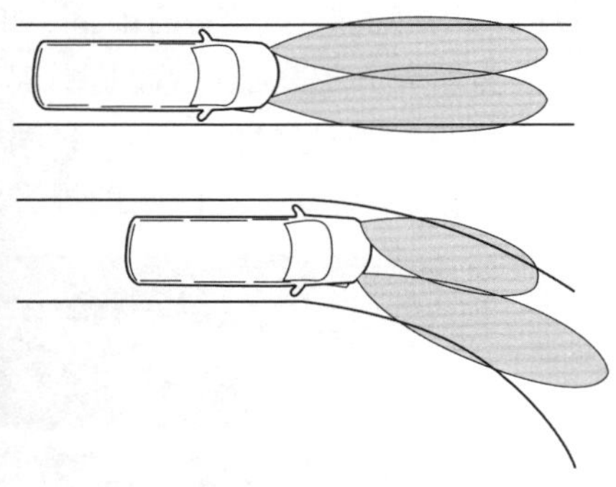

图 3-5　前照灯左右角度调节

②上下调节前照灯系统。

上下调节前照灯系统主要由前照灯开关、前照灯控制模块、高度传感器及高度调节器等组成，前照灯高度调节系统组成如图 3-6 所示。当车辆的载荷和行驶状态发生变化时，前照灯控制模块通过前后高度传感器的输入信号，自动保持车辆的俯仰角度，前照灯上下照射角度调节如图 3-7 所示。

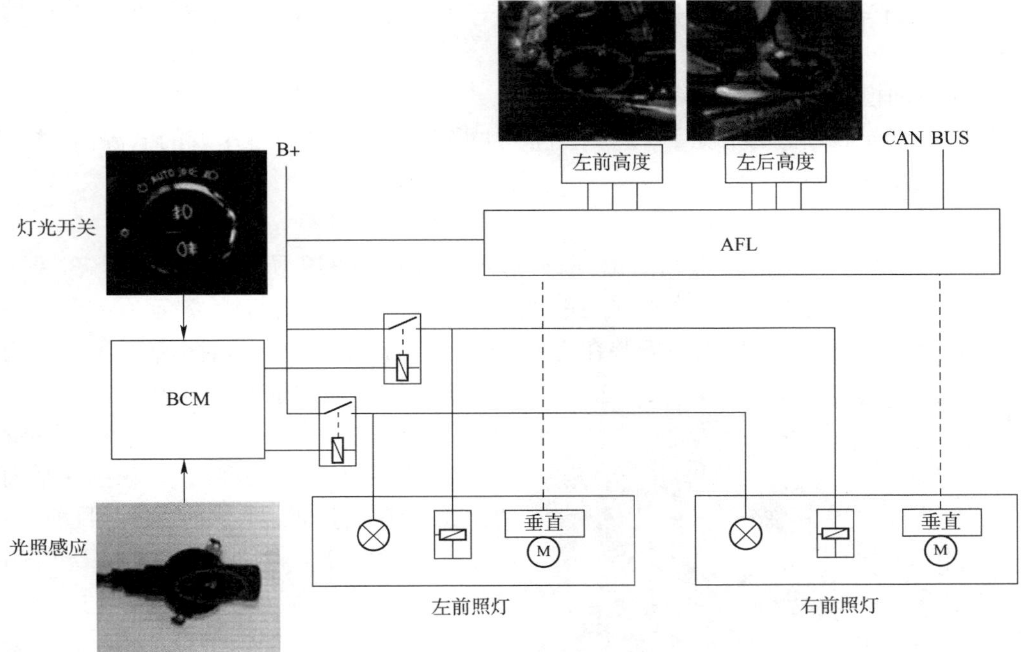

图 3-6　前照灯高度调节系统组成

当车辆悬架被压缩和回弹时，前照灯控制模块通过高度传感器接受车辆俯仰角度的变化信息。前照灯控制模块在计算出车辆俯仰角度的差值后，通过高度调节执行器控制前照灯运行至指令的位置。每次接通前照灯开关时，系统都会执行自检。此时前照灯的照射高度将会下降，并随后回升至中间位置。

(5)日间行车灯。

日间行车灯安装于车辆的前部，如图3-8所示。它是专为白天行车而设计的，其作用不是为驾驶人提供照明，而是引起其他机动车、非机动车以及行人的注意，提高行车的安全性，属于信号灯的一种。日间行车灯不同于普通的近光灯，它使用了LED技术，使其节能效果得到了进一步的提升。

图3-7　前照灯上下照射角度调节

图3-8　LED日间行车灯

①日间模式。

当满足以下条件时，由车身控制模块通过环境光照传感器感知的信息，控制左右日间行车灯点亮：发动机运行；前照灯开关置于自动位置；远光和近光前照灯熄灭。

②夜间模式。

在环境光照过低的情况下，车身控制模块将断开左右日间行车灯的电源，并指令前照灯近光灯点亮。

2)雾灯

雾灯安装于车辆的前部和后部，前雾灯示意图如图3-9所示。用于在恶劣天气中，如雨雾天气时，为车辆行车照明道路，并为前后方车辆提供信号，警示后方车辆保持安全行驶距离。前雾灯通常安装在比前照灯稍低的位置附近，早期车辆的前雾灯为黄色，现代车辆的前雾灯通常为白色。后雾灯通常采用双侧配置和单侧配置两种形式，单侧配置时，通常安装在车辆纵向平面的左侧或中间位置，灯光为红色。目前，在一些高配置的车辆上均使用LED前后雾灯。

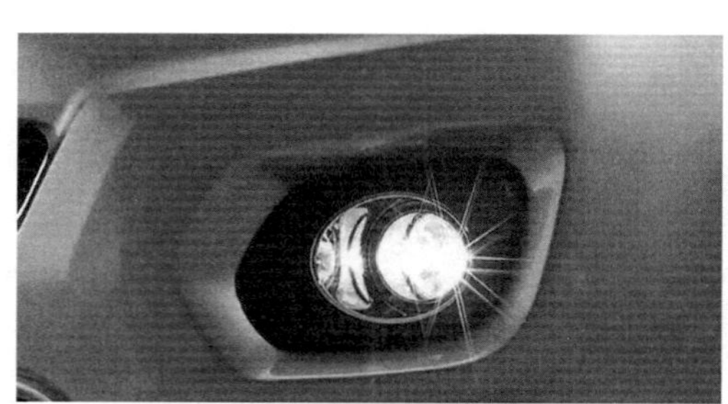

图3-9　前雾灯示意图

3)转向灯

转向灯是表示车辆动态信息的主要

信号装置,它安装于车辆前后两侧,转向灯如图 3-10 所示。当车辆转弯时会发出交替的闪光信号,提醒前后车辆及行人其车辆的行驶方向。灯光为琥珀色,灯泡功率一般为 20W。并要求在白天时,前、后转向灯距 100m 以外可见,侧转向灯距 30m 以外可见。

a) 前转向灯、侧转向灯　　b) 后转向灯

图 3-10　转向灯示意图

4) 倒车灯

倒车灯安装于车辆尾部,其数量一般为一个或两个。倒车灯示意图如图 3-11 所示,用于倒车时的后方道路照明及警告其他车辆和行人,灯光为白色。

图 3-11　倒车灯示意图

3. 前照灯电路识读

1) 基于车身控制模块 BCM 的前照灯

车身控制模块(BCM)监测前照灯开关的三个信号电路,以运行前照灯。当前照灯开关置于 AUTO(自动)位置时,这三个信号电路不受影响且车身控制模块通过环境光照传感器输入信号点亮和熄灭前照灯和日间行车灯。当前照灯开关置于"OFF(关闭)"位置时,前照灯开关前照灯熄灭,信号电路搭铁,向车身控制模块指示应该熄灭车外灯。当前照灯开关置于 PARK LAMPS(驻车灯)位置时,前照灯开关驻车灯点亮,信号电路搭铁,指示已向驻车灯发出请求。当前照灯开关置于 HEADLAMP(前照灯)位置时,前照灯开关驻车灯点亮信号电路和前照灯开关前照灯点亮信号电路均搭铁。车身控制模块通过指令驻车灯和前照灯点亮进行响应。前照灯开关电路图如图 3-12 所

示，图中涉及的图标及含义见表 3-1；前照灯电路图如图 3-13 所示，图中涉及的图标及含义见表 3-2。

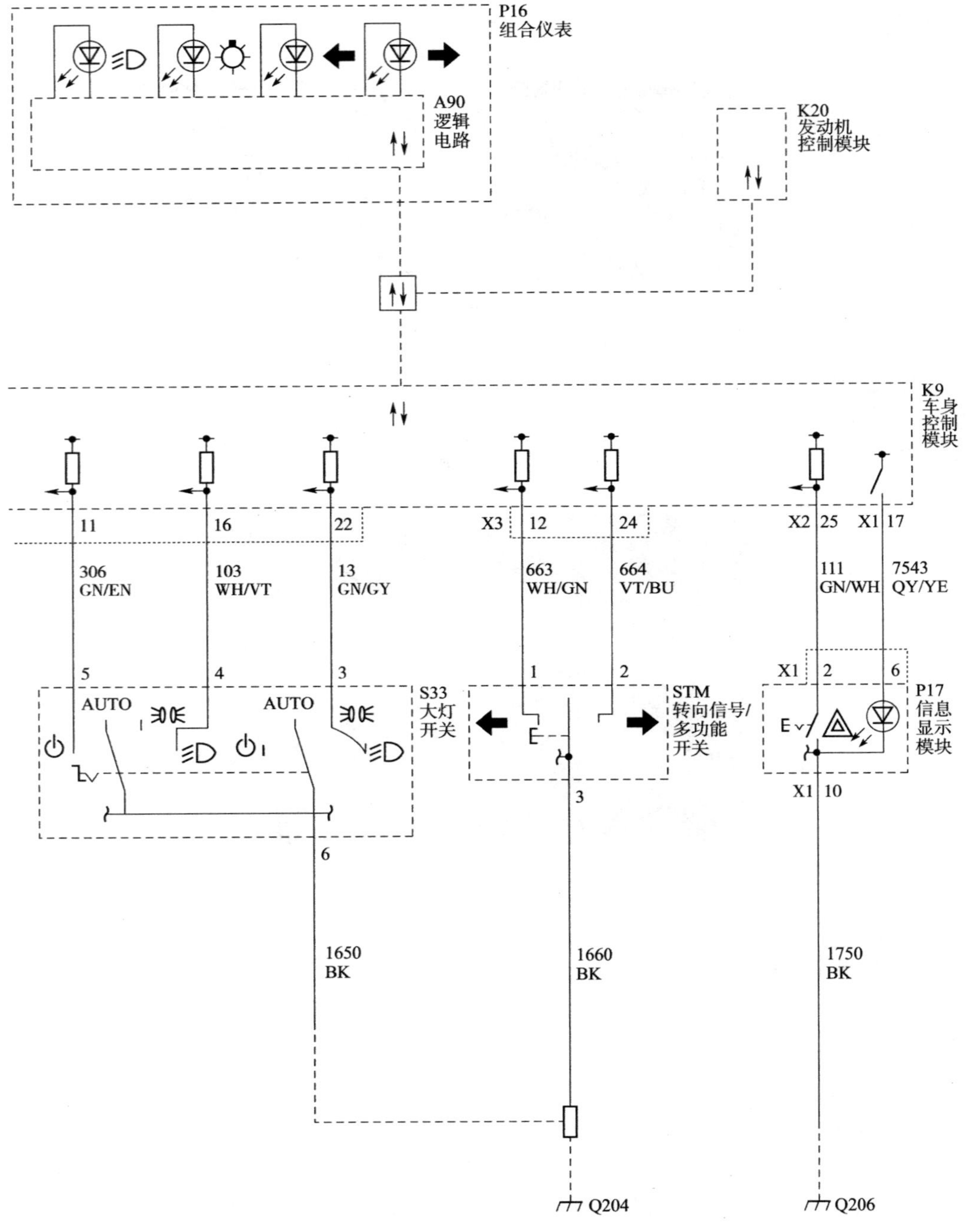

图 3-12　前照灯开关电路图

图 3-12 中涉及的图标及含义 表 3-1

名称	图标	说明
串行数据通信功能		表明该串行数据电路详细信息未完全显示
On/Off(开/关)图标		—
输入/输出上拉电阻器(+)	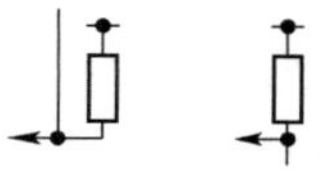	—
搭铁		—
输入/输出高压侧驱动开关(+)		—
搭铁电路连接	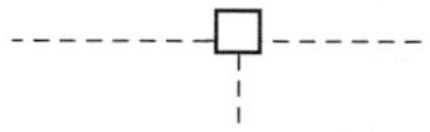	—
发光二极管	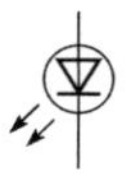	—
开关执行器—推入式(锁闩)		—
开关执行器—旋转式(锁闩)		—

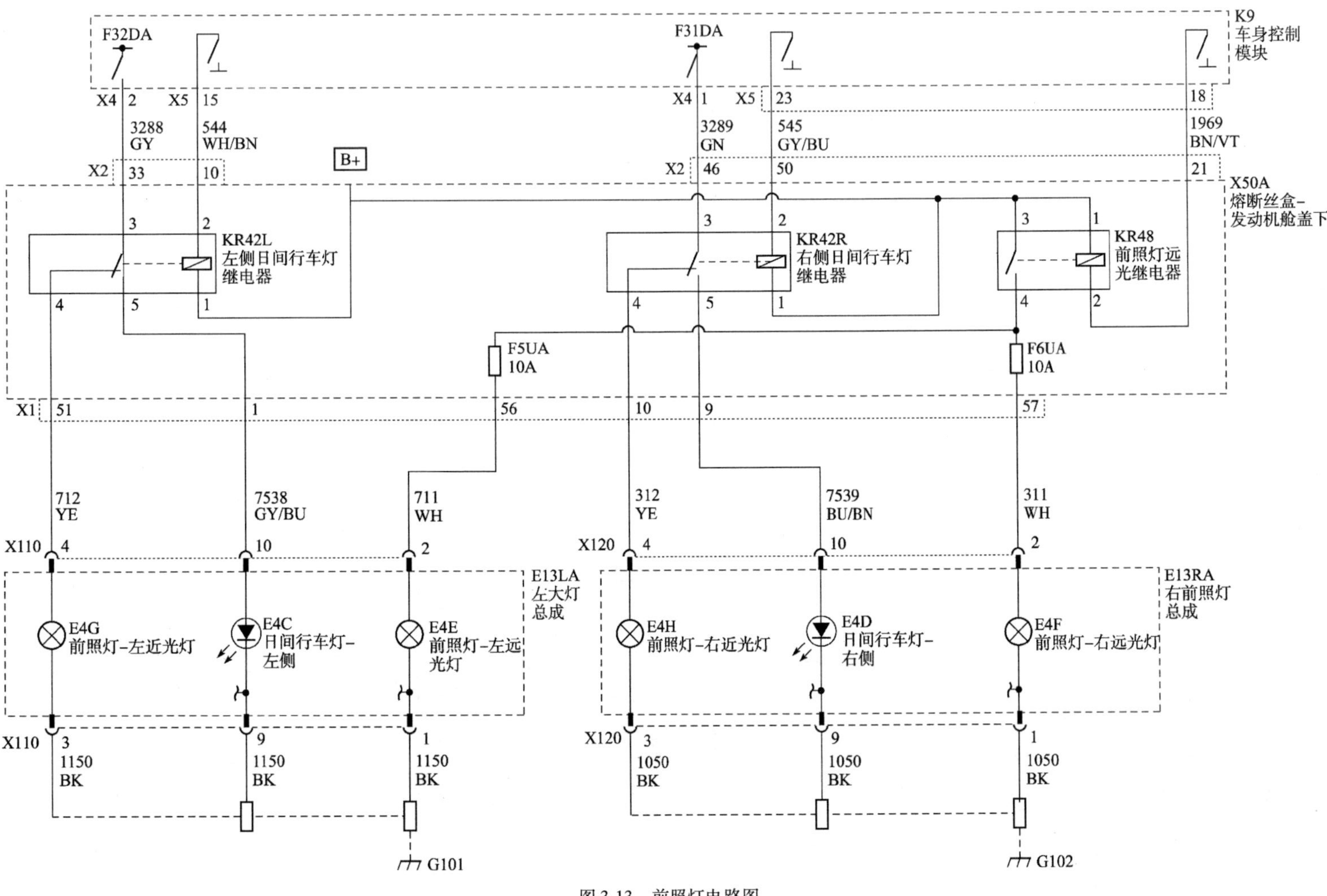
K9
车身控制模块
F32DA
F31DA
X4 2
X5 15
X4 1
X5 23
18
3288 GY
544 WH/BN
3289 GN
545 GY/BU
1969 BN/VT
B+
X2 33
10
X2 46
50
21
X50A
熔断丝盒-发动机舱盖下
KR42L
左侧日间行车灯继电器
KR42R
右侧日间行车灯继电器
KR48
前照灯远光继电器
F5UA 10A
F6UA 10A
X1 51
1
56
10
9
57
712 YE
7538 GY/BU
711 WH
312 YE
7539 BU/BN
311 WH
X110
X120
E13LA
左大灯总成
E13RA
右前照灯总成
E4G
前照灯-左近光灯
E4C
日间行车灯-左侧
E4E
前照灯-左远光灯
E4H
前照灯-右近光灯
E4D
日间行车灯-右侧
E4F
前照灯-右远光灯
1150 BK
1050 BK
G101
G102

图 3-13 前照灯电路图

图 3-13 中涉及的图标及含义 表 3-2

名称	图标	说明
输入/输出高压侧驱动开关(+)		—
输入/输出低压侧驱动开关(+)		—
蓄电池电压	B+	—
临时或诊断器连接		—
4 针单刀/单掷继电器—常开		—
5 针继电器—常闭		—
单丝灯泡		—
引线连接	X100 12	—

2)前照灯(近光灯、远光灯)电路图分析

前照灯电路分为近光灯、远光灯和变光开关电路,前照灯电路图如图 3-14 所示,图中涉及的图标及含义见表 3-3。

近光灯由车灯开关控制。车灯开关与雾灯开关组合在一起,分别有开启行车灯、近光灯、前雾灯、后雾灯功能,当向右旋转第一挡位时,则行车灯被打开,旋转到第二挡位时,则近光灯被打开。远光灯开关与超车灯开关 E4 和转向柱开关 EX19 组合在一起,当开关向上拨动时,会使超车灯电路接通,但松开手后,开关会自动断开且恢复到原位。

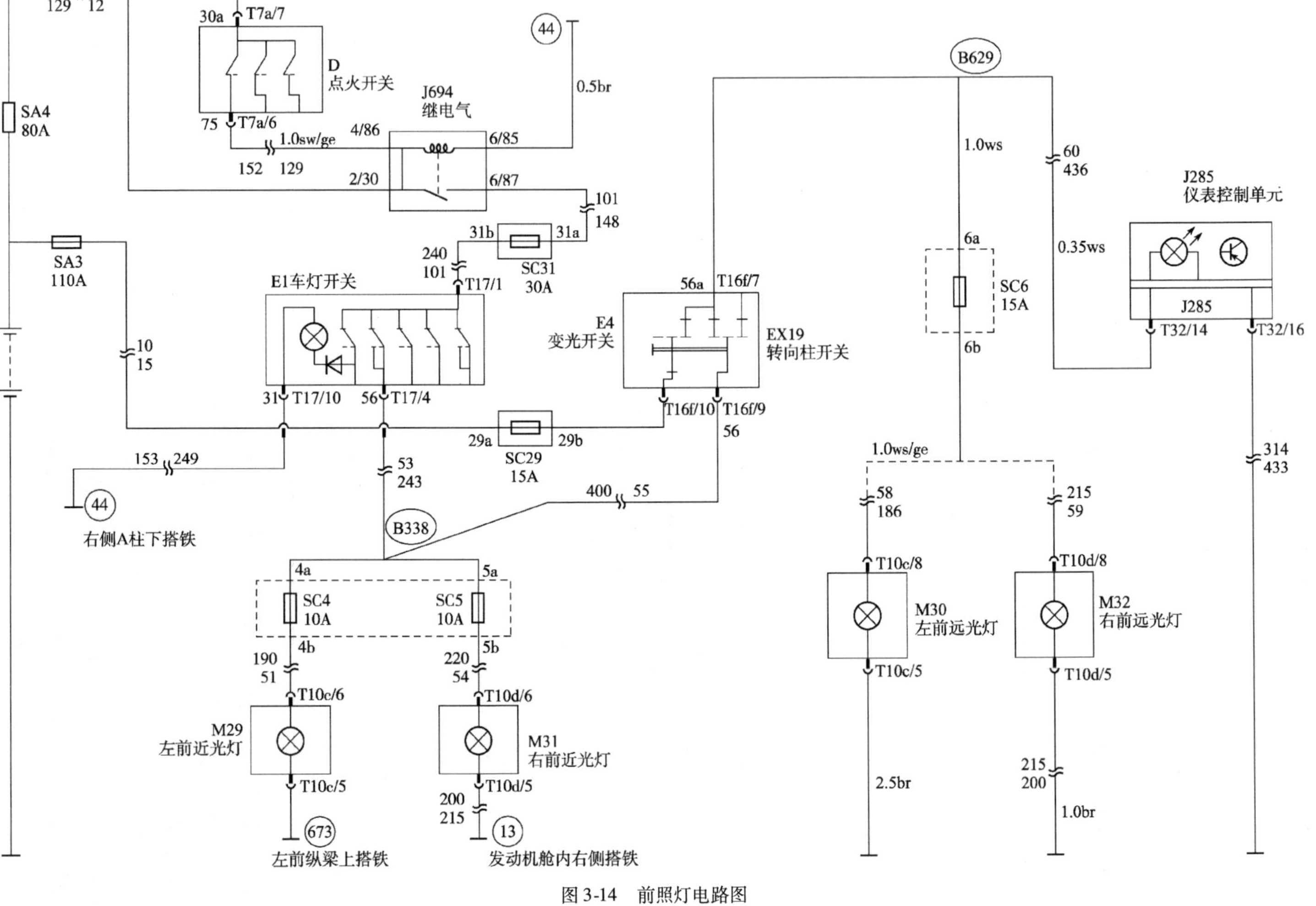
D
点火开关
J694
继电气
SA4
80A
SA3
110A
E1车灯开关
SC31
30A
SC29
15A
E4
变光开关
EX19
转向柱开关
B629
SC6
15A
J285
仪表控制单元
B338
SC4
10A
SC5
10A
M29
左前近光灯
M31
右前近光灯
M30
左前远光灯
M32
右前远光灯
右侧A柱下搭铁
左前纵梁上搭铁
发动机舱内右侧搭铁

图 3-14　前照灯电路图

图 3-14 中涉及的图标及含义 表 3-3

名称	图标	说明
蓄电池组	⊣|----⊣|—	—
熔断器	[熔断器符号]	—
二极管	—▸⊢—	—

当开关向下拨动时，远光灯电路被接通，但是远光灯必须在车灯开关 E1 置于第二挡位和点火开关 D 接通时才能点亮，所以当远光灯点亮时，近光灯也点亮。

(1)近光灯电路。

①继电器 J694 控制电路：当点火开关 D 置于 ON/ST 位置时，电流从蓄电池正极经过熔丝 SA4 进入点火开关 D 的 T7a/7(30)端子，再从点火开关 D 的 T7a/6(75)端子流出，传送到继电器 J694 的 4/86 端子，该端子为继电器电磁线圈绕组输入端；电流流过继电器电磁线圈，并从继电器 J694 的 6/85 端子(继电器电磁线圈绕组输出端)流出，经左侧 A 柱下搭铁流回蓄电池负极。此时，J694 继电器触点闭合，车灯开关 E1 上的 L54 指示照明灯点亮。

②左右两侧近光灯电流路径：当车灯开关置于第二挡位时，电流从蓄电池正极→熔丝 SA4→连接点 B317 继电器 J694 的 2/30→继电器 J694 的 6/87→熔丝 SC31→车灯开关 E1 的 T17/1(XZ)→车灯开关 E1 的 T17/4(56)→连接点 B338，分成两条支路。

一条支路经过熔丝盒第 4 个熔丝 SC4→左侧前照灯的 T10C/6 脚位→左侧近光灯泡→左侧前照灯 T10C/5 脚位→搭铁点 673→蓄电池负极。

另外一条支路经过熔丝盒第 5 个熔丝 SC5→右侧前照灯的 T10d/6 脚位→右侧近光灯泡→右侧前照灯 T10d/6 脚位→搭铁点 13→蓄电池负极。

(2)变光开关电路。

变光开关电路不受点火开关控制。

电流路径为蓄电池正极→SA3 熔丝→熔丝盒中的 SC29 熔丝→超车灯开关 E4 的 T16f/10 端子→超车灯开关 E4 的 T16f/7(56a)端子→连接点 B629，分成两条支路。

一条支路到仪表控制单元 J285。另外一支路到熔丝盒的第 6 个熔丝 SC6→左侧前照灯总成连接器 T10c/8 端子和右侧前照灯总成连接器 T10d/8 端子→左侧远光灯泡 M30 和右侧远光灯泡 M32→左侧前照灯总成连接器 T10c/5 端子和右侧前照灯总成连接器 T10d/5 端子→搭铁→蓄电池负极。

3）汽车前照灯电路图中常见的警示及电气符号（表 3-4）

汽车前照灯电路图中常见的警示及电气符号图标 表 3-4

名称	图标	说明
危险		如果源部件有 60V 或更高直流电压，或有 42V 或更高交流电压，则使用此图标
高压		如果部件/电路有 60V 或更高直流电压，或 42V 或更高交流电压，则使用此图标
告诫		如果部件/电路的电压范围可能为 30～60V 直流电压或者 15～42V 交流电压，则使用此图标
串行数据		—
低电平参考电压		—
搭铁		—
熔断丝		—
不完整物理接头		—
发光二极管（LED）		—
4 针单刀/单掷继电器—常开	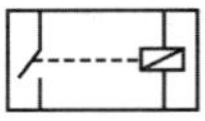	—
5 针继电器—常闭	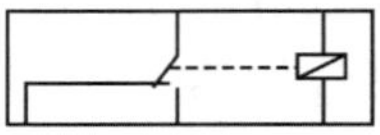	—

续上表

名称	图标	说明
近光灯		—
远光灯		—

(二)制订工作方案

1. 任务分工(表 3-5)

学生任务分配表 表 3-5

班级		组号		指导教师	
组长		任务分工			
组员 1		任务分工			
组员 2		任务分工			
组员 3		任务分工			
组员 4		任务分工			
组员 5		任务分工			
组员 6		任务分工			

2. 工量具、仪器设备与耗材准备

(1)使用的工量具有:________________。

(2)使用的仪器设备有:________________。

(3)使用的耗材有:________________。

3. 具体方案描述

____

____

____

____

____

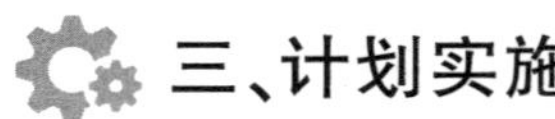

三、计划实施

(一)安全注意事项及技能要点

1. 安全注意事项

(1)开始读图时,必须先读电路图的图注,对照图注先弄清楚各电气部件的数量及功能,找出每一个电气部件的电流通路。

(2)保持电路图的整洁和完整。

2. 技能要点

(1)了解电路图的特点与规定。

(2)牢记汽车电路的基本特点。

(3)熟悉电器的结构与工作原理。

(4)了解开关及继电器的功能与状态。

(5)分清相关联电路的关系。

(二)前照灯电路图识读任务实施

前照灯电路图识读操作方法及说明见表3-6。

前照灯电路图识读操作方法及说明 表3-6

步骤	操作方法及说明	质量标准及记录
准备工作	正确识别并写出下列电路图中的常见的符号名称 B+	记录电路中符号的正确名称 ______ ______ ______ ______
分析电路图	(1)正确识读电路图,说出前照灯电路图的用途; (2)说出下列右侧前照灯电路的工作原理	

续上表

步骤	操作方法及说明	质量标准及记录
分析电路图	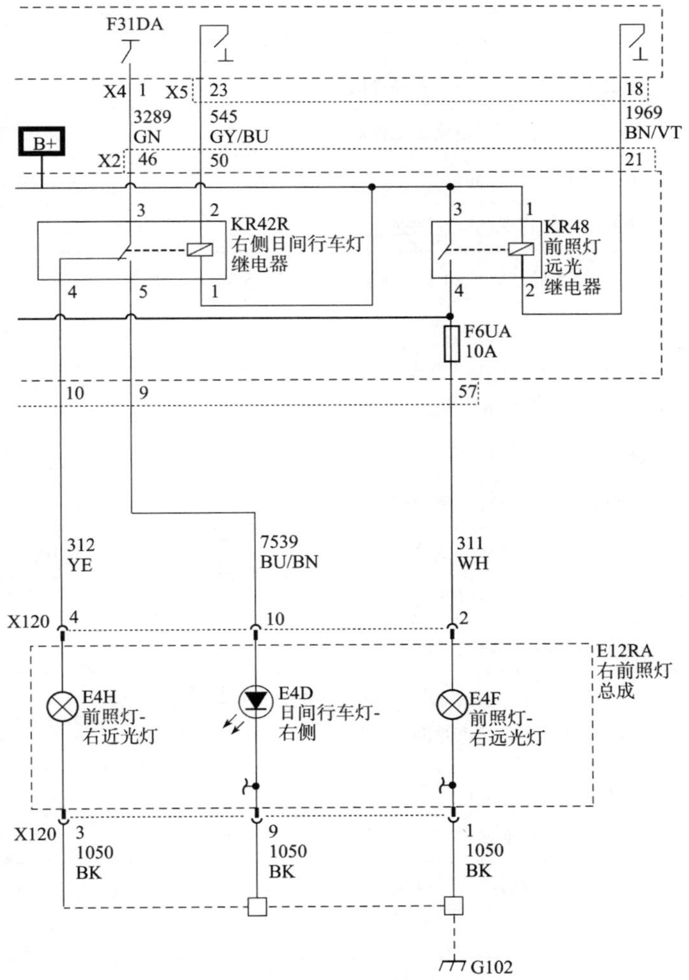 F31DA X4 1 X5 23 18 3289 GN 545 GY/BU 1969 BN/VT B+ X2 46 50 21 3 2 KR42R 右侧日间行车灯继电器 4 5 1 3 1 KR48 前照灯远光继电器 4 2 F6UA 10A 10 9 57 312 YE 7539 BU/BN 311 WH X120 4 10 2 E12RA 右前照灯总成 E4H 前照灯-右近光灯 E4D 日间行车灯-右侧 E4F 前照灯-右远光灯 X120 3 1050 BK 9 1050 BK 1 1050 BK G102	□正确说出前照灯电路图的用途 □正确说出前照灯电路的工作原理 □分析电路方法正确

四、评价反馈(表3-7)

评价表 表3-7

评分项目	评分标准	分值(分)	得分(分)
学习目标	能明确本任务的知识、技能、素养目标,理解任务在工作中的重要程度	5	

续上表

评分项目	评分标准	分值(分)	得分(分)
工作任务分析	能清晰描述完成本次工作任务内容	2	
	能清晰描述完成本次工作任务需必备的技能与知识点	2	
有效信息获取	能说出前照灯电路各个元器件的名称	5	
	能说出一种前照灯电路的工作原理	5	
	能描述近光灯、远光灯工作电路的原理	5	
	能查阅不同汽车的电路图册	5	
实施方案制订	能清晰地制订并填写本次前照灯电路识读的准备作业计划	5	
	能组织或协同工作小组成员,明确本次任务所需仪器设备、工具、材料的准备与清点,并准备记录	5	
	能组织或协同工作小组成员交流,优化检查方案并记录	5	
任务实施	能分析汽车前照灯电路的用途	10	
	能正确写出电子元件及符号含义	10	
	能正确识别电子元件在汽车中的位置	10	
	能分析汽车前照灯电路的工作原理与特性	10	
任务评价	能通过本次任务实施,结合自己在实训过程中的表现,进行自我评价及自我反思并记录	3	
职业素养	按规定时间完成项目作业	2	
	遵守实训室管理规定、劳动纪律	2	
	积极参与课堂活动、回答问题	2	
	能够按时出勤	2	
思政要求	弘扬劳动精神、奋斗精神、奉献精神;了解安全操作要求,养成安全文明操作的习惯	5	
总计		100	

改进建议:

教师签字:

日期:

学习活动 2　灯具、灯光开关、控制线路的检修

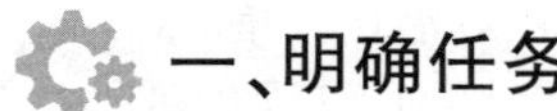

一、明确任务

根据任务描述,对故障车辆进行检测,需要对客户汽车灯具、灯光开关、控制线路等进行检修,使其恢复正常使用性能。

二、工作准备与计划制订

(一)知识准备

1. 前照灯的相关知识

1)汽车前照灯的基本要求

(1)保证车辆有明亮均匀的光照,驾驶人能辨明________m 以内路面的障碍物,汽车远光灯的照明距离大于 100m。目前,汽车前照明距离已达 200 ~ 250m。

(2)具有防眩目装置,避免夜间两车会车时因灯光眩目造成会车事故。

(3)光束横向应有一定的散射宽度,以便直行时能看清车身侧面运动体及转弯时的照明需要。

(4)满载时,照明效果不因车灯高度变化而下降。

2)前照灯的结构

汽车前照灯一般由________、________、________等三部分组成。

(1)反射镜。

反射镜的作用是最大限度地将灯泡发出的光线聚合成平行光反射向前方,以增加照射距离。反射镜的表面形状呈旋转抛物面,一般由薄钢板冲压而成或由玻璃、塑料制成。其内表面镀银、铝或镀铬,然后抛光处理,目前反射镜内面采用真空镀铝的较多。反射镜原理示意如图 3-15 所示。

灯丝位于反射镜的焦点处,其大部分光线经反射后,成为平行光束射向远方。无反射镜的灯泡,只能照射清周围 6m 左右的距离,而经反射镜反射后的平行光束可照射 150m 以上的距离。

(2)配光镜。

配光镜又称________,由透光玻璃压制而成,是多块特殊棱镜和透镜的组合,外形一般为圆形和矩形。

配光镜的作用是________________。

(3)灯泡。

目前,汽车前照灯的光源有________、________、________和________等。

①白炽灯。

由于亮度低、能耗大、使用寿命短,现在应用较少。

②卤素灯。

卤素灯也是一种常用的灯泡,其形状与普通灯泡不同且灯泡内充有________,卤素灯结构示意如图3-16所示。目前,汽车前照灯多采用卤素灯泡,灯泡内的惰性气体中渗入碘、氟、氯等某种卤族元素气体,防止钨的蒸发和灯泡的黑化。卤钨灯泡尺寸小,泡壳用耐高温、机械强度高的石英玻璃制成,所以充入惰性气体的压力较高。因工作温度高,灯内的工作气压将比其他的灯泡高得多,故钨的蒸发也受到更为有力的抑制。

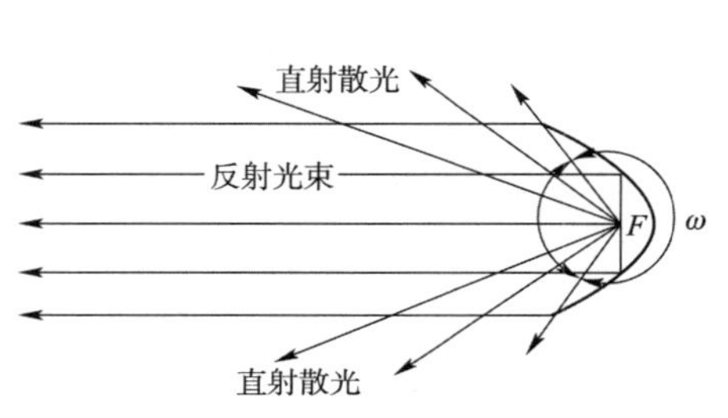

图3-15　反射镜原理示意图

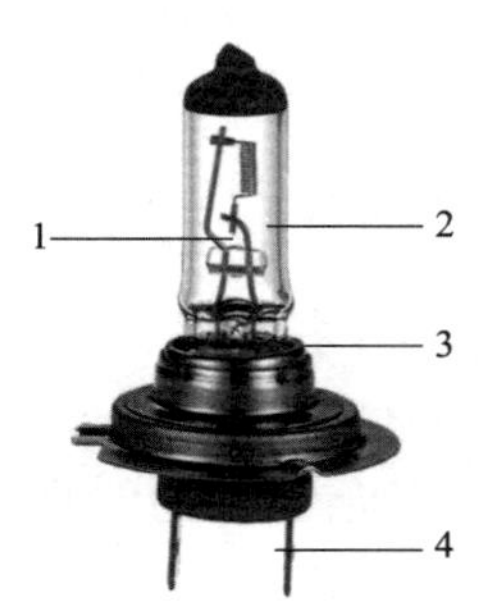

图3-16　卤素灯结构示意图

1-支撑架;2-钨丝;3-玻璃管;4-触点

③氙气灯。

氙气灯又称________或________,英文简称________(High Intensity Discharge),它能够产生比普通卤素灯泡更强的光度,由于灯泡内充有氙气,也叫________,其产生的光照偏白并略带蓝色。它由________、________和________三部分组成,高强度放射型前照灯如图3-17所示。在电流接通瞬间,汽车将电压从12V升到23kV,高压促使灯泡内部的两个电极产生电弧而发出强光。然后电压稳定在85V,维持放电状态。其内部使用5mm的两个电极代替卤素灯泡的灯丝,亮度是卤素灯的2倍以上,用电量却比卤素灯更低,氙气灯与卤素灯光照亮度对比如图3-18所示。由于氙气灯具备________、________、________等优点,目前大部分车辆,包括奔驰、宝马、奥迪等许多高档车都使用了氙气灯。

当灯泡出现老化并且变得不稳定时,会出现以下明显的症状:灯光闪烁,在灯泡故障早期阶段会出现这种现象;灯光熄灭,在控制器检测到灯泡故障发生重复性重新触发情况时出现这种现象;变色,灯光可能变成暗淡的粉红色辉光。

④LED灯。

LED(Light Emitting Diode)的中文名叫________。它拥有________、________、________、________、________、________、________等优势,因此,LED灯除了被广泛

运用于除前照灯外，还被用于尾灯、雾灯、制动灯、示廓灯、脚踏板灯、日间行车灯、仪表灯、牌照灯、车门灯、背光灯及指示灯等。

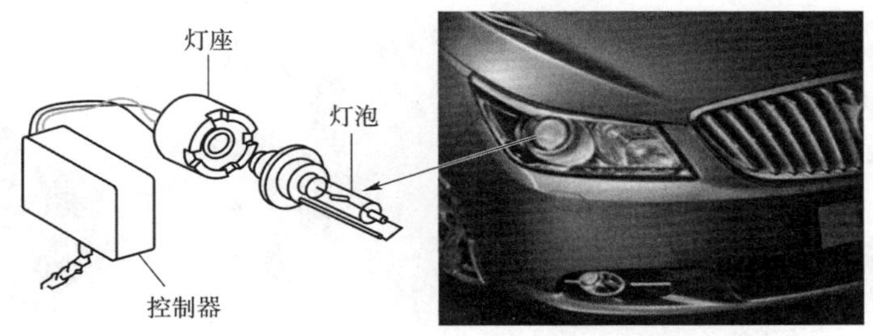

图 3-17　高强度放射型前照灯

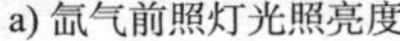
a) 氙气前照灯光照亮度

b) 卤素前照灯光照亮度

图 3-18　氙气灯与卤素灯光照亮度对比

3）前照灯类型

按照光学组件的不同，可将前照灯分为________和________两种。

（1）封闭式前照灯。

封闭式前照灯的反射镜和透镜由玻璃制成，形成一个充有惰性气体的灯泡，如图 3-19 所示。灯丝焊接在反射器底座上，反射器的反射面真空镀铝。封闭式前照灯有反光效率高、照明效果好等优点，但灯丝烧坏时需要更换整个组件，不易维护，因此使用较少。

（2）半封闭式前照灯。

半封闭式前照灯如图 3-20 所示，它的镜片通过滚边的齿固定在镜子上，两者之间有一个橡胶密封圈，灯泡从反射镜后端装入。半封闭前照灯易于维护，得到了普遍应用。

4）前照灯的开启方式

前照灯主要由前照灯开关、远光灯、近光灯、前照灯变光开关、环境光照传感器及控制模块组成。前照灯的开启方式可分为手动开启和自动开启两种。

变光开关作为转向信号/多功能开关的功能之一，其作用是用来控制前照灯远光和近光的切换，同时具有超车变光开关的功能。汽车变光开关一般集成在转向盘左侧的拨杆式开关上,组合式前照灯开关如图 3-21 所示,部分车型在方向盘左侧为旋钮式,旋钮式前照灯开关如图 3-22 所示。

图 3-19　封闭式前照灯

图 3-20　半封闭式前照灯

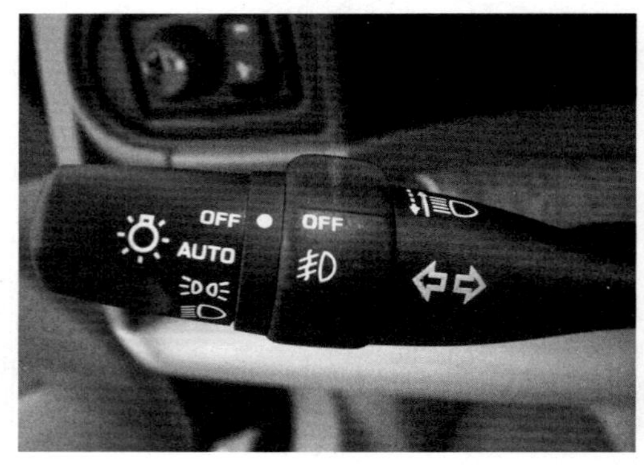

图 3-21　组合式前照灯开关

图 3-22　旋钮式前照灯开关

当前照灯开关处于 OFF 位置,前照灯关闭;当前照灯开关处于 AUTO 位置,为前照灯自动模式,汽车会在晚上或光线不足时自动开启前照灯,并自动切换近远光灯。

前照灯还需要变换远近光灯,由变光开关控制。现代汽车利用前照灯开关做变光作用,没有单独的变光开关。当前照灯开关处于近光灯位置或前照灯关闭时,向内拨动拨杆,远光灯闪烁一次;当前照灯开关处于近光灯位置,向外拨动拨杆,远光灯可长时间开启。

2. 前照灯的控制电路组成

汽车前照灯的控制电路由________、________、变光开关、________、________、前照灯、导线插线器等组成。汽车前照灯线路图如图 3-13 所示。

3. 左前照灯不亮故障分析

(1)左近光灯不亮。

可能原因:如图 3-22 所示,若只有左近光灯不亮,右侧前照灯正常,初步排除开关故障可能,则可判断其可能存在故障处为:E4G 前照灯、KR42L 继电器、熔断丝、电路连接和搭铁情况。

(2)左远光灯不亮。

可能原因:如图3-22所示,若左远光灯不亮,左近光灯正常亮起,右侧前照灯正常,则可判断其可能存在故障处为:F5UA(10A)熔断丝,KR48前照灯继电器,E4E左远光灯、电路连接和搭铁情况。

(二)制订工作方案

1.任务分工(表3-8)

学生任务分配表 表3-8

班级		组号		指导教师	
组长		任务分工			
组员1		任务分工			
组员2		任务分工			
组员3		任务分工			
组员4		任务分工			
组员5		任务分工			
组员6		任务分工			

2.工量具、仪器设备与耗材准备

(1)使用的工量具有:________________。

(2)使用的仪器设备有:________________。

(3)使用的耗材有:________________。

3.具体方案描述

____

____

____

____

____

三、计划实施

(一)安全注意事项及技能要点

1.安全注意事项

(1)实训开始前应摘掉戒指、手表、项链等首饰,脱去宽松的衣服、换上实训服,穿戴绝缘鞋。长头发应挽起，固定于脑后。

(2)认真检查工量具、仪器设备，确保能正常使用。按正确的方法使用后，应立即清洁。

(3)在维修任何电气部件前，确认点火和起动开关置于“OFF”或“LOCK”位置，并且所有电气负载必须关闭，除非操作程序中另有说明。断开蓄电池负极电缆，以防止工具或设备解除裸露的电子端子而产生电火花。

(4)注意疝气前照灯高压部件，严禁触摸，防止触电。

(5)注意灯泡温度，小心烫伤。

2. 技能要点

(1)能正确使用万用表测量继电器，判断继电器的好坏。

(2)能正确使用万用表测量保险，判断保险的好坏。

(3)能正确使用万用表测量灯泡，判断灯泡的好坏。

(4)能正确查阅维修手册，根据维修指导进行检测。

(二)灯具、灯光开关、控制线路的检修任务实施

1. 个人防护及车辆安全防护(表3-9)

个人防护及车辆安全防护操作方法及说明　　表3-9

步骤	操作方法及说明	质量标准及记录
检查个人防护用具穿戴	(1)穿戴个人工作服； (2)穿戴安全鞋； (3)未穿戴戒指、手表、项链等饰品，长头发按规定挽起	是否按规定穿戴个人防护用具 □是　□否
检查所需工具、物料	(1)准备所需工具，包括：挡块、车外防护三件套、车内防护三件套、万用表、试电笔、车辆维修手册、搭电线； (2)测试万用表是否正常 	工具是否准备完备 □是　□否 □是　□否

续上表

<table>
<tr><th>步骤</th><th>操作方法及说明</th><th>质量标准及记录</th></tr>
<tr><td>车辆防护操作</td><td>(1)确认车辆点火和起动开关置于“LOCK”或“OFF”位置；
(2)确认车辆所有电气负载均已关闭；
(3)按要求安装挡块；
(4)安装车内防护三件套；
(5)安装车外防护三件套； 
(6)确认机油液位是否正常； 
(7)确认蓄电池电压是否正常 </td><td>□是 □否
□是 □否
□是 □否
□是 □否
□是 □否
□是 □否
蓄电池电压
________V</td></tr>
</table>

2. 故障范围检查(表 3-10)

故障范围检查及操作方法说明　　表 3-10

步骤	操作方法及说明	质量标准及记录
检查车辆前照灯情况	(1)将点火开关置于“ON”位置; (2)将灯光开关置于近光灯位置,观察左右近光灯情况,并做记录; (3)将灯光开关置于远光灯位置,观察左右远光灯情况,并做记录	□是　□否 标注正常亮起的近光灯处 □左　□右 标注正常亮起的近光灯处 □左　□右
确认车辆前照灯故障	根据检查情况写出车辆前照灯故障	车辆前照灯故障为: ________

3. 继电器、熔断丝和电路检查(表 3-11)

继电器、熔断丝和电路检查操作方法及说明　　表 3-11

步骤	操作方法及说明	质量标准及记录
继电器检查	(1)万用表校零; 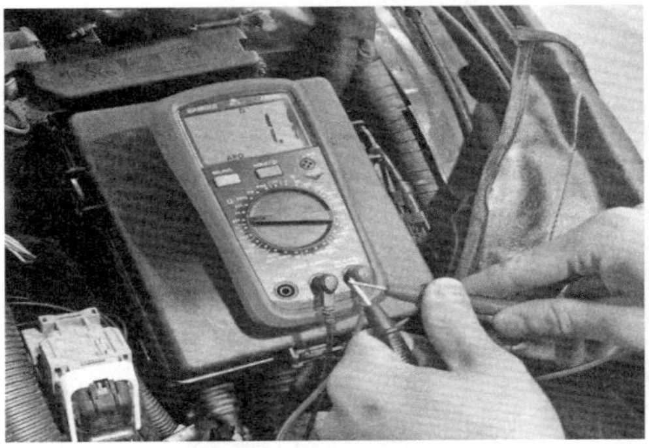 (2)检测继电器线圈是否有电阻; 	按规定校零 □是　□否 测量数值 ________ Ω

续上表

步骤	操作方法及说明	质量标准及记录
继电器检查	(3)使用接线连接继电器，检测开关端在继电器工作时是否导通； 通过上述检查，判断继电器是否正常	继电器是否导通 □是　□否 综上结论，继电器是否正常 □是　□否
熔断丝检查	(1)万用表校零； (2)用万用表测量熔断丝电阻； 通过上述检查，判断熔断丝是否正常	按规定校零 □是　□否 测量值 ________ 综上结论，熔断丝是否正常 □是　□否
电路检查	检查线路情况及搭铁情况； 通过上述检查，判断线路是否正常	测量数值 ________ ________ ________ ________ 异常情况记录 ________ ________ ________ ________ 综上结论，线路是否正常 □是　□否

4. 灯具检查(表 3-12)

灯具检查操作方法及说明 表 3-12

步骤	操作方法及说明	质量标准及记录
灯具检查	(1)从前照灯总成中拆下灯泡;  (2)用万用表测量远光灯泡灯丝电阻。用万用表测量灯泡灯丝电阻时,若阻值在正常范围内则说明灯泡正常,若阻值无穷大则说明熔断丝损坏 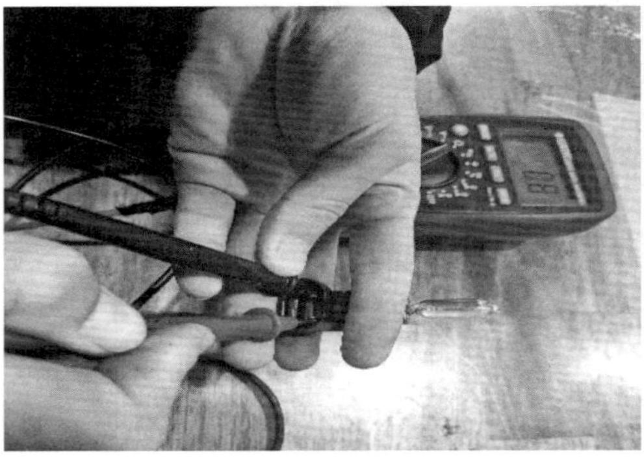	拆下的灯泡为: ________ ________ 测量数值 ______ Ω 灯泡是否损坏 □是 □否

5. 现场整理(表 3-13)

恢复工位操作方法及说明 表 3-13

步骤	操作方法及说明	质量标准及记录
实训现场 8S 管理	(1)场地复位:收好车外三件套,清理车内三件套、吸油纸,移除挡块。关闭万用表,将万用表、接线放回原位; (2)用抹布擦拭前照灯	是否按要求恢复工位 □是 □否

四、评价反馈(表 3-14)

评价表　　表 3-14

评分项目	评分标准	分值(分)	得分(分)
学习目标	能明确本任务的知识、技能、素养目标,理解任务在工作中的重要程度	5	
工作任务分析	能清晰描述本次工作任务内容	2	
	能清晰描述完成本次工作任务需必备的技能与知识点	3	
有效信息获取	能正确读取万用表电压挡测量数值	5	
	能正确读取万用表电阻挡测量数值	5	
实施方案制订	能正确识读前照灯电路图	5	
	能根据故障范围和电路图分析故障原因,制订故障检修方案	10	
	能组织或协同工作小组成员交流,优化检查方案并记录	5	
任务实施	能规范检查并穿戴防护用具	5	
	能完成汽车安全防护设置和检查	5	
	能正确使用万用表	4	
	能准确判定汽车故障	5	
	能进行前照灯的检查	4	
	能完成灯具的检查	5	
	能完成继电器的检查	6	
	能完成熔断丝的检查	5	
	能完成电路的检查	5	
任务评价	能通过本次任务实施,结合自己在实训过程中的表现,进行自我评价及自我反思并记录	3	
职业素养	按规定时间完成项目作业	2	
	遵守实训室管理规定、劳动纪律	2	
	积极参与课堂活动、回答问题	2	
	能够按时出勤	2	
思政要求	弘扬劳动精神、奋斗精神、奉献精神;了解安全操作要求,养成安全文明操作的习惯	5	
总计		100	

续上表

改进建议：   教师签字： 日期：

任务习题

1. 单选题

(1)前照灯的进光灯丝位于(　　)。

A. 焦点上方　　B. 焦点处　　C. 焦点下方　　D. 焦点前

(2)下列关于汽车照明系统的叙述不正确的是(　　)。

A. 前照灯的光源是灯泡

B. 充气灯泡采用钨丝作灯丝,灯泡内充以氩和氮的混合惰性气体

C. 反射镜可使光线向较宽的路面散射

D. 配光镜也称散光玻璃,由透明的玻璃压制而成,是透镜和棱镜的组合体

(3)前照灯应保证夜间车前有明亮而均匀的照明,以下哪个选项符合汽车远光灯的照明距离要求(　　)。

A. 小于 50m　　B. 小于 100m 内　　C. 大于 50m　　D. 大于 100m

(4)下列关于单侧前照灯进光不亮故障检修不正确的是(　　)。

A. 检查灯光开关大灯位是否解除良好

B. 检查相应熔断丝是否损坏

C. 用万用表检测供电及搭铁电路是否良好

D. 观察该侧灯泡灯丝是否烧断

(5)自适应前照灯系统能够根据驾驶人的操作和路况的变化自动调节前照灯的照射角度,根据其功能配置的不同,可以分为哪些类型(　　)。

A. 左右角度调节　　B. 上下高度调节

C. 任意角度调节　　D. 上下左右四向调节

(6)以下有关危险警告灯的描述正确的是(　　)。

A. 只有点火开关处于 ON 位置时才可以开启

B. 在任何电源模式下均可开启

C. 使用的是转向灯

D. 使用的示廓灯

2. 判断题

(1)卤钨灯泡是在惰性气体中渗入卤族元素,使其防眩目。 ( )

(2)汽车会车时应采用远光灯,无对面来车时采用近光灯。 ( )

(3)前照灯的目的是为了让驾驶人看清车前 100m 或更远距离的路面情况和障碍物。 ( )

(4)倒车灯主要是用于提示后方车辆及行人,不能用作照明。 ( )

(5)雾灯的光色既有黄色,也有白色。 ( )

(6)转向信号/多功能开关除了负责控制转向灯外,还兼作前照灯变光开关。 ( )

3. 实操练习题

(1)检查更换前照灯。

(2)检查更换前照灯开关。

学习任务四

汽车转向灯不亮故障检修

学习目标

1. 知识目标

(1)能叙述闪光器的组成及作用。

(2)能描述闪光器的类型及工作原理。

(3)能描述不同类型闪光器的特点。

(4)能根据客户确认的修复方案,按照维修手册要求,采用合格配件及材料,实施维修作业。

(5)能描述转向灯灯泡故障检修的作业内容、作业过程及技术要求。

2. 技能目标

(1)能进行转向开关的规范操作。

(2)能检测汽车前转向信号灯灯泡是否完好。

(3)能通过查阅维修手册,更换汽车前转向信号灯灯泡。

(4)能检测汽车后转向信号灯灯泡是否完好。

(5)能通过查阅维修手册,更换汽车后转向信号灯灯泡。

(6)能熟练使用万用表。

3. 素养目标

(1)培养学生严谨的工作态度,规范操作,主动钻研,养成精益求精的工匠精神。

(2)严格遵守实训室安全操作规范及"8S"管理规定,培养热爱劳动、尊重劳动、敬业奉献的劳动精神。

(3)树立安全意识、效率意识、规范意识,自觉遵守电器检修安全操作规范。

(4)坚定自信,努力成为德才兼备的高素质人才。

(5)培养严谨的工作作风,树立正确的质量强国意识。

(6)养成共同协作的好习惯,在学习过程中培养敢担当、能吃苦的优秀品质。

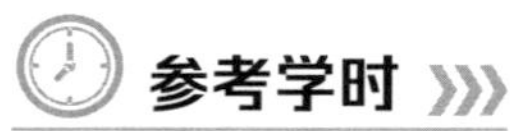

参考学时

36 学时

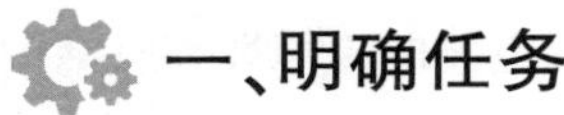

一辆汽车进厂维修,客户反映汽车转向灯单侧未能亮起,经班组长确认故障后,确定需对闪光器及灯泡进行检修。

学习活动1 转向灯电路识读

一、明确任务

根据任务描述,在对故障车辆进行检验前,需要对转向灯电路图进行识读。

二、工作准备与计划制订

(一)知识准备

无论是学习汽车转向电路原理,还是对新车型汽车转向故障进行检修,都离不开阅读汽车转向电路图。识读电路图对于汽车转向故障分析至关重要。电路图是一种图形化的表示方式,能够清晰展示汽车转向系统中各个组件之间的连接和信号流动关系。通过仔细阅读电路图,技术人员可以快速定位问题所在,进行有针对性的检修和修复。

1. 汽车电路特点

汽车电路非常复杂,阅读之前一定要了解汽车电路的基本特点,它具有两个电源、________、________、________、并联和________等特性。根据汽车电路的基本特点,在读图和故障查询时应明确如下几点。

1)两个电源

在传统燃油汽车电路中,通常存在两个电源,即发电机和蓄电池。对于纯电动汽车而言,同样也包含两个电源,即动力蓄电池和蓄电池。在传统的电路中,电器在正常情况下主要依赖发电机提供的电力运行,只有在发电机停止发电的情况下,电器才依赖蓄电池供电。发电机所产生的电通过整流装置将其输出的交流电转换为直流电,以便给蓄电池充电,并向电气设备提供直流电源。这样就形成了汽车电路中的两个电源体系。

2)低压直流

在传统燃油汽车中,电路所使用的电压通常为低压直流电,一般为12V或24V。这是因为汽车上的电器设备都需要直流电作为电源。在纯电动汽车中,情况略有不同，因为它们通常使用高压电源驱动电机。这种电源的电压可以达到60V、300V或400V等高电压水平。这是传统燃油汽车和纯电动汽车之间电路特性的一个区别，大多数车辆目前仍然是传统燃油汽车，其特点是低压直流电。

3）单线制

汽车电气系统采用单线制连接，即每个用电设备与汽车电源的连接都通过一根导线进行。在汽车电路中，发电机电枢接线柱与蓄电池正极桩通过一根导线相连接。通常，蓄电池正极桩连接线或起动机电磁开关上的电源线接线柱用作汽车电路电源的正极端。每个用电设备与电源正极连接只使用一根导线。如果某个用电设备的电源连接端子同时连接其他用电设备，那么其他用电设备与该用电设备共享电源线。这种设计使得汽车电路的布线更为简化，每个设备都有独立的电源连接，提高了电路的可靠性和可维护性。

4）并联

各用电设备之间均为并联关系，即使在用电设备与电源之间可能串联有熔断器、开关或继电器等器件，它们之间仍然保持并联关系。某个用电设备与之有连接关系的其他用电设备数量不影响它们之间的并联关系。如果两个或两个以上的用电设备通过同一个熔断器连接到电源的正极端，说明它们共享同一个保护元件。同样地，如果两个用电设备通过某个继电器触点或开关触点连接到电源的正极端，说明它们受同一个继电器或开关的控制。这种并联关系的设计有助于提高电路的可靠性和管理各个用电设备的电源连接。

5）负极搭铁

搭铁端是电源的负极，在汽车电路中，电气设备通常只有正极连接线。这些设备通过壳体连接到发动机机体、车身或车架等金属，以连接到电源的负极（蓄电池的负极和发电机的负极）。这种通过金属结构实现的搭铁连接被称为车身搭铁。然而，一些电器和电子装置具有连接电源正极和负极的导线，这些电器或电子装置的壳体本身不搭铁，而是通过导线搭铁。如果这些电器或电子装置的负极连接导线都连接到同一根导线，那么这根导线就是这些电器或电子装置的公共搭铁线。这样的设计有助于整体电路的管理和连接。

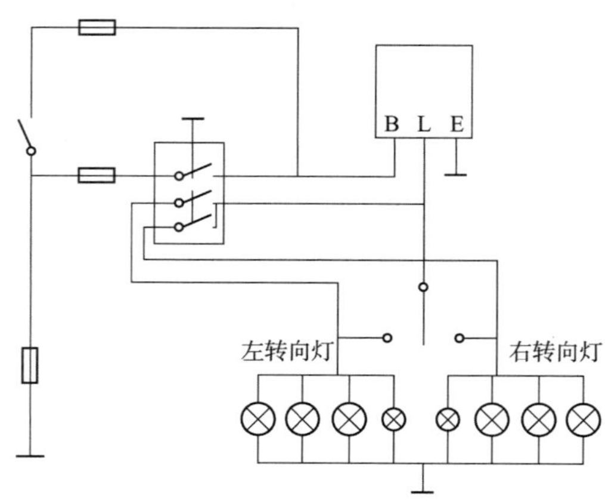

图4-1 基于闪光器控制的转向灯电路

2. 转向灯电路图

汽车转向灯不同于其他照明灯和信号灯，除了需要点亮以外，还需要具备闪烁的功能。目前控制转向灯闪烁的方法主要有两种，一种是通过闪光继电器来实现，另外一种是通过占空比信号来实现。

1）闪光继电器控制的转向灯电路

转向信号灯系统由闪光继电器（简称闪光器）、转向开关、转向灯和转向指示灯等组成。如图4-1所示。

图 4-1 中转向灯电路中涉及的主要电子元件见表 4-1。

主要电子元件名称及符号 表 4-1

名称	图形符号	文字符号
电源	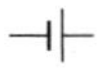	G
熔断器	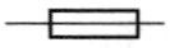	FU
点火开关		IGN 或 START
灯泡	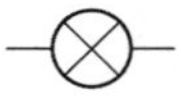	EL
单刀双掷开关	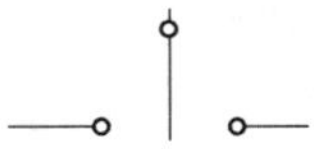	Q
三刀三掷联动开关	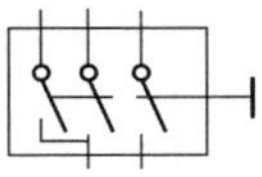	Q
闪光器	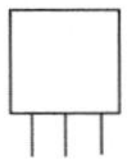	KF
搭铁		GND

实现左转向的控制电路图如图 4-2 所示。在实现向左转向时,电流从蓄电池的正极出发,通过熔断丝和点火开关。如果线路短路,熔断丝将会断开,阻止电流流向点火开关。

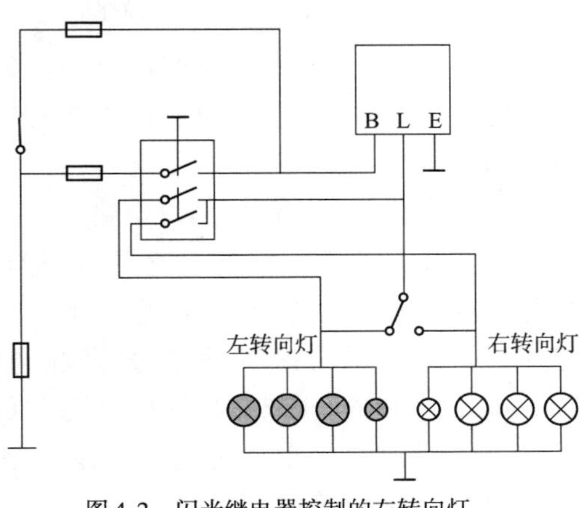

图 4-2 闪光继电器控制的左转向灯

电流接着通过一个熔断丝到达闪光继电器的 B 端。该继电器采用电子式设计,本质上是基于三极管的控制原理。在继电器内部,首先形成了 B 端和 E 端的回路。当我们将开关调至向左的位置时,内部的 L 电路将打开,电流将从 L 端流出,通过每个左转向灯内部,然后通过车身上的金属外壳搭铁回到蓄电池的负极。这样就成功实现了整个左转向灯的控制。

如果要控制向右转向,电流从蓄电池的正极出发,通过熔断丝和点火开关,流向一个熔断丝到闪光继电器的 B 端,先是 B 端和 E 端形成回路,当我们把开关打到向右的位置,那么内部的 L 电路就会打开,电流就从 L 端流出然后通过每个右转向灯内部,再通过车身上的金属外壳搭铁回到蓄电池的负极。这样就成功实现了整个右转向灯的控制,如图 4-3 所示。

闪光器的作用是产生断续电流,供给转向信号灯,使闪光灯发出一明一暗的信号灯光。闪光继电器有三个引脚,三个引脚的功能分别为:B 为闪光器电源、E 为闪光器搭铁、L 为闪光器输出。

三刀三掷联动开关在电路中的实际应用是汽车中的双闪开关,全名为危险报警开关。当三刀三掷联动开关合上时,即表示危险报警开关打开。在此状态下,通过熔断丝的电流流向闪光器的 B 端,然后从闪光器的 L 输出端输出。接着,电流分别通过三刀三掷联动开关的另外两路,流向左转向灯和右转向灯。

这样的设计使得在启动危险报警开关后,左右转向灯能够同时闪烁,提供了一种用于紧急情况的警示功能。具体的连接和控制流程如图 4-4 所示。

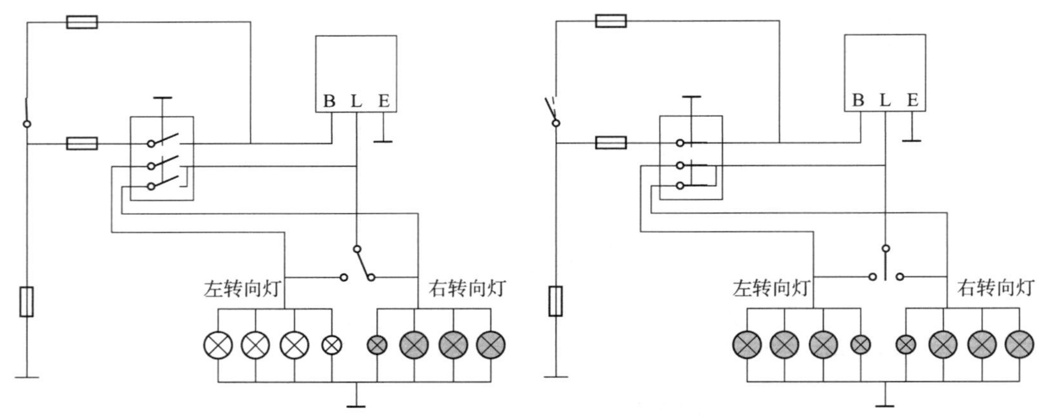

图 4-3　闪光继电器控制的右转向灯　　图 4-4　闪光器控制的危险警告灯工作原理

单刀双掷开关能够转向灯的开关,当转向开关旋向左转向灯时,单刀双掷开关打向左触点,左转向灯通电。同理,当转向开关旋向右转向灯时,单刀双掷开关打向右触点,右转向灯通电。

2)占空比信号控制转向灯电路

占空比是指在一个脉冲循环内,通电时间相对于总时间所占的比例。占空比信号在车辆电子系统中扮演着重要角色,尤其在控制转向灯的电路中,占空比决定了转向灯闪烁的频率,即灯光亮起与熄灭的时间比例。例如,如果占空比设置为 50%,则在一个周期内,转向灯亮起的时间和熄灭的时间相同,呈现出均匀的闪烁效果。目前很多车型是通过车身控制模块 BCM 来控制转向灯的工作,如图 4-5 所示。

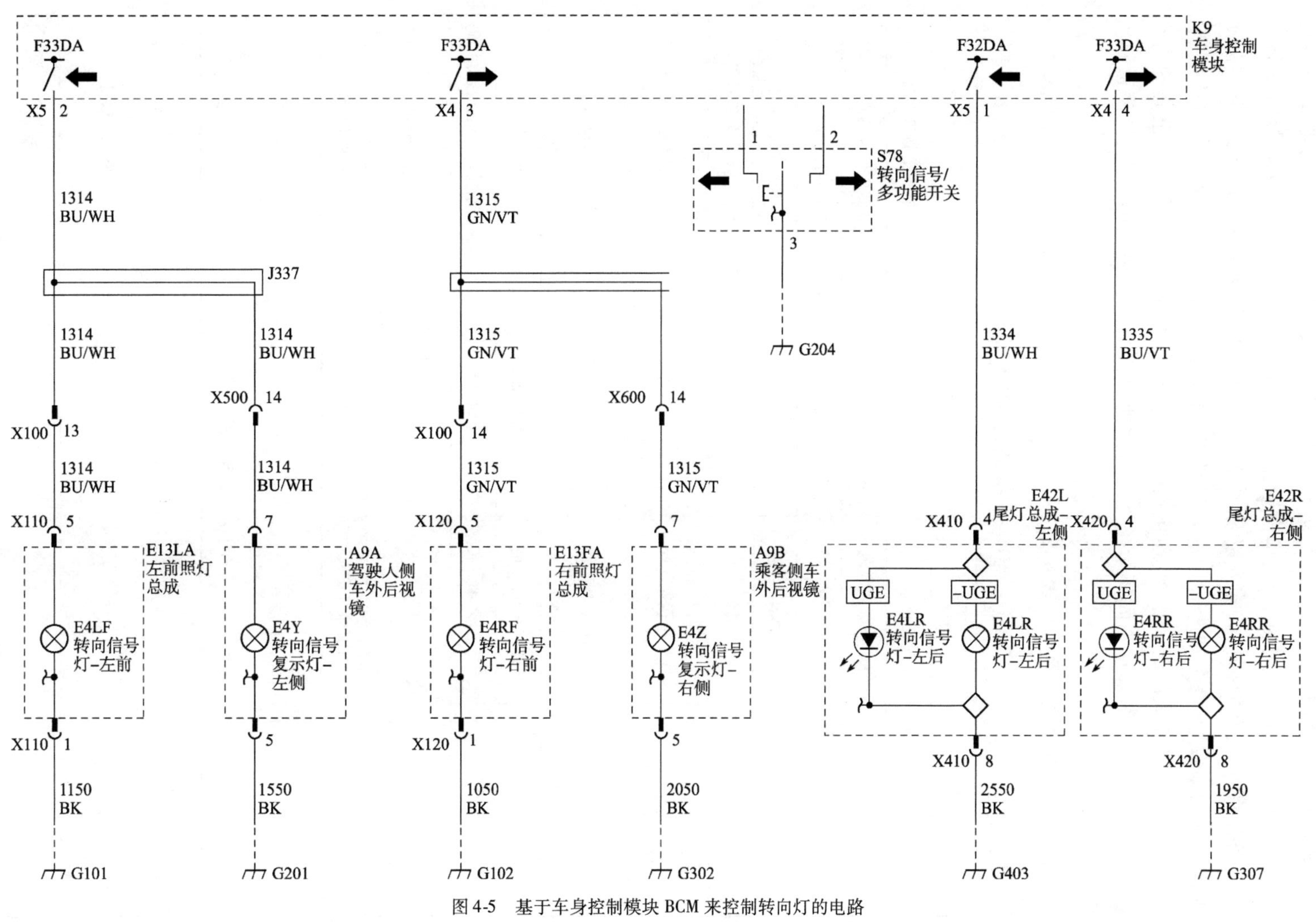

图 4-5 基于车身控制模块 BCM 来控制转向灯的电路

现代汽车中,转向灯的控制通常集成在车身控制模块中,负责管理车辆的各种电气系统,包括灯光系统、门锁系统、车窗控制等。在转向灯控制方面,BCM 接收来自转向盘开关的信号,并根据这些输入以及预设的占空比参数来控制转向灯的闪烁。为了确保安全和一致性,汽车制造商会精心设计 BCM 的软件,以实现准确的占空比控制。这不仅涉及灯光亮灭的时间比例,还包括了灯光亮度的稳定性和可靠性。正确的占空比可以保证转向灯能够在不同环境条件下有效地提醒其他驾驶人和行人,提高道路安全性。

图 4-5 的电路文字符号见表 4-2。

图 4-5 中电路文字符号 表 4-2

文字符号	含义	文字符号	含义
F31DA/F32DA/F33DA	熔断丝	E4LR	转向信号灯左后
GN/VT	绿色/紫罗兰色	E4RR	转向信号灯右后
BU/WH	蓝色/白色	E42L	尾灯总成左侧
BU/VT	蓝色/紫罗兰色	E42R	尾灯总成右侧
BK	黑色	A9A	驾驶人侧车外后视镜
X100/X110/X120/X410/X420/X500/X600	线束插接器代码	A9B	乘客侧车外后视镜
E4RF	转向信号灯右前	G101/G10/G201/G302/G403/G307	搭铁点代码
E4LF	转向信号灯左前	J337/J326	线束节点
E4Z	转向信号复示灯右侧	X4/X5	车身控制模块线束插接器代码
E4Y	转向信号复示灯左侧	1314/1315/1334/1335/1150/1550/1050/2050/2550/1950	线束编码
E13RA	右前照灯总成	E13LA	左前照灯总成

图 4-5 的电路图符号见表 4-3。

图 4-5 中电路图符号 表 4-3

电路图符号	含义	电路图符号	含义
	转向驱动开关		发光二极管
	向左		搭铁

续上表

电路图符号	含义	电路图符号	含义
➡	向右		选装件断点
	非完整部件		完整物理接头－节点
	插接器	–UGE UGE	选装件代码
	灯泡		非完整物理接头

如图4-5所示，每个转向灯都与车身控制模块BCM单元以并联方式连接。车身控制模块通过接收组合开关发送的左转或右转信号，来控制左转向灯或右转向灯的亮灭。危险报警开关与组合开关相互独立，当危险报警开关向车身控制模块传递信号时，车身控制模块会向左右转向灯同时发送占空比脉冲信号。在工作过程中，车身控制模块还会检测转向灯输出电流，如果左侧或右侧的某个转向灯发生故障，BCM通过检测电流变化进行相应的故障处理，并存储和输出故障码。

转向灯在正常工作时，设计为每分钟75～85次的变化频率，闪烁时间的占空比约为50%（点亮和熄灭时间相同）。转向灯的工作情况和频率通过车身控制模块与仪表板进行通讯同步，仪表板上的指示灯会以相同的频率闪烁，向驾驶人传达车灯的转向情况。

3. 电路图识读注意事项

在阅读汽车转向灯电路图时，需要注意以下几个方面。

组件标识：了解电路图上各个组件的标识和符号，包括转向传感器、控制模块、电动助力转向装置等。这有助于准确理解电路结构。

电源和接地：查看电路图中的电源和接地部分，确保电路得到稳定的电源供应，同时良好的接地也是保证电路正常运行的关键。

信号流动：追踪电路中信号的流动路径，理解信号是如何从一个组件传递到另一个组件。这对于分析故障点至关重要。

连接关系：注意各个组件之间的连接关系，包括插头、插座、连接器等。松动或腐蚀的连接可能导致电路故障。

传感器和执行器：了解转向系统中使用的传感器和执行器的类型、工作原理及其在电路中的位置。

故障码：熟悉故障码，查阅相关文档，了解不同故障码对应的可能故障和解决方法。

(二)制订工作方案

1. 任务分工(表 4-4)

学生任务分配表 表 4-4

班级		组号		指导教师	
组长		任务分工			
组员 1		任务分工			
组员 2		任务分工			
组员 3		任务分工			
组员 4		任务分工			
组员 5		任务分工			
组员 6		任务分工			

2. 工量具、仪器设备与耗材准备

(1)使用的工量具有:________________________________。

(2)使用的仪器设备有:________________________________。

(3)使用的耗材有:________________________________。

3. 具体方案描述

____

____

____

____

____

三、计划实施

(一)安全注意事项及技能要点

1. 安全注意事项

检修线路前,一定要查阅维修车辆的电路图册,了解转向灯电路工作原理及接线情况。

2. 技能要点

(1)阅读车辆电路图册之前先了解汽车电路的特点。

(2)掌握汽车常用的电子元件符号表达方式及作用。

(二)转向灯电路识读任务实施

转向灯电路识读操作方法及说明见表 4-5。

转向灯电路识读操作方法及说明 表 4-5

步骤	操作方法及说明	质量标准及记录
准备工作	(1)学习汽车电路的特点,便于快速、深入理解电路图的原理; (2)学习常见电路图符号和标注; (3)记录以下电路图符号的含义 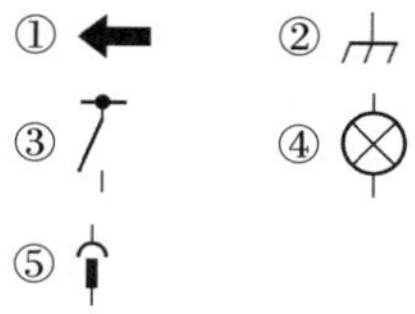 ① ② ③ ④ ⑤	①________ ②________ ③________ ④________ ⑤________ □正确认识电子元件 □正确认识电路图符号 □正确认识电路图标注 □正确认识电路图符号的含义
分析电路用途	(1)写出转向灯控制电路图的设计用途; (2)在识读电路图过程中,写出转向灯电路的工作原理; (3)说出实现转向灯功能常用的几种转向灯控制电路	□写出转向灯控制电路图的用途 □写出常用转向灯控制电路的工作原理
分步分析电路	(1)针对复杂电路,采用分割法; (2)从整体到局部,逐一分析电路模块,例如左转向时,左前、左侧转向灯电路分析 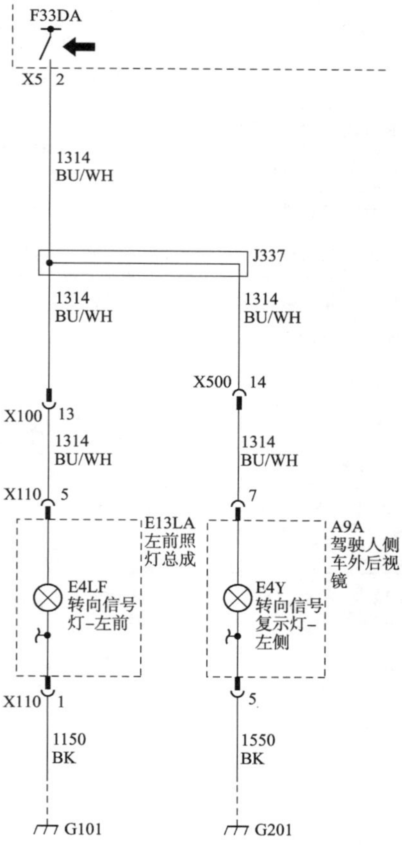 F33DA X5 2 1314 BU/WH J337 1314 BU/WH 1314 BU/WH X500 14 X100 13 1314 BU/WH 1314 BU/WH X110 5 7 E13LA 左前照灯总成 A9A 驾驶人侧车外后视镜 E4LF 转向信号灯-左前 E4Y 转向信号复示灯-左侧 X110 1 5 1150 BK 1550 BK G101 G201	□正确分析转向灯控制电路特性 □正确识别转向灯控制元器件的类型

 四、评价反馈（表 4-6）

评价表　　　　表 4-6

评分项目	评分标准	分值(分)	得分(分)
学习目标	能明确本任务的知识、技能、素养目标，理解任务在工作中的重要程度	5	
工作任务分析	能清晰描述完成本次工作任务内容	2	
	能清晰描述完成本次工作任务需必备的技能与知识点	2	
有效信息获取	能说出转向灯电路各个元器件的名称	5	
	能说出由闪光继电器控制转向灯电路的工作原理	5	
	能描述危险警告灯工作电路的原理	5	
	能查阅不同汽车的电路图册	5	
	能识读电路图册中有关转向灯控制的电路图	5	
实施方案制订	能清晰地制订并填写本次汽车转向灯电路识图的准备作业计划	5	
	能组织或协同工作小组成员，明确本次任务所需仪器设备、工具、材料的准备与清点，并准备记录	5	
	能组织或协同工作小组成员交流，优化检查方案并记录	5	
任务实施	会通过维修手册查阅汽车转向灯电路图	5	
	能正确表达汽车常用的电子元件符号的含义	10	
	能正确分析汽车转向灯电路特性	10	
	能正确理解汽车转向灯电路图的工作原理	10	
任务评价	能通过本次任务实施，结合自己在实训过程中的表现，进行自我评价及自我反思并记录	3	
职业素养	按规定时间完成项目作业	2	
	遵守实训室管理规定、劳动纪律	2	
	积极参与课堂活动、回答问题	2	
	能够按时出勤	2	
思政要求	弘扬劳动精神、奋斗精神、奉献精神；了解安全操作要求，养成安全文明操作的习惯	5	
总计		100	
改进建议： 教师签字： 日期：			

学习活动 2　闪光器、灯泡的检查与更换

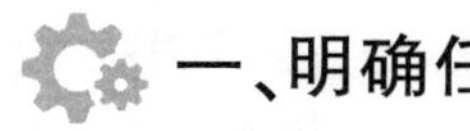

一、明确任务

根据任务描述，对故障车辆进行检测，需要对汽车闪光器及灯泡进行检查与更换，使其恢复正常使用性能。

二、工作准备与计划制订

闪光器
工作原理

（一）知识准备

1. 闪光器

闪光器又称________，是用于指明汽车________变化的________，常见闪光器外形如图 4-6 所示。

闪光器设计有新型电路，由________、________、________、________和两组________组成。将其装在闪光器盒体内，通过其控制能准确地指明汽车________，特别具备________作用的特点，在电路发生短路故障时能________工作，驾驶人通过闪光器上装有的________直接观察闪光器________，能随时发现和排除故障。

闪光器按其结构及工作原理分为________、________和________三类。

图 4-6　常见闪光器的外形

1）电容式闪光器

电容式闪光器由一个________和一个________组成。在继电器的铁芯上绕有串联线圈和并联线圈，电容器采用大容量的电解电容（约 1500uF）。

电容式闪光器利用电容器的充、放电延时特性，使继电器的两个线圈产生的电磁吸力时而相加，时而相减，继电器便产生周期的开关动作，从而使转向信号灯闪烁。电容式闪光器结构原理如图 4-7 所示。

当转向灯开关 7 打到左侧后，串联线圈 3 有电流通过，电流从蓄电池正极→串联线圈 3→触点 2→转向灯开关 7→左转向信号灯 11 及左转向指示灯 10→搭铁→蓄电池负极，形成回路。此时并联线圈 4 和电容器 5 被触点 2 短路，而串联线圈 3 产生的电磁力大于弹簧片 1 的弹力使触点 2 张开，因此，左转向信号灯 11 处于暗的状态。触点 2 闭合后，通过左转向信号灯 N 的电流增大，左转向信号灯及左转向指示灯变亮，左转向

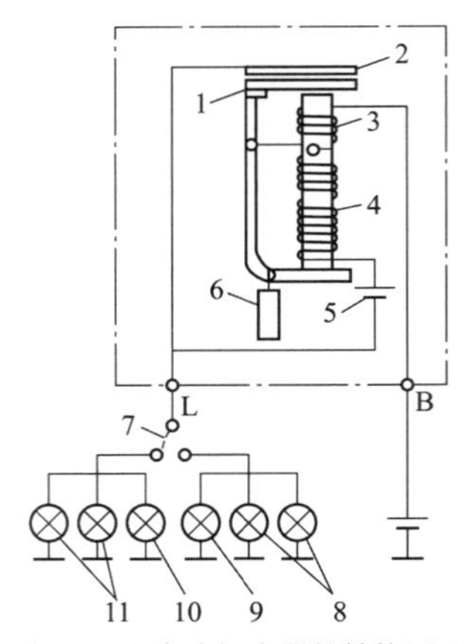

图 4-7　电容式闪光器的结构原理

1-弹簧片;2-触点;3-串联线圈;4-并联线圈;5-电容器;6-灭弧电阻;7-转向灯开关;8-右转向信号灯;9-右转向指示灯;10-左转向指示灯;11-左转向信号灯

信号灯电路为:蓄电池的正极→串联线圈3→触点2→转向灯开关7→左转向信号灯11及左转向指示灯10→搭铁→蓄电池负极,形成回路。与此同时,电容器5通过并联线圈4和触点2放电,其放电电流通过并联线圈4所产生的磁场方向与串联线圈3的磁场方向相反,电磁力相互抵消,触点2继续闭合,左转向信号灯仍发亮。随着放电电流的逐渐减小,并联线圈4产生的磁场逐渐减弱。当两线圈的电磁力总和大于弹簧片的弹力时,触点张开,灯光又变暗,周而复始,触点不断地开闭,使左转向信号灯和左转向指示灯发出闪光。灭弧电阻6与触点2并联,用来减小触点火花。

2)翼片式闪光器

翼片式闪光器由________、________、________、________及________等组成。翼片为弹性钢片,平时靠热胀条绷紧成弓形。热胀条由膨胀系数较大的合金钢带制成。

翼片式闪光器是利用电流的热效应,使热胀条通电时热胀、断电时冷缩,通过翼片产生变形动作来控制触点的开闭。根据热胀条受热情况不同,可分为直热式和旁热式两种。

(1)直热翼片式闪光器。

直热翼片式闪光器主要由________、________、________等组成。工作时,弹性的翼片在热胀条(热膨胀系数较大的金属板条)的拉力下呈弓形,触点处于闭合状态,其结构原理如图4-8所示。

接通转向灯开关7时,转向信号灯9通电,其通路为:蓄电池正极→闪光器接线柱B→翼片2→热胀条3→动触点4、静触点5→闪光器接线柱L→转向灯开关7→转向信号灯9和转向指示灯8→搭铁→蓄电池负极,转向信号灯9变亮。这时,热胀条3因通电受热而伸长,当热胀条3伸长至一定长度时,翼片2突然绷直,使触点断开,转向信号灯电流被切断,于是转向信号灯9熄灭;触点断开时,热胀条3由于断电而逐渐冷却收缩,最终又使翼片2弯曲成弓形,触点又闭合,又接通了转向信号灯电路,转向信号灯9变亮。如此交替变化,使转向信号灯9闪烁。

(2)旁热翼片式闪光器。

与直热翼片式闪光器不同的是热胀条1由绕在其上的电热丝2通电后产生的热量加热,故称旁热翼片式闪光器,其结构原理如图4-9所示。

电热丝2的一端焊在热胀条1上,另一端则与静触点5相连。接通转向灯开关

8 时,转向信号灯的电路为:蓄电池正极→闪光器接线柱 B→电热丝 2→闪光器接线柱 L→转向灯开关 8→转向信号灯 9→搭铁→蓄电池负极。由于电热丝 2 的电阻较大,电路中的电流较小,故转向信号灯 9 是暗的。电热丝 2 通电产生的热量使热胀条 1 受热伸长,翼片 6 便在自身弹力的作用下伸直而使常开触点闭合。这时转向信号灯电路的电流为:蓄电池正极→闪光器接线柱 B→翼片 6→触点 4、5→闪光器接线柱 L→转向灯开关 8→转向信号灯 9→搭铁→蓄电池负极。电热丝 2 被触点短路,电流增大,转向信号灯变亮。同时,由于电热丝 2 被短路,热胀条 1 逐渐冷却收缩,拉紧翼片 6,使触点再次打开,转向信号灯变暗。周而复始,使转向信号灯 9 闪烁。

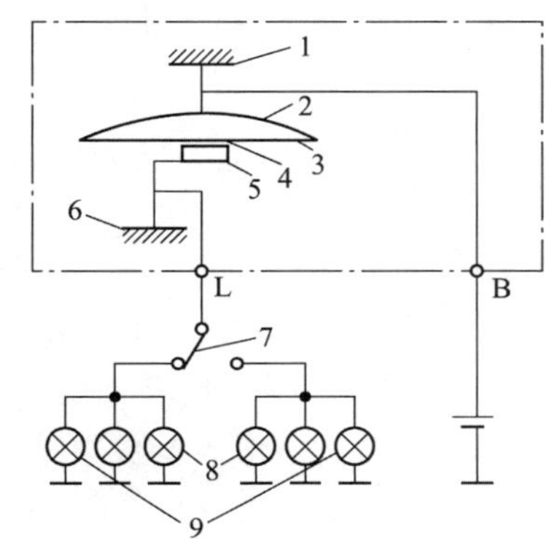

图 4-8　直热翼片式闪光器的结构原理

1、6-支架;2-翼片;3-热胀条;4-动触点;5-静触点;7-转向灯开关;8-转向指示灯;9-转向信号灯

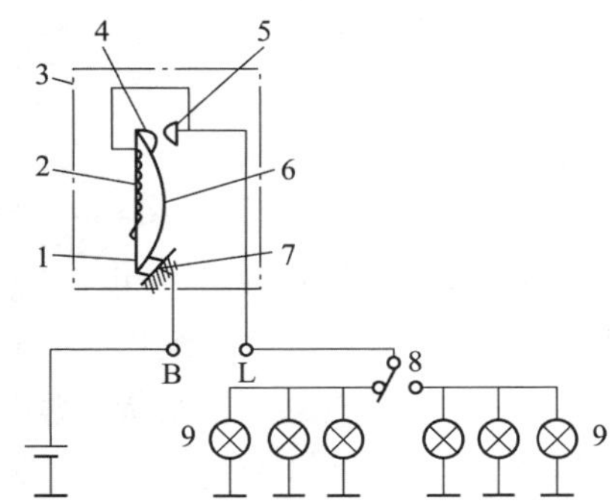

图 4-9　旁热翼片式闪光器的结构原理

1-热胀条;2-电热丝;3-闪光器;4-动触点;5-静触点;6-翼片;7-支架;8-转向灯开关;9-转向信号灯及转向指示灯

3)电子式闪光器

电子式闪光器由一个三极管的________、________及________组成。

电子式闪光器利用三极管的开关特性和电容器的充、放电延时特性,控制继电器线圈的通、断电,接通和断开触点,使转向信号灯闪烁。电子式闪光器由于其结构简单、体积小、闪光频率稳定、监控作用明显(工作时伴有响声)、工作可靠、使用寿命长,在汽车转向灯系统中被广泛使用。

常用的电子式闪光器有晶体管式闪光器和集成电路闪光器。

(1)晶体管式闪光器。

晶体管式闪光器主要由晶体管开关电路和小型继电器组成,其外形和结构如图 4-10 所示。

工作原理:当接通点火开关、左转向信号灯开关时,电流由蓄电池正极→点火开关→闪光器端子 B→电阻 R_1→继电器的常闭触点 K→闪光器端子 L→转向灯开关→左转向信号灯→搭铁 E→蓄电池负极构成回路,左转向信号灯亮。当电流通过电阻 R_1 时,在电阻 R_1 上产生电压降,晶体管 VT 因正向偏压而导通,集电极电流通过继电器线圈 J,使继电器的常闭触点断开,左转向信号灯随之熄灭。电路为电流由蓄电池正极→

点火开关 SW→闪光器端子 B→晶体管的发射极 e→集电极 c→继电器线圈 J→搭铁 E→蓄电池负极。晶体管 VT 导通时向电容 C 充电，充电电路为蓄电池正极→点火开关 SW→闪光器端子 B→晶体管的发射极 e→基极 b→电容器 C→电阻 R_3→端子 L→转向灯开关→左转向灯→搭铁→蓄电池负极构成回路。

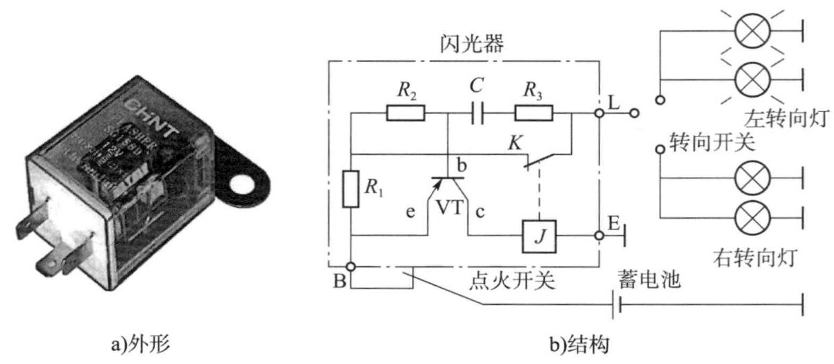

a)外形　　b)结构

图 4-10　带继电器的晶体管闪光器

随着电容器电荷的积累，充电电流逐渐减小，晶体管的集电极电流也随之减小，当线圈中产生的电磁力不足以维持触点的打开时，继电器触点重新闭合，转向灯又再次点亮。这时电容器 C 通过电阻 R_2、继电器触点 K 和电阻 R_3 再次放电。当放电结束时，R_1 上的电压降为晶体管 VT 提供正向偏压使其导通。就这样，电容器 C 不断地充电和放电，晶体管不断地导通与截止，控制继电器触点反复地打开和闭合，使转向灯不停地闪烁。

(2)集成电路闪光器。

一些汽车上使用的是集成电路闪光器，其外形和结构如图 4-11 所示。

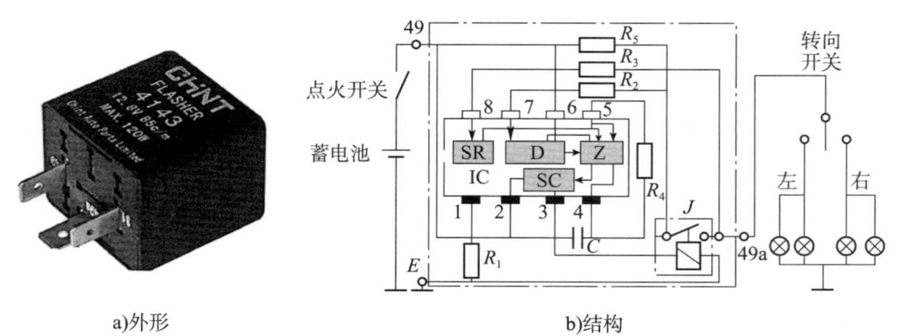

a)外形　　b)结构

图 4-11　集成电路闪光器

IC-集成电路块；SR-输入检测；D-电压检测；Z-振荡器；SC-输出极

IC 集成块是一块低功率、高精度的汽车电子闪光器专用集成电路。IC 的标准电压为 12V，实际工作电压范围为 9～18V。内部电路主要由输入检测器 SR、电压检测器 D、振荡器 Z 及功率输出级 SC 四部分组成。

输入检测器用来检测转向信号灯开关是否接通。振荡器由一个电压比较器、外

接的电阻 R_4 和电容器 C 构成。内部电路比较器的一端提供了一个参考电压，其值由电压检测器控制，比较器的另一端则由外接的电阻 R_4 和电容器 C 提供一个变化的电压，从而形成电路的振荡。振荡器工作时，输出级的矩形波便控制继电器线圈的电路并使继电器触点反复打开和闭合。于是转向信号灯和转向指示灯闪烁，频率为 85 次/min。

如果一只转向灯烧坏，则流过取样电阻 R_3 的电流减小，其电压降减小，经电压检测器识别后，便控制振荡器电压比较器的参考电压，从而改变振荡频率，使转向指示灯的闪光频率加快一倍，以提示驾驶人及时检修。

2. 转向灯灯泡

转向灯灯泡通常为________玻璃壳的普通白炽灯泡，功率为 20 ~ 25W（侧转向灯 5W），普通灯泡也用于其他灯光系统的照明。常见转向灯灯泡如图 4-12 所示。

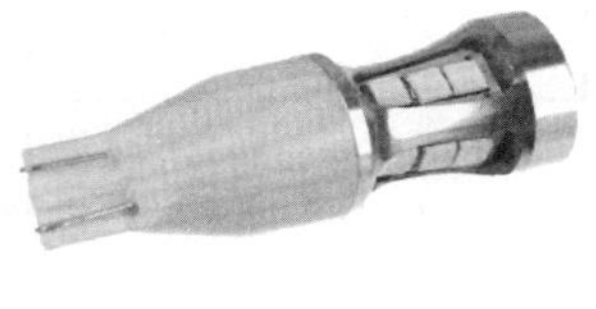

图 4-12 常见转向灯灯泡

1）转向信号灯的类别

按在车辆上的安装位置和功能，规定装置的类别和光分布最小角。

（1）1 类装置：安装位置与近光灯或前雾灯的距离不小于 40mm 的前转向信号灯。

（2）1a 类装置：安装位置与近光灯或前雾灯的距离大于 20mm，小于 40mm 的前转向信号灯。

（3）1b 类装置：安装位置与近光灯或前雾灯的距离不大于 20mm 的前转向信号灯。

（4）2a 类装置：安装在车辆后部，具有一个发光强度等级的后转向信号灯。

（5）2b 类装置：安装在车辆后部，具有两个发光强度等级的后转向信号灯。

（6）3 类装置：用于在车辆上仅装用本类侧转向信号灯场合的侧前转向信号灯。

（7）4 类装置：用于在车辆上装用 2a 类或者 2b 类装置场合的侧前转向信号灯。

（8）5 类和 6 类装置：用于在车辆上装有 1 类、1a 类、1b 类和 2a 类、2b 类装置场合的辅助侧转向信号灯。

2）转向灯发光强度

转向灯发光强度应符合《汽车及挂车转向信号灯配光性能》（GB 17509—2008）要求，详见表 4-7。

转向信号灯发光强度(单位:cd)　　表 4-7

类别	发光强度的最小值	发光强度的最大值		
		单灯	标有"D"的单灯	两个单灯组合
1	175	700	490	980
1a	250	800	560	1120
1b	400	800	600	1200
2a	50	350	350	350
2b(白昼)	175	700	490	980
2b(夜晚)	40	120	84	168
3(向前)	175	700	490	980
3(向后)	50	200	140	280
4(向前)	175	700	490	980
4(向后)	0.6	200	140	280
5	0.6	200	140	280
6	50	200	140	280

注:发光强度的单位为坎德拉,符号为 cd,它表示光源在某球面度立体角(该物体表面对点光源形成的角)内发射出 1lm 的光通量。1cd = 1lm/1sr(sr 为立体角的球面度单位)。

3)转向灯安装位置

在《汽车及挂车外部照明和光信号装置的安装规定》(GB 4785—2019)中,对汽车转向灯的安装位置与数量都做了明确的规定。对于普通的家用车来说,至少要有四个转向灯,分别安装在汽车的四个边角处。

对于车长超过一定长度的车型,还要求安装侧面转向灯。侧面转向信号灯位置必须在以下范围内:高度:离地距离不小于 500mm,不大于 1500mm;纵向:距车前端距离不大于 1800mm。转向灯安装要求见表 4-8。

转向信号灯安装要求　　表 4-8

转向灯名称	光色	安装要求	数量(只)	发光角度(几何可见度)
前转向灯	琥珀色	强制安装	2	上下 15°、外 80°、内 45°(1 类)
后转向灯	琥珀色	强制安装	2	上下 15°、外 80°、内 45°(2 类)
侧转向灯	琥珀色	强制安装	2	上下 15°、外 60°、可见度死角上限 5°(5 类)

(二)制订工作方案

1. 任务分工(表 4-9)

学生任务分配表　　表 4-9

班级		组号		指导教师	
组长		任务分工			
组员 1		任务分工			

续上表

组员 2		任务分工	
组员 3		任务分工	
组员 4		任务分工	
组员 5		任务分工	
组员 6		任务分工	

2. 工量具、仪器设备与耗材准备

(1)使用的工量具有:________________________________。

(2)使用的仪器设备有:________________________________。

(3)使用的耗材有:________________________________。

3. 具体方案描述

____

____

____

____

____

三、计划实施

(一)安全注意事项及技能要点

1. 安全注意事项

(1)实训开始前应摘掉戒指、手表、项链等首饰,脱去宽松的衣服、换上实训服;长头发应挽起,固定于脑后。

(2)认真检查工量具、仪器设备,确保能正常使用;按正确的方法使用后,应立即清洁。

(3)实训时,确保点火开关处于 LOCK 位置。

(4)拔插电器元件时应先断开点火开关,切勿带电作业。

(5)车辆移动必须由实训指导教师完成,学员不能擅动车辆。

(6)车辆在起动之前,确认已经挂入空挡,车辆轮胎下已放好挡块,并且拉好驻车制动器。

(7)遵守纪律、遵守实训室安全管理规定。

2. 技能要点

(1)通过查阅维修手册,查找转向灯不亮故障的原因。

(2)能按照制订的转向灯不亮系故障作业流程进行维修作业。

(3)能查找出转向信号灯电路的常见故障、分析原因并排除故障。

(4)能掌握万用表的使用方法。

(5)在汽车未起动情况下,严禁长时间使用灯光,以免蓄电池亏电。

(6)在进行元件拆装时,要先查阅维修手册弄清拆装的步骤,严禁擅自粗暴操作,以免损坏元件。

(二)转向灯灯泡检修任务实施

1. 检查转向灯(表4-10)

检查转向灯操作方法及说明 表4-10

步骤	操作方法及说明	质量标准及记录
做好防护	打开车门,安装好车内防护三件套	□是 □否
接通电源	钥匙拧至ON挡 	□是 □否
检查转向灯是否正常工作	上下扳动转向灯开关,检查左、右侧转向灯是否正常闪动 	□正常 □不正常
断开点火开关	断开点火开关,确保车辆处于断电状态	□是 □否

2. 检查前转向灯灯泡(表 4-11)

检查前转向灯灯泡操作方法及说明 表 4-11

步骤	操作方法及说明	质量标准及记录
拆卸前转向灯灯泡	(1)打开车辆发动机舱盖; (2)铺设车外防护三件套,做好车辆防护; (3)找到前转向灯位置,逆时针旋转扭出灯座; (4)逆时针旋转灯泡,将灯泡从灯座上取出	□是否规范操作 □是 □否 是否安装车外防护三件套 □是 □否 □正确取出前转向灯灯座 □正确取出前转向灯灯泡
检查灯泡是否正常	万用表调至电阻挡,一只表笔接触灯泡正极,另一只表笔接触灯泡负极,测量灯泡电阻;若测得电阻小于2Ω,则灯泡正常,否则,需更换灯泡	测得前转向灯灯泡电阻为 ________Ω □正常 □不正常
装复前转向灯灯泡	(1)将灯泡顺时针旋入前转向灯灯座;	

续上表

步骤	操作方法及说明	质量标准及记录
装复前转向灯灯泡	(2)顺时针将前转向灯灯座装入前照灯总成;  (3)收好车外防护三件套;  (4)关闭车辆发动机舱盖 	□正确安装前转向灯灯泡 □正确安装前转向灯灯座 □正确收好车外防护三件套

3. 检查后转向灯(表 4-12)

检查后转向灯操作方法及说明 表 4-12

步骤	操作方法及说明	质量标准及记录
拆卸后转向灯灯泡	(1)按压行李舱开关,打开行李舱; (2)拆卸行李舱内饰板; 	□正确拆卸行李舱内饰板
	(3)逆时针旋转后尾灯固定螺钉,取下尾灯总成; 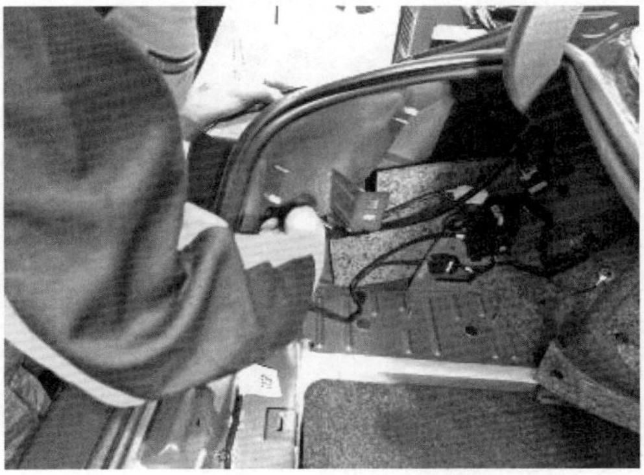	□正确取下尾灯总成
	(4)拔下后转向灯 	□正确拆下后转向灯灯泡

续上表

步骤	操作方法及说明	质量标准及记录
检查后转向灯灯泡是否正常	万用表调至电阻挡，表笔分别接触灯泡上两触点，测量灯泡电阻；若测得电阻小于 2Ω 则灯泡正常，否则，需更换灯泡 	测得前转向灯灯泡电阻为______Ω □正常　□不正常
装复后转向灯灯泡	（1）将灯泡插入灯座； 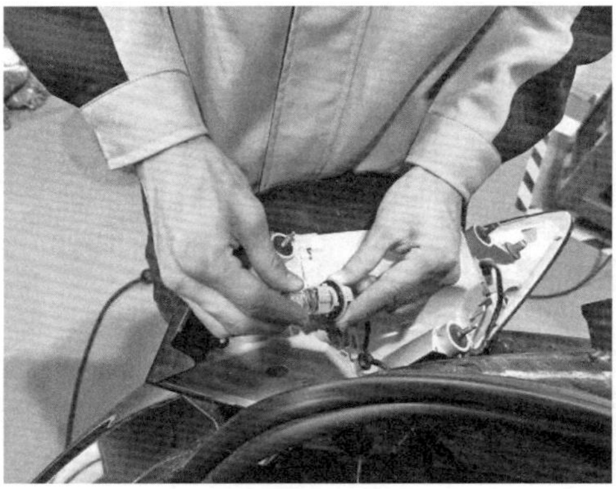 （2）将灯泡顺时针旋入后灯总成； 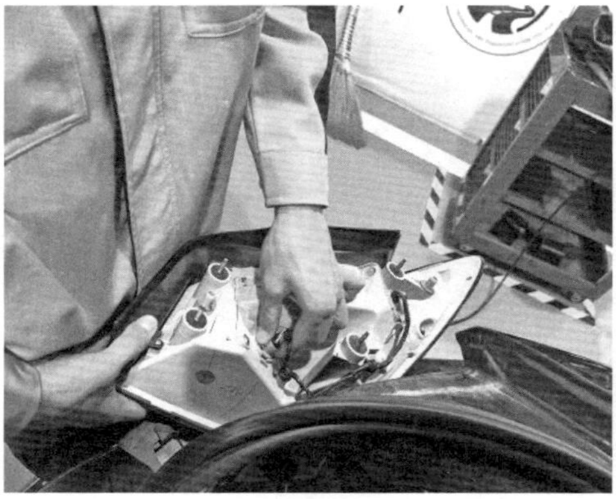	□正确插入灯泡 □正确安装尾灯总成

续上表

步骤	操作方法及说明	质量标准及记录
装复后转向灯灯泡	(3)安装后尾灯总成; 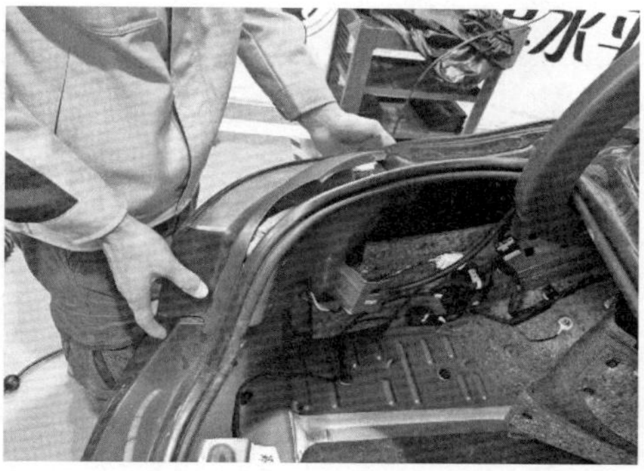 (4)拧紧固定螺钉; 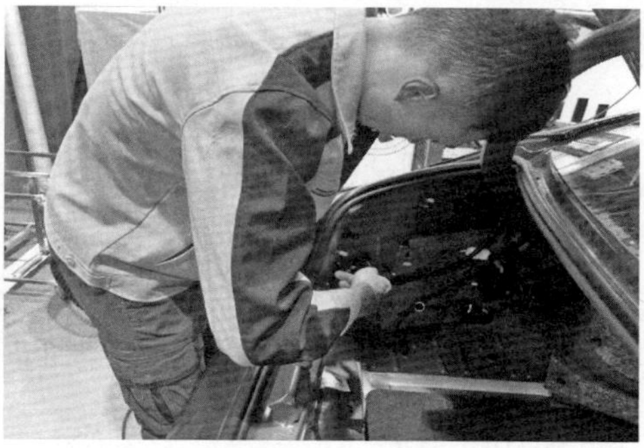 (5)装回行李舱内饰板 	□正确安装行李舱内饰板

4. 车辆恢复(表4-13)

车辆恢复操作方法及说明 表4-13

步骤	操作方法及说明	质量标准及记录
车辆恢复	整理清洁	□按8S要求整理

四、评价反馈（表 4-14）

评价表　　　　表 4-14

评分项目	评分标准	分值（分）	得分（分）
学习目标	能明确本任务的知识、技能、素养目标，理解任务在工作中的重要程度	5	
工作任务分析	能清晰描述完成本次工作任务内容及必备的技能与知识点	5	
有效信息获取	能正确描述转向灯的作用	5	
	能正确描述闪光器的类别及主要工作原理	10	
	能正确描述转向灯灯泡的安装位置	5	
实施方案制订	能清晰地制订并填写转向灯不亮故障检修的准备作业计划	5	
	能协同工作小组成员，明确本次任务所需仪器设备、工具、材料的准备与清点，并准备记录	5	
	能组织或协同工作小组成员交流，优化检查方案并记录	5	
任务实施	能正确检查转向灯工作情况	5	
	能规范检查前转向灯灯泡是否正常	10	
	能规范检查后转向灯灯泡是否正常	10	
任务评价	能通过本次任务实施，结合自己在实训过程中的表现，进行自我评价及自我反思并记录	5	
职业素养	按规定时间完成项目作业	5	
	遵守实训室管理规定、劳动纪律	5	
	能够按时出勤	5	
思政要求	弘扬劳动精神、奋斗精神、奉献精神；了解安全操作要求，养成安全文明操作的习惯	10	
总计		100	
改进建议： 教师签字： 日期：			

学习活动3　转向灯开关、危险警告灯开关、信号灯控制线路的检修

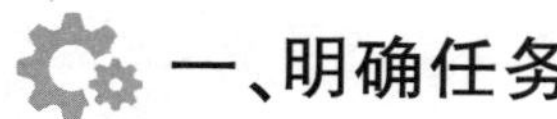

一、明确任务

根据任务描述,对故障车辆进行检测,需要对转向信号灯开关部件进行检修,使其恢复正常使用性能。

二、工作准备与计划制订

(一)知识准备

1. 转向灯开关

(1)作用:当汽车需要转向或变更车道时,驾驶人通过转向灯开关接通左侧或右侧转向灯电路,使转向灯闪烁,示意汽车行驶方向,以提醒其他车辆注意,避免发生交通事故。

(2)转向灯开关线路图。开关线路图如图4-13所示,灯光组合开关插头阵脚图如图4-14所示。

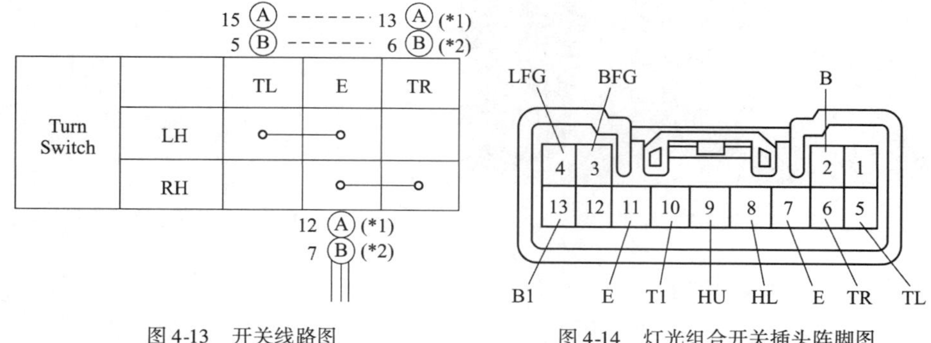

图4-13　开关线路图　　图4-14　灯光组合开关插头阵脚图

通过对图4-13和图4-14的分析,检查左侧开关应检测针脚5号和7号;检查右侧开关应检测针脚6号和7号。

(3)转向灯故障分析。

可能原因:灯泡烧毁、开关磨损或腐蚀、继电器损坏、电路断路或短路以及控制器故障。

2. 危险警告灯开关

危险警告灯，也就是俗称的________，也称为________、________。在紧急情况或车辆停驶时使用，以警示其他道路使用者注意，如图4-15所示。这种灯光通常是由一个红色的三角形标志按钮控制，这个按钮一般位于车辆的仪表盘或中控台上，位置醒目且容易触达。

当驾驶人遇到紧急情况，如车辆故障、交通事故或其他需要提醒后方来车注意的情形时，应及时打开危险报警闪光灯。这样做可以显著增加车辆的可见度，尤其是在恶劣天气或光线不足的情况下，有助于预防碰撞或意外事件。

操作该功能非常简单：只需按下带有红色三角形标志的按钮，即可启动双闪灯；当情况得到缓解或需要关闭双闪灯时，再次按下相同的按钮即可关闭。值得注意的是，危险报警闪光灯的使用应符合相关的交通法规，避免滥用导致其警告功能降低。

3. 信号灯控制线路分析

信号灯线路的检修分为转向信号灯电路、危险报警指示灯信号系统电路。

图4-16为信号系统电路原理图。当开关闭合左侧时，左转向灯亮。同理，右侧开关闭合，右转向灯亮。当危险报警指示灯开关闭合时，左右转向灯线路接通，左右转向灯同时亮起。若右转向信号灯不亮，则说明转向信号灯电路存在故障。

图4-15 危险警告灯开关图

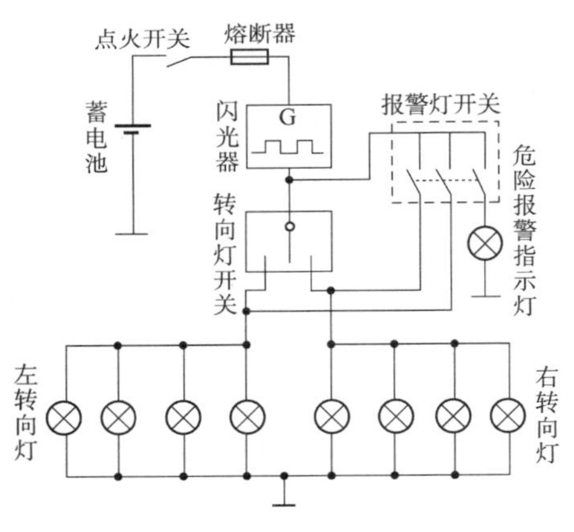

图4-16 信号系统电路原理图

（二）工作方案制订

1. 任务分工（表4-15）

学生任务分配表　　表4-15

班级		组号		指导教师	
组长		任务分工			
组员1		任务分工			

续上表

组员2		任务分工	
组员3		任务分工	
组员4		任务分工	
组员5		任务分工	
组员6		任务分工	

2. 工量具、仪器设备与耗材准备

(1)使用的工量具有：____________________。

(2)使用的仪器设备有：____________________。

(3)使用的耗材有：____________________。

3. 具体方案描述

____

____

____

____

____

三、计划实施

(一)安全注意事项及技能要点

1. 安全注意事项

(1)检查实训室通风系统设备工作是否正常。

(2)检查实训室、车辆有无安全隐患。

(3)正确使用工具设备进行检测。

(4)拔插线束插接器时，需要关闭点火开关。

(5)拔插控制单元插接器时，不仅需要关闭点火开关，还需要断开蓄电池负极。

2. 技能要点

(1)能独立完成转向灯开关的检测。

(2)能独立完成危险警告灯开关检测。

(3)能独立完成信号灯控制线路检修。

(二)转向灯开关、危险警告灯开关、信号灯控制线路的检修任务实施

1. 转向灯开关检测(表 4-16)

转向灯开关检测操作方法及说明　　表 4-16

步骤	操作方法及说明	质量标准及记录
拆下转向灯开关总成	拆卸: (1)断开蓄电池负极; (2)拆下组合开关上护罩; 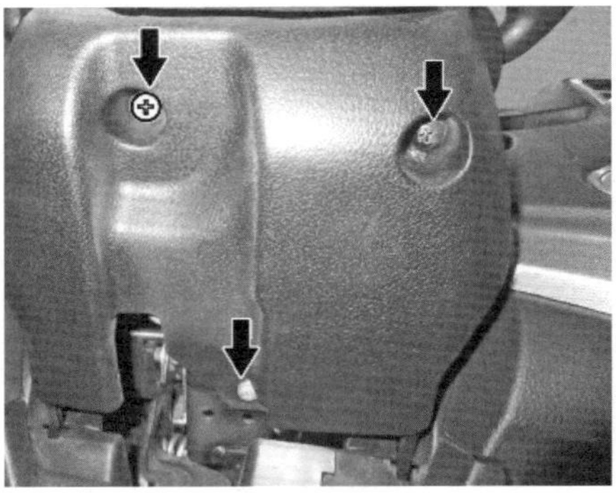 (3)拆下三个螺钉,拆下组合开关下护罩; (4)断开线束插接件; (5)拆下 2 个螺钉,向左侧取下灯光组合开关; 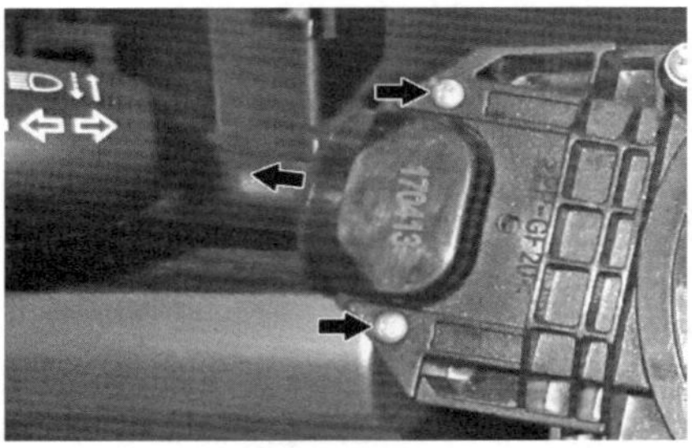 安装:以拆卸相反的顺序进行	□正确拆装
转向灯开关左侧挡检查	(1)将转向灯开关打开到左侧挡位置,同时将万用表测量挡位置于电阻 200Ω 挡位; (2)测量灯光组合开关 2 号和 5 号针脚的电阻; (3)电阻小于 1Ω,左侧挡正常;如果电阻为∞,左侧挡损坏 	检查结果(数据): ________Ω 检测结果: □正常　□不正常

续上表

步骤	操作方法及说明	质量标准及记录
转向灯开关右侧挡检查	(1)将转向灯开关打开到右侧挡位置,同时将万用表测量挡位置于电阻200Ω挡位; (2)测量灯光组合开关1号和5号针脚的电阻; (3)电阻小于1Ω,右侧挡正常;如果电阻为∞,右侧挡损坏; (4)整理复位	检查结果(数据): ________Ω 检测结果: □正常 □不正常
位置灯开关检查	(1)打开位置灯开关,同时将万用表测量挡位置于电阻200Ω挡位; (2)测量灯光组合开关6号和5号针脚的电阻; (3)电阻小于1Ω,右侧挡正常;如果电阻为∞,右侧挡损坏	检查结果(数据): ________Ω 检测结果: □正常 □不正常

2. 危险警告灯检测(表4-17)

危险警告灯检测操作方法及说明 表4-17

步骤	操作方法及说明	质量标准及记录
危险警告灯开关拆装方法	危险警告灯开车关拆卸就是拆卸中控面板开关。 拆卸: (1)断开蓄电池负极; (2)拆卸换挡器面板总成; (3)拆卸前储物盒带USB面板; (4)拆下2个螺钉; (5)分离7处卡接,取下显示屏螺钉堵盖; (6)拆下4个螺钉;	是否正确拆装 □是 □否

续上表

步骤	操作方法及说明	质量标准及记录
危险警告灯开关拆装方法	(7)断开线束插接件,取下显示屏带中控面板开关,带中央吹面出风口; (8)取下中控面板开关; 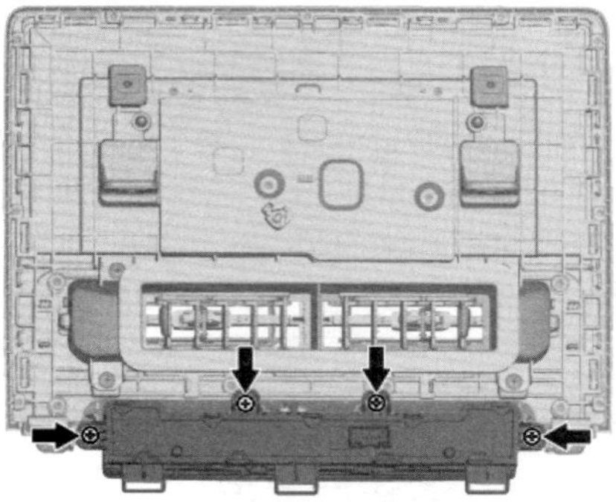 安装:以拆卸相反的顺序进行	是否正确拆装 □是 □否
打开危险警告灯开关	(1)将万用表测量挡位置于电阻 200Ω 挡位; (2)测量 4 和 5 端子的电阻值; (3)电阻小于 1Ω,正常	检查结果(数据): ________Ω 检测结果是否正常 □是 □否
关闭危险警告灯开关	(1)将万用表测量挡位置于电阻 200Ω 挡位; (2)测量 4 和 5 端子的电阻值; (3)电阻大于 1000Ω 或者更大,正常	检查结果(数据): ________Ω 检测结果是否正常 □是 □否

3. 信号灯控制线路检修(表 4-18)

信号灯控制线路检修操作方法及说明 表 4-18

步骤	操作方法及说明	质量标准及记录
转向灯线束检查	(1)拔下组合后灯线束; (2)打开点火开关置于 ON 挡位,万用表选择 20V 电压挡位; (3)开关左转向灯开关; (4)万用表红表笔接入 2 号引脚,黑色表笔搭车身。万用表显示 0~12V 电压,为正常	检查结果(数据): ________V 检测结果是否正常 □是 □否
危险报警灯线束检查	(1)断开危险报警灯开关线束连接器 IP56a; (2)测量危险报警灯开关线束连接器 IP56a 端子 2 和车身接地之间的电阻。电阻标准值:小于 1Ω	检查结果(数据): ________Ω 检测结果是否正常 □是 □否

续上表

步骤	操作方法及说明	质量标准及记录
位置灯线束检查	(1)拔下组合后灯线束; (2)打开点火开关置于ON挡位,万用表选择20V电压挡位; (3)开关位置灯开关; (4)万用表红表笔接入3号引脚,黑色表笔搭车身。万用表显示12V左右电压,为正常	检查结果(数据): ________V 检测结果是否正常 □是 □否
制动灯线束检查	(1)拔下组合后灯线束; (2)打开点火开关置于ON挡位,万用表选择20V电压挡位; (3)踩制动踏板; (4)万用表红表笔接入4号引脚,黑色表笔搭车身。万用表显示12V左右电压,为正常	检查结果(数据): ________V 检测结果是否正常 □是 □否
高位制动灯线束检查	(1)拔下组合后灯线束; (2)打开点火开关置于ON挡位,万用表选择20V电压挡位; (3)踩制动踏板; (4)万用表红表笔接入2号引脚,黑色表接入1号。显示导通状态,为正常	检查结果(数据): ________V 检测结果是否正常 □是 □否

四、评价反馈(表4-19)

评价表 表4-19

评分项目	评分标准	分值(分)	得分(分)
学习目标	能明确本任务的知识、技能、素养目标,理解任务在工作中的重要程度	5	
工作任务分析	能清晰描述完成本次工作任务内容	2	
	能清晰描述完成本次工作任务需必备的技能与知识点	2	
有效信息获取	获取转向灯系统的组成	5	
	获取危险警告灯的工作原理	5	
	获取喇叭信号的线路控制原理	5	
	获取转向、危险警告灯、喇叭的故障排除方法	5	
实施方案制订	能清晰地制订并填写本次转向灯开关、危险警告灯开关、信号灯控制线路的检修的准备作业计划	5	
	能组织或协同工作小组成员,明确本次任务所需仪器设备、工具、材料的准备与清点,并准备记录	5	
	能组织或协同工作小组成员交流,优化检查方案并记录	5	

续上表

评分项目	评分标准	分值(分)	得分(分)
任务实施	能完成转向灯开关基本检查及故障诊断	10	
	能完成危险警告灯基本检查及故障诊断	10	
	能完成信号灯控制线路的故障诊断	20	
任务评价	能通过本次任务实施,结合自己在实训过程中的表现,进行自我评价及自我反思并记录	3	
职业素养	按规定时间完成项目作业	2	
	遵守实训室管理规定、劳动纪律、能够按时出勤	4	
	积极参与课堂活动、回答问题	2	
思政要求	弘扬劳动精神、奋斗精神、奉献精神;了解安全操作要求,养成安全文明操作的习惯	5	
总计		100	
改进建议: 教师签字: 日期:			

任务习题

1. 选择题

(1)(　　)不是汽车电路的特点。

A. 单线制　　B. 串联　　C. 低压　　D. 直流

(2)转向灯在正常工作时,闪烁的时间占空比在(　　)左右。

A. 20%　　B. 40%　　C. 50%　　D. 70%

(3)用来提示行人或其他车辆即将转弯方向的是(　　)。

A. 前照灯　　B. 危险警告灯　　C. 转向灯　　D. 雾灯

(4)转向灯灯光色为(　　)。

A. 琥珀色　　B. 红色　　C. 黄色　　D. 绿色

(5)以下不属于电子式闪光器组成的是(　　)。

A. 开关电路　　B. 电容器　　C. 热胀条　　D. 继电器

(6)汽车在转弯时转向灯会不停闪烁是由(　　)控制的。

A. 灯泡　　B. 驻车制动器　　C. 转向指示灯　　D. 闪光器

(7)以下不属于常见的闪光器形式的是(　　)。

A. 电热式　　B. 电容式　　C. 电子式　　D. 滑阀式

(8)对于普通的家用车来说,至少要安装(　　)个转向灯。

A. 3　　B. 4　　C. 5　　D. 6

(9)控制转向灯闪光频率的是(　　)。

A. 转向开关　　B. 点火开关　　C. 闪光器

(10)汽车的转向信号只在左转向时工作,甲说,闪光器坏了,乙说,熔丝熔断了,谁正确?(　　)

A. 甲　　B. 乙　　C. 两人均正确　　D. 两人均不正确

2. 判断题

(1)为了减少导线数量,汽车电路采用负极搭铁。(　　)

(2)闪光继电器在电路中主要控制左转向灯和右转向灯亮。(　　)

(3)555 定时器可以为转向灯电路提供占空比信号。(　　)

(4)转向灯灯光颜色通常为红色。(　　)

(5)转向信号灯的闪光器按其结构及工作原理分为电热式、电容式和电子式三类。(　　)

(6)翼片式闪光器由翼片、热胀条、动触点、静触点及支架等组成。(　　)

(7)电容式闪光器由于其结构简单、体积小、闪光频率稳定、监控作用明显(工作时伴有响声)、工作可靠、使用寿命长,在汽车转向灯系统中被广泛使用。(　　)

(8)转向灯发光强度越强越好。(　　)

(9)对于车长超过一定长度的车型,还要求安装侧面转向灯。(　　)

(10)变光开关用于前照灯远、近光的转换。(　　)

(11)闪光器并联在转向电路中。(　　)

(12)喇叭继电器的作用是控制喇叭电路的通断。(　　)

3. 实操练习题

(1)正确描述转向灯控制电路的右转向实现过程。

(2)查阅相关资料,检修转向信号灯、危险警告灯故障。

(3)查找相关资料,调整喇叭的音调、音量。

学习任务五

汽车仪表照明灯不亮故障检修

学习目标

1. 知识目标

(1)能描述汽车仪表系统的功用。

(2)能简述汽车仪表的分类。

(3)能简述普通仪表系统的结构组成及工作原理。

(4)能说出各报警指示灯装置的结构。

(5)能说出电子仪表的组成元件的名称。

(6)能简述汽车组合仪表电路的工作原理。

(7)能描述汽车仪表盘启动时的工作过程。

(8)能说出汽车仪表拆装所需要的工具名称。

2. 技能目标

(1)能查阅维修手册,完成汽车仪表板的拆装。

(2)能识读汽车仪表的电路图,完成线路的检查。

(3)能正确使用各种类型的万用表。

(4)能正确选用拆装工具,并规范使用拆装工具。

(5)能根据具体任务需要,选择正确的拆装工具和检测仪器。

(6)能根据汽车仪表照明灯不亮的故障现象,分析此故障产生的原因。

(7)能根据故障原因制定完善的检修方案。

3. 素养目标

(1)培养学生文明实践、精益求精的劳动精神。

(2)培养学生团结协作、吃苦耐劳的精神。

(3)树立有理想、有担当、肯奋斗的理念。

(4)培养学生爱岗敬业的职业精神。

(5)促进学生职业素养的形成,为培养高素质汽车售后服务专门人才奠定良好的基础。

参考学时

24 学时。

任务描述

一辆汽车进厂维修，客户反映仪表背光照明显示异常，经班组长确认故障后，需要对仪表系统进行检修。

学习活动1　仪表线路的检修

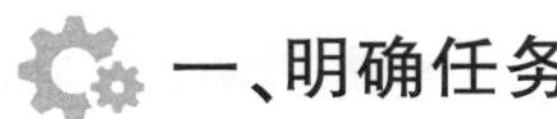

一、明确任务

根据任务描述，对故障车辆进行检测，需要对仪表线路进行检修，使其恢复正常使用性能。

二、工作准备与计划制订

（一）知识准备

1. 汽车仪表的作用

汽车仪表的主要功能是监测车辆的运行状况，为驾驶人提供随时观察和掌握汽车各系统工作状态的相关信息。为实现这一目的，在驾驶室转向盘的前方台板上安装了仪表盘，如图5-1所示。仪表盘为驾驶人提供了关键的车辆数据，帮助其确保车辆在良好状态下行驶。

图5-1　汽车仪表

仪表系统是驾驶人了解汽车工作状况的“眼睛”,在确保汽车行车安全、及时排除故障和避免发动机出现严重故障方面发挥着至关重要的作用。因此,对各个仪表的要求包括结构简单、工作可靠、显示数据清晰且准确。此外,仪表还需要具备良好的抗震和耐冲击性能,以确保在各种行驶条件下都能正常工作。

2. 汽车仪表的分类

汽车仪表根据安装方式可分为分装式仪表和组合式仪表两类。分装式仪表指的是各仪表单独安装,这在早期汽车及赛车上比较普遍。相反,组合式仪表是在设计阶段将各种仪表组合在一起,具有结构紧凑、易于安装的特点。现代汽车中,组合式仪表是最常见的类型,并可分为可拆式和整体不可拆式两种。

可拆式组合仪表的仪表、指示灯等组件如果损坏,可以单独更换,这有助于降低维修成本。而整体不可拆式仪表的仪表、指示灯等组件如果损坏,则需要更换整个总成,这可能会带来较高的维修费用。因此,在选择仪表类型时,需要根据实际需求权衡各种因素,以确保最佳的使用和维护体验。

汽车仪表根据工作原理可分为机械式仪表、电气式仪表、模拟电路电子仪表和数字化电子仪表。传统仪表通常指的是机械式仪表、电气式仪表和模拟电路电子仪表。随着现代汽车的信息化和电子化不断发展,数字化电子仪表逐渐取代传统仪表,具有集成度和精确度高、信息含量大、可靠性好以及显示模式自由等优点。

3. 汽车仪表工作原理

现代汽车仪表多采用第三代仪表技术,它可以通过步进电机驱动基表指针,也可以利用液晶屏直接显示图形或文字信息。此外,第三代仪表还配备智能处理单元,能够与汽车的其他控制单元进行信息交互。汽车电子仪表系统的核心是微处理器,通过中央处理器对来自不同传感器的模拟信号或数字信号进行运算处理,最终在电子仪表显示器上呈现所有信息。

汽车电子仪表系统能够准确、迅速地处理各种复杂信息,并以数字、文字或图形的形式显示给驾驶人。同时,它能向驾驶人传递关于汽车各种工作状态和故障信息的信号。该系统的基本组成包括传感器与开关、电子控制器以及显示装置,如图 5-2 所示。

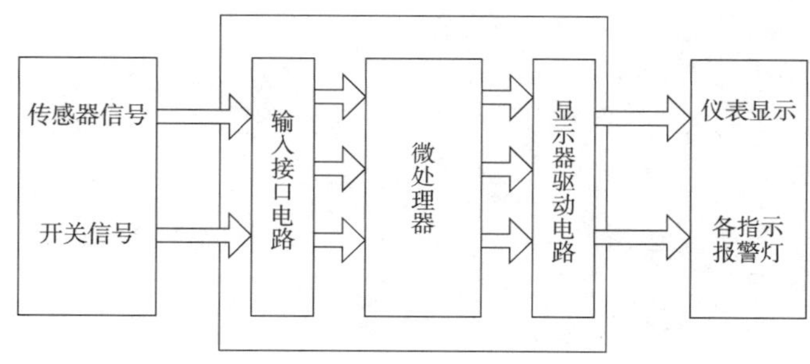

图 5-2　汽车仪表工作原理

汽车仪表的主要功能是获取所需的数据，并以合适的方式进行显示。目前，新型仪表主要采用三种方式进行信息获取：通过车身总线传输、通过 A/D 采样转换和通过 IO 状态变化获取。

4. 汽车仪表盘显示信息

汽车仪表盘包括了发动机转速表、车辆速度表、里程表、燃油表、水温表、机油压力表以及各种报警显示装置等，如图 5-3 所示。其结构紧凑、体积小、便于安装和组合接线，因此，容易实现仪表的多功能要求。

图 5-3　汽车仪表盘显示信息

1) 车辆速度表

汽车车辆速度表是用于指示汽车当前行驶速度的仪表，如图 5-4 所示。常见的车辆速度表有磁感应式车辆速度表、电子式车辆速度表、数字车辆速度表。

2) 发动机转速表

汽车发动机转速表是用于指示________的仪表，有电子式和数字式两种类型，如图 5-5 所示。汽车转速表获取转速信号的方式主要有三种：从点火系统获取脉冲电压信号、从发动机的转速传感器获得转速信号和从发电机获取转速信号。应用较多的是从点火系统获取脉冲电压信号。

图 5-4　车辆速度表

图 5-5　发动机转速表

3）燃油表

汽车燃油表用于显示油箱中的剩余燃油量，如图5-6所示。它由油量传感器和燃油显示表两部分组成。汽车燃油表常见的形式包括电热式和电磁式两种。

4）冷却液温度表

汽车冷却液温度表用于指示发动机内部冷却液的温度，如图5-7所示。它由冷却液温度传感器和冷却液温度指示表两部分组成，通常安装在组合仪表上，而传感器则安装在冷却水套上。

图5-6　燃油表

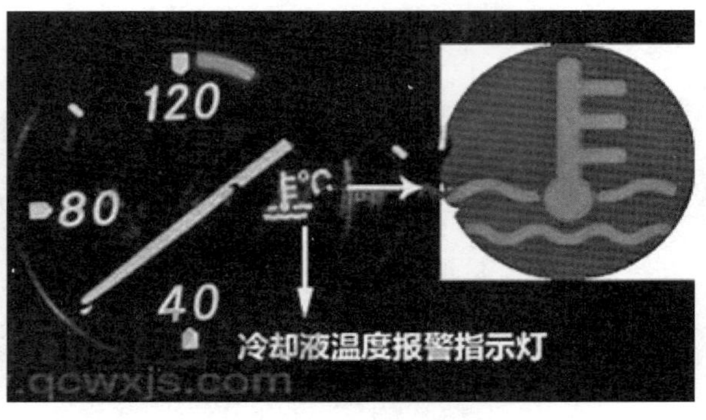

图5-7　冷却液温度表

5）机油压力表

图5-8　机油压力表

汽车机油压力表用于检测和显示发动机主油道的机油压力，以防止由于机油不足而引起的拉缸和烧瓦等重大故障，如图5-8所示。该表由机油压力传感器和机油压力指示表两部分组成，通常安装在组合仪表上，而传感器则安装在润滑主油道或机油泵上。这一系统通常有三种形式：电热式、电磁式和动磁式，其中电热式机油压力表应用最广泛。

6）仪表报警指示灯

汽车仪表报警指示灯用于提醒驾驶人有关车辆系统的工作状态，以提高行驶的安全性。表5-1梳理了部分仪表报警指示灯及说明，这些指示灯通常采用三种不同的颜色来区分报警的等级。

仪表报警指示灯及说明　　表5-1

序号	图标	说明
1		机油指示灯用于显示发动机内机油的压力状况。在车辆通电开始自检时，该指示灯会点亮，起动车辆后熄灭。该指示灯常亮，说明该车发动机机油压力低于规定标准，需要维修

续上表

序号	图标	说明
2		油量指示灯用于显示车辆内储油量状况,在车辆通电开始自检时,该油量指示灯会短时间点亮,随后熄灭。如车辆起动后该指示灯点亮,则说明车内油量已不足
3		安全气囊指示灯用于显示安全气囊的工作状态,在车辆通电开始自检时,该指示灯自动点亮数秒后熄灭,如果常亮,则安全气囊出现故障
4		冷却液温度表用于显示发动机冷却液的温度,在车辆通电开始自检时,该指示灯会点亮数秒后熄灭。若水温指示灯常亮,说明冷却液温度超过规定值,需立刻暂停行驶
5		发动机故障指示灯用于显示车辆发动机的工作状况,在车辆通电开始自检时,该指示灯会短暂点亮,然后自动熄灭。如果该指示灯常亮,表明车辆的发动机可能出现机械故障,需要进行维修
6		蓄电池指示灯用于显示电池使用状态。在车辆通电开始自检时,该指示灯点亮,车辆起动后该指示灯自动熄灭。如果起动后电池指示灯常亮,说明该电池出现了使用问题,需要更换
7		ABS 指示灯用于显示 ABS 工作状况。在车辆通电开始自检时,ABS 指示灯会点亮数秒,随后熄灭。如果未闪亮或者起动后仍不熄灭,表明 ABS 出现故障
8		车门指示灯用于显示车辆各车门状况,任意车门未关上,或者未关好,该指示灯都有点亮相应的车门指示灯,提示车主车门未关好,当车门关闭或关好时,相应车门指示灯熄灭
9		制动盘指示灯用于显示车辆制动盘磨损的状况。一般,该指示灯为熄灭状态,当制动盘出现故障或过度磨损时,该灯点亮,修复后熄灭
10		驻车制动器指示灯用于显示车辆驻车制动器的状态,在正常情况下为熄灭状态。当驻车制动器被拉起时,该指示灯会自动点亮;放下驻车制动器时,指示灯则会自动熄灭
11		安全带指示灯用于显示安全带是否处于锁止状态。当该灯点亮时,表示安全带没有及时扣紧。有些车型会有相应的提示音。当安全带被及时扣紧后,该指示灯自动熄灭
12		刮水器清洗液指示灯用于显示车辆所装载的玻璃清洁液的液位。通常在正常情况下为熄灭状态,如果该指示灯点亮,表示车辆所装载的玻璃清洁液已经不足,需要及时添加

续上表

序号	图标	说明
13		内循环指示灯用于显示车辆空调系统的工作状态。通常情况下为熄灭状态。当空调系统进入内循环状态时,该指示灯会自动点亮;一旦内循环关闭,指示灯将熄灭
14		远光指示灯用于显示车辆远光灯的状态。在正常情况下,该指示灯处于熄灭状态。当驾驶人点亮远光灯时,该指示灯会同时点亮,该指示灯会同时点亮,以提醒驾驶人,车辆的远光灯处于开启状态
15		转向指示灯用于显示车辆转向灯的位置。通常情况下为熄灭状态,当驾驶人打开转向灯开关时,该指示灯会同时点亮相应方向的转向指示灯;一旦转向灯熄灭,该指示灯也会自动熄灭
16		雾灯指示灯用于显示车辆前后雾灯的工作状况。在前后雾灯点亮时,该指示灯相应的标志也会点亮;关闭雾灯后,相应的指示灯将熄灭
17		示廓指示灯用于显示车辆示廓灯的工作状态。通常情况下为熄灭状态,当示廓灯打开时,该指示灯随即点亮。一旦示廓灯关闭或者切换至前照灯时,该指示灯会自动熄灭

(1)一级警报灯。

红色报警指示灯闪烁或点亮时,有时还会伴随声响警报。在这种情况下,切勿继续行驶,应立即靠边停车,并进行功能检查以及故障排除。如有需要,建议及时联系汽车维修店获取进一步的帮助。

(2)二级警报灯。

黄色报警指示灯闪烁或点亮时,有时伴随声响警报。可能表示汽车存在功能故障或车用油液不足,可能导致汽车损坏或因故障抛锚。在这种情况下,应尽快检查故障原因,如有需要,建议咨询技术专家,并进行汽车检修。

(3)操作指示灯(非故障)。

绿色符号灯点亮,提示驾驶人需要进行相应的操作。车型不同,指示灯的具体含义也可能有所不同。

7)信息中心

组合仪表的中下方或中央有一个显示屏,显示屏上显示车辆的各种附加信息,即为驾驶人信息中心(DIC),如图5-9a)和图5-9b)所示。图5-9a)显示的是车辆机油当前的寿命、挡位信息和车辆行程信息,图5-9b)显示的是车辆胎压实时数据、挡位信息和车辆行程信息。驾驶人信息中心还包括其他很多附加信息,例如燃油信息、安全信息、故障提示信息等,根据车型的不同,驾驶人信息中心的型号配置会有所不同,所显示的内容及显示方式也会存在一定差异。提示信息主要有代码提示及文字提示两种形式。

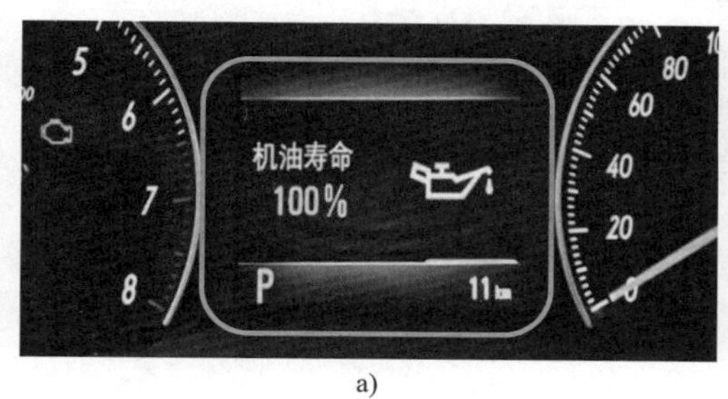

a)

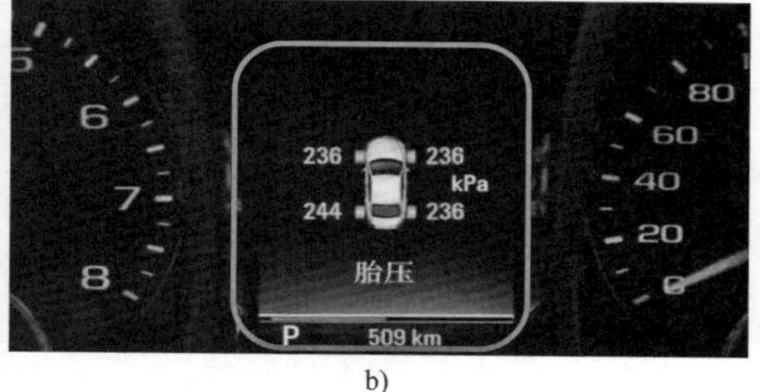

b)

图 5-9　驾驶人信息中心

5. 汽车仪表总成接线原理

汽车仪表显示了与汽车状态相关的许多信息,因此,与汽车仪表相关的线路数量相当庞大。随着电子仪表的发展和通信总线的引入,与汽车仪表显示装置连接的线路变得越来越简化。从组合仪表控制电路板引出一束线束,线束的末端连接一个线束连接器。线束连接器是一种端子,也称为插接器,如图 5-10 所示,由插头和插座组成。连接器在汽车电路中充当线束的中继站。为了确保线束与线束、线束与电器部件之间的可靠连接,汽车使用连接器作为重要部件。为了防止连接器在汽车行驶中脱开,所有的连接器均配备了闭锁装置。

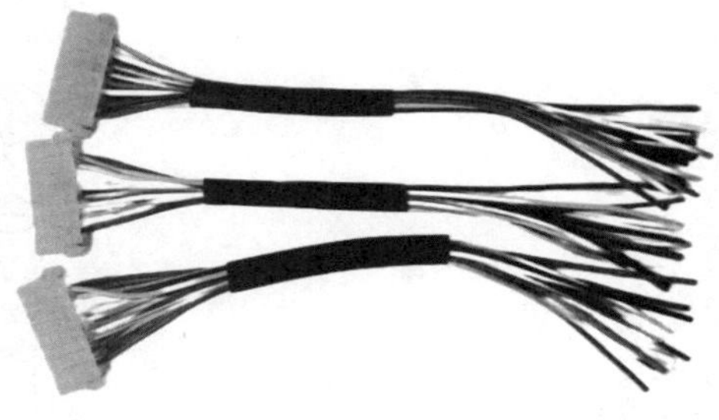

图 5-10　组合仪表控制电路板线束连接器

拆卸连接器时,首先需要解除闭锁,然后轻轻拉开插接器。在未解除闭锁的情况下用力拉线束可能会损坏闭锁装置或连接线束,因此需要谨慎操作。

检查线路问题时,通常可以借助测量线束连接器引脚的阻值、电压等特性参数来确定线路是否存在短路、断路等问题。

6. 汽车组合仪表电路分析

汽车组合仪表工作电路如图 5-11 所示。图 a)是组合仪表电源、搭铁、串行数据和仪表的电路示意图,图 b)是组合仪表指示灯和发动机机油压力控制装置电路示意图,图 c)是组合仪表驾驶人信息中心显示屏的电路示意图。从图 5-11a)、b)、c)三图中可以看出,组合仪表控制板输入输出端口共有 5 个。如图 5-11a)所示,端口 7 连接图中序号①仪表板熔断丝,获取电信号;端口 8 连接序号②点火主继电器熔断丝;端口 19 接序号③搭铁,为组合仪表控制板的负极输出,端口 3 为通信串行数据口,接序号④发动机控制模块,获取各传感器及各控制模块的信息数据。图 5-11b)所示为组合仪表通过通信串行数据口连接序号④发动机控制模块,获取指示灯和发动机机油压力信息。图 5-11c)所示为组合仪表通过端口 20 连接序号⑤转向盘控制装置,获取驾驶人信息数据。

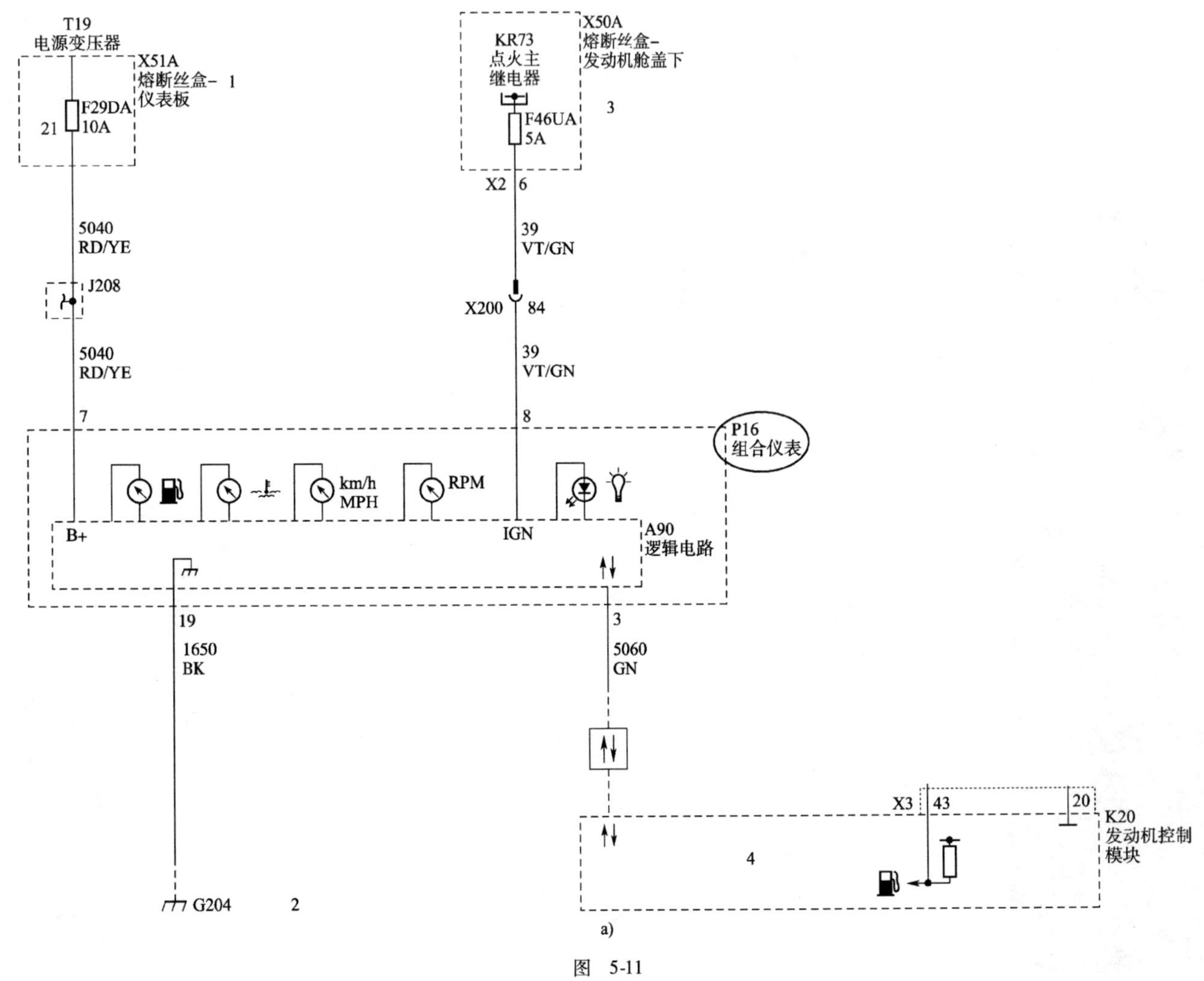
T19
电源变压器
X51A
熔断丝盒–
仪表板
1
F29DA
10A
21
5040
RD/YE
J208
5040
RD/YE
7
KR73
点火主
继电器
X50A
熔断丝盒–
发动机舱盖下
3
F46UA
5A
X2
6
39
VT/GN
X200
84
39
VT/GN
8
P16
组合仪表
km/h
MPH
RPM
B+
IGN
A90
逻辑电路
19
1650
BK
3
5060
GN
G204
2
X3
43
20
K20
发动机控制
模块
4

a)

图 5-11

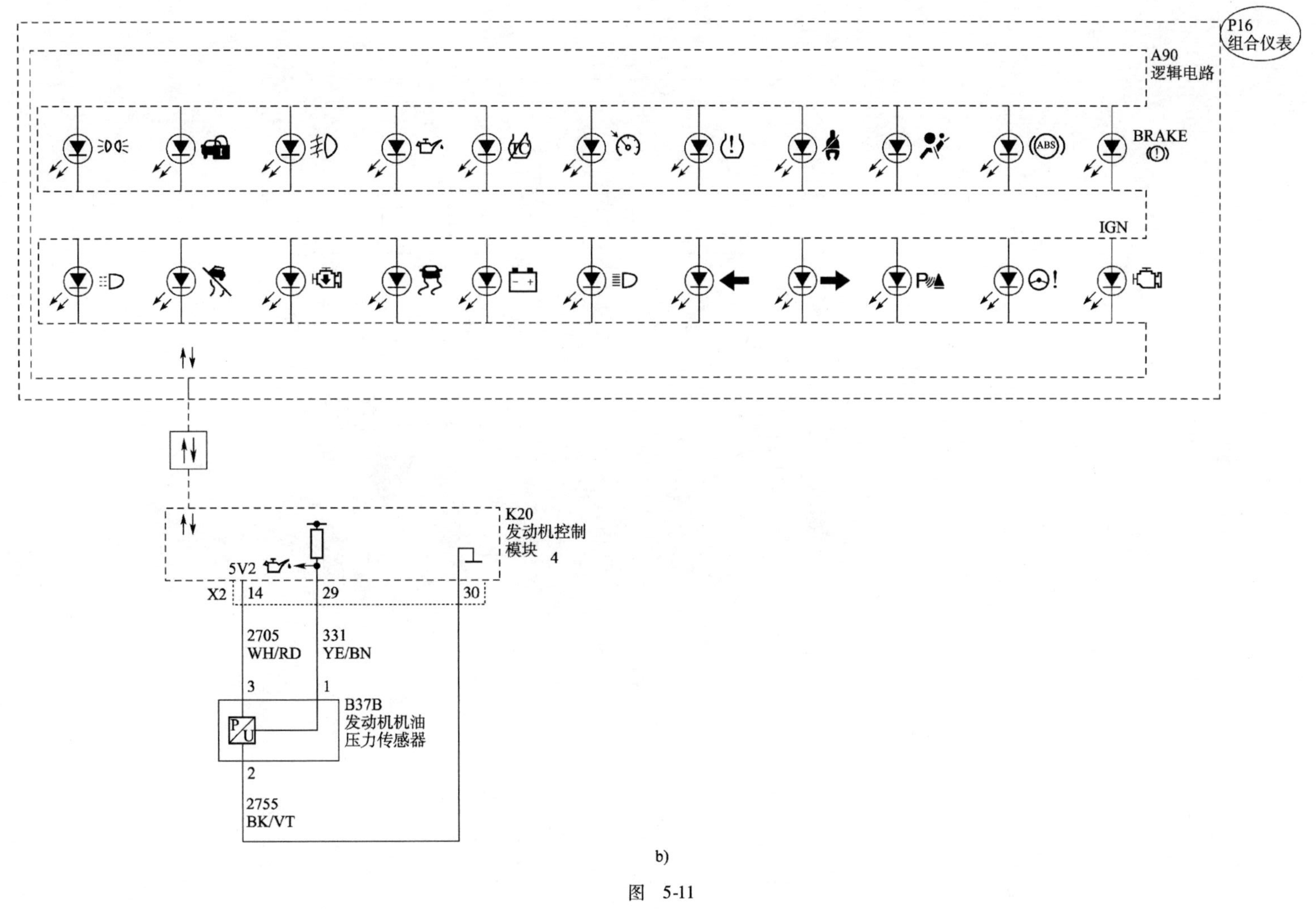
P16
组合仪表
A90
逻辑电路
BRAKE
ABS
IGN
K20
发动机控制
模块 4
5V2
X2
14
29
30
2705
WH/RD
331
YE/BN
3
1
B37B
发动机机油
压力传感器
P
U
2
2755
BK/VT

b)

图 5-11

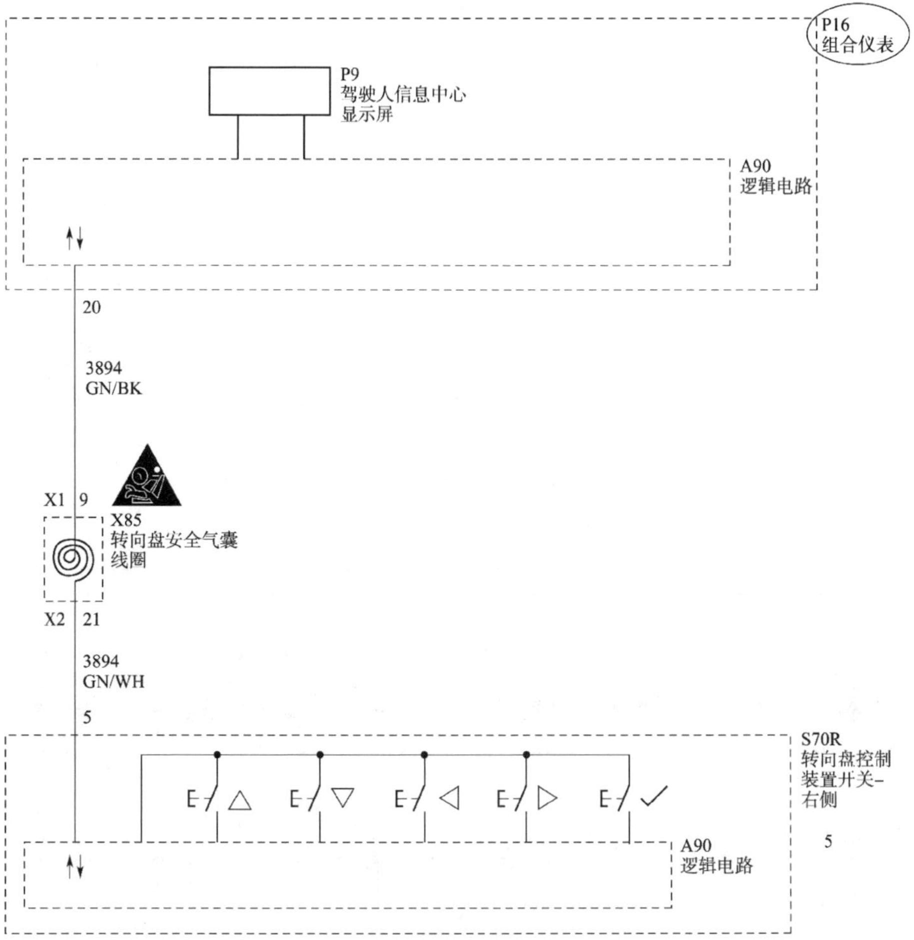

P16
组合仪表

P9
驾驶人信息中心
显示屏

A90
逻辑电路

20

3894
GN/BK

X1 9

X85
转向盘安全气囊
线圈

X2 21

3894
GN/WH

5

S70R
转向盘控制
装置开关–
右侧

5

A90
逻辑电路

c)

图 5-11　组合仪表电路

分析图 5-11a)、b)、c)三图，可以得出与汽车仪表照明灯亮或不亮相关的主要有序号①熔断丝、序号②搭铁以及与组合仪表控制模块相连接的线路。除此以外，有的车辆汽车仪表照明灯亮或不亮还与背光灯调节开关及线路有关，如图 5-12 所示，组合仪表控制板端口 12 连接的是背光亮度调节开关。

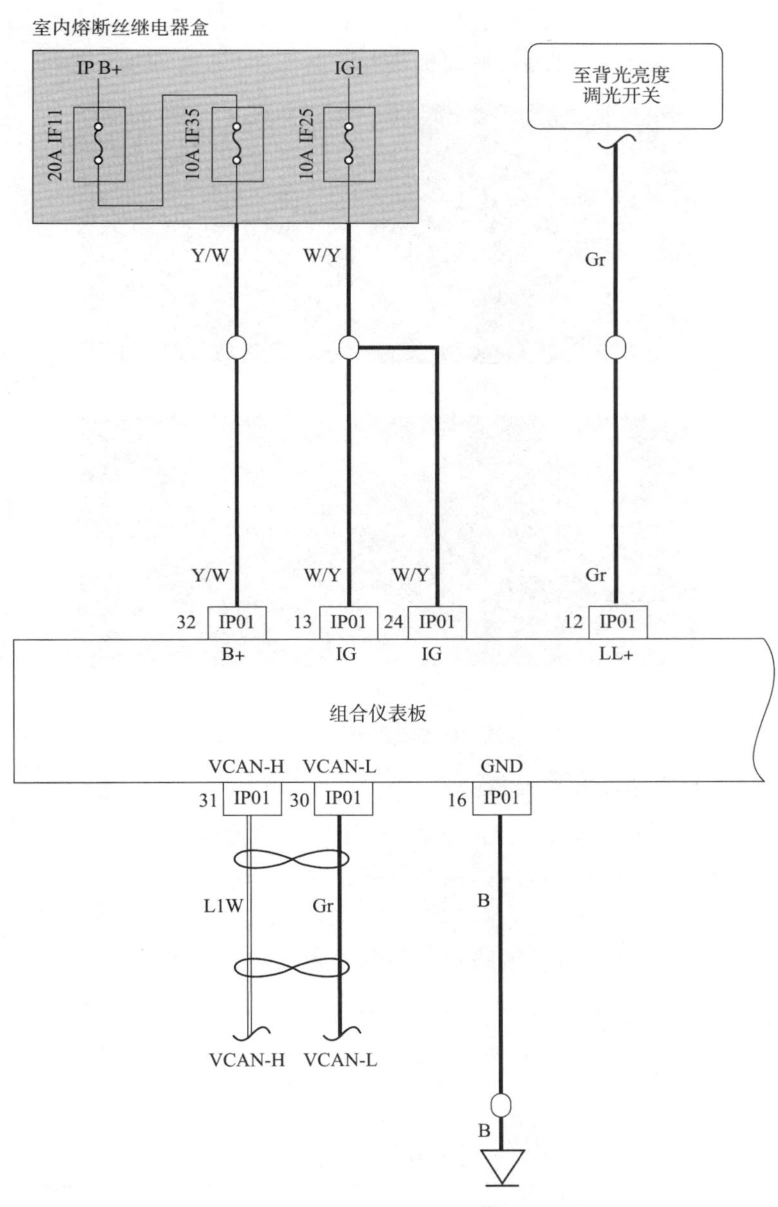

图 5-12　组合仪表控制电路

7. 汽车仪表盘照明灯

汽车仪表盘照明灯是安装在汽车仪表板上的小型灯光装置，目前大都采用 LED 技术来照明仪表指针及刻度盘。汽车仪表盘照明灯与其他指示报警灯相对独立，与车内强光灯(各电器系统的开关照明灯)的发光强度可通过前照灯开关上的亮度调节开关进行调节，汽车仪表盘照明灯亮与不亮实物图分别如图 5-13a)和图 5-13b)所示。通常在夜间或光线较暗的环境下，汽车仪表背光灯提供了足够的光亮，使驾驶人在夜晚或光线较暗的环境下能够清晰地看到仪表板上的各种指示灯、仪表和显示信息。这有助于驾驶人监控车辆的状态和性能，从而提高驾驶的安全性。

a)

b)

图 5-13　汽车仪表盘照明灯亮与不亮实物图

8. 汽车仪表灯光不亮线路故障分析

(1)汽车仪表盘灯光不亮，同时，仪表的其他指示报警灯也不亮。

可能原因：电源线路、熔断丝、搭铁线路存在问题。

(2)汽车仪表盘灯光不亮，其他指示报警灯亮。

可能原因：背光灯调节开关线路存在问题或者是仪表 LED 灯工作失效。

(二)制订工作方案

1. 任务分工(表 5-2)

学生任务分配表　　　　表 5-2

班级		组号		指导教师	
组长		任务分工			
组员 1		任务分工			

续上表

组员 2		任务分工	
组员 3		任务分工	
组员 4		任务分工	
组员 5		任务分工	
组员 6		任务分工	

2. 工量具、仪器设备与耗材准备

(1)使用的工量具有：________________。

(2)使用的仪器设备有：________________。

(3)使用的耗材有：________________。

3. 具体方案描述

____

____

____

____

____

三、计划实施

(一)安全注意事项及技能要点

1. 安全注意事项

(1)拔插熔断丝、继电器时，应先断开点火开关，切勿带电作业。

(2)车辆移动必须由实训指导教师完成，学员不能擅动车辆。

(3)车辆在起动之前，确认已经挂入空挡，车辆轮胎下已放好挡块，并且拉好驻车制动器。

2. 技能要点

(1)在汽车未起动情况下，严禁长时间使用灯光，以免蓄电池亏电。

(2)在断开线束连接器之前，一定先要解除闭锁装置。

(3)在点火开关刚刚接通瞬间，各种报警灯都会工作自检，此时应注意观察。

(二)汽车仪表线路检测

1. 电源线路的检测(表 5-3)

电源线路的检测操作方法及说明 表 5-3

步骤	操作方法及说明	质量标准及记录
电源线路的检测	(1)拆组合仪表板。利用一字或十字螺丝刀拆下汽车仪表板横梁紧固件;小心取出组合仪表板; (2)断开线束连接器。观察连接组合仪表板的线束位置,解除闭锁,然后把线束连接器拉开; 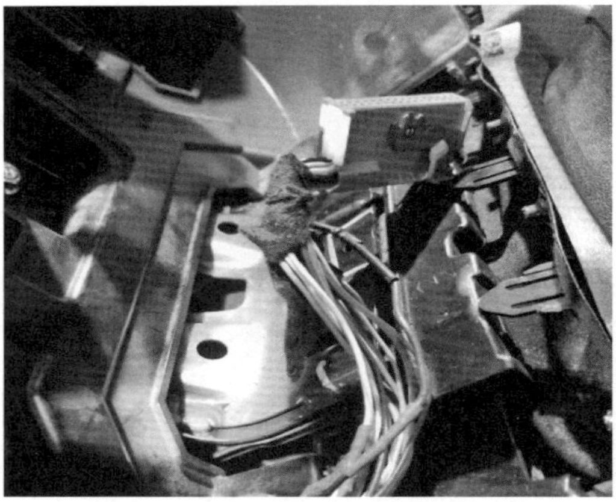 (3)电源线路检测。查阅车辆电路图册,找出仪表线束连接器连接电源的端子,将点火开关打到“ON”挡,用万用表电压挡检测此端子的电压值 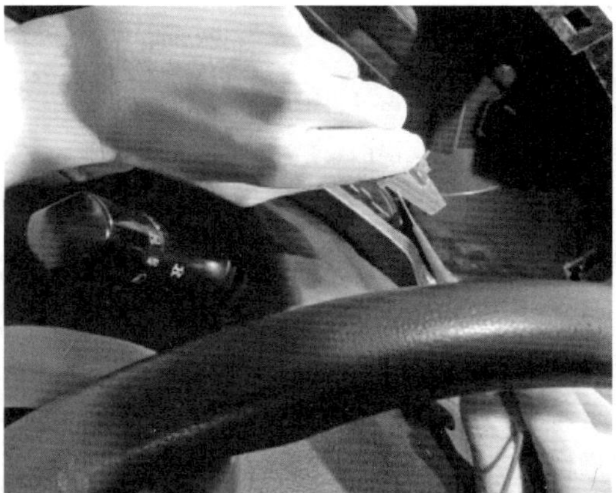	数字万用检测电源电压数值为:__________V

续上表

步骤	操作方法及说明	质量标准及记录
熔断丝的检查	(1)如果电源端子检测电压为零,则需要检查蓄电池、熔断丝以及线路的问题; (2)将点火开关打到“ON”挡,观察全车是否通电,如果有电说明蓄电池有电,如果无电,利用万用表检测蓄电池两端的电压; (3)关闭点火开关及相应用电器; (4)用镊子轻轻地把熔断丝拔出; 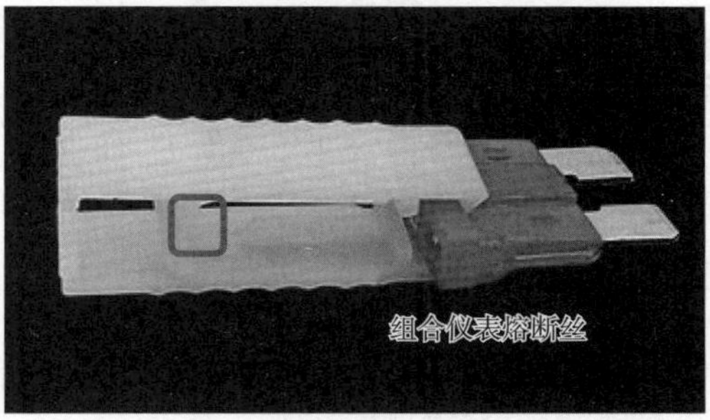 组合仪表熔断丝 (5)测量熔断丝电阻,若熔断丝熔断(金属片熔化),则换上规格相同的新熔断丝(颜色和标识均须相同) 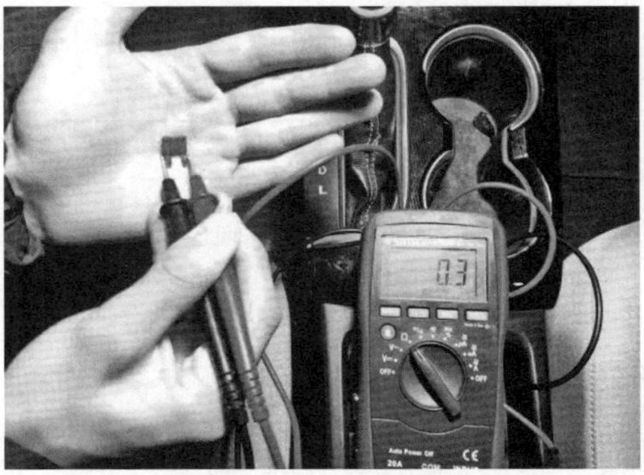	□正常 □不正常

2. 搭铁线路的检测(表5-4)

搭铁线路的检测操作方法及说明 表5-4

步骤	操作方法及说明	质量标准及记录
搭铁线路的检测	(1)拆组合仪表板。利用一字或十字螺丝刀拆下汽车组合仪表板的固定螺钉,小心取出组合仪表板; (2)断开线束连接器。观察连接组合仪表板的线束位置,解除闭锁,然后把插接器拉开;	

续上表

步骤	操作方法及说明	质量标准及记录
搭铁线路的检测	(3)查阅车辆电路图,找出仪表线束连接器连接搭铁的端子,用万用表欧姆挡检测此端子的电阻值,电阻值接近于0,说明搭铁线路没有断路 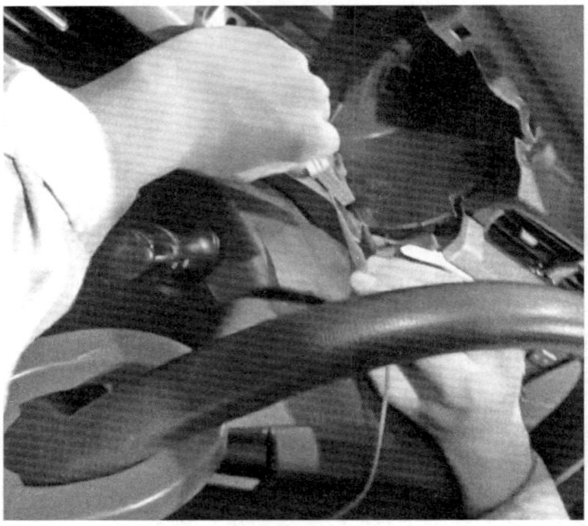	□正常 □不正常

3. 背光调节开关线路的检测(表5-5)

背光调节开关线路的检测操作方法及说明 表5-5

步骤	操作方法及说明	质量标准及记录
背光灯调节开关线路的检测	(1)将点火开关打到"ON"挡,如果其他指示灯亮,而仪表照明灯不亮,旋转背光灯调节开关,将背光灯调节开关旋转到最大;  (2)观察仪表盘照明灯亮度变化	□变亮 □无变化

四、评价反馈(表5-6)

评价表　　表5-6

评分项目	评分标准	分值(分)	得分(分)
学习目标	能明确本任务的知识、技能、素养目标,理解任务在工作中的重要程度	5	
工作任务分析	能清晰描述完成本次工作任务内容	2	
	能清晰描述完成本次工作任务需必备的技能与知识点	2	
有效信息获取	能查阅维修手册,完成汽车仪表板的拆装	5	
	能识读汽车仪表的电路图,完成线路的检查	5	
	能根据具体任务需要,选择正确的拆装工具和检测仪器	5	
	能利用拆装工具规范拆装组合仪表板、线束连接器	5	
	能利用检测工具正确检测线束连接器的端子	5	
实施方案制订	能制订并填写本次仪表线路的检修的准备作业计划	5	
	能组织协同工作小组成员,明确本次任务所需仪器设备、工具、材料的准备与清点,并准备记录	5	
	能组织协同工作小组成员交流,优化检查方案并记录	5	
任务实施	能规范完成电源线路的检测	9	
	能规范完成熔断丝的检查	8	
	能规范完成搭铁线路的检测	9	
	能规范完成背光灯调节开关线路的检测	9	
任务评价	能通过本次任务实施,结合自己在实训过程中的表现,进行自我评价及自我反思并记录	3	
职业素养	按规定时间完成项目作业	2	
	遵守实训室管理规定、劳动纪律	2	
	积极参与课堂活动、回答问题	2	
	能够按时出勤	2	
思政要求	弘扬劳动精神、奋斗精神、奉献精神;了解安全操作要求,养成安全文明操作的习惯	5	
总计		100	
改进建议: 教师签字: 日期:			

学习活动2　仪表盘的检查与更换

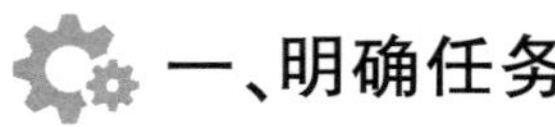

一、明确任务

根据任务描述，对故障车辆进行检测，需要对仪表盘进行检查与更换，使其恢复正常使用性能。

二、工作准备与计划制订

（一）知识准备

1. 汽车仪表盘起动时的工作过程

汽车仪表盘在起动时经历了一系列的工作过程，涉及车辆的电子系统和仪表集成。以下是一般情况下汽车仪表盘起动时的基本工作过程。

（1）电源供给：当车辆点火开关置于"ON"位置时，车辆的蓄电池为整个电子系统提供电源。车辆蓄电池的主要作用是存储电能，以确保在车辆熄火时维持电子系统的运行。

（2）点火：将钥匙插入点火开关并起动车辆，或者按下起动按钮，起动电动车辆。这时，蓄电池提供电能，点火系统开始工作，将电流传递到发动机，使其起动。

（3）自检：仪表盘上的电子控制单元（ECU）或仪表集成电路进行自检。在这个阶段，系统会对车辆各个子系统进行状态检测，包括________、________、________、________等。

（4）指示灯测试：车辆起动时，所有的指示灯都会短暂点亮，这是为了测试这些指示灯是否正常工作。这个过程也为驾驶人提供了在起动时检查这些指示灯是否正常的机会。

（5）初始化：仪表盘上的数字仪表和液晶显示屏在起动时可能进行初始化，显示车辆信息，如________、________、油量、水温等。

（6）照明灯启动：仪表盘________启动，提供足够的光亮度，以确保驾驶人能够在夜间或昏暗环境中清晰地看到仪表盘上的信息。

（7）正常显示：一旦自检和初始化过程完成，仪表盘将正常显示车辆的状态和各种信息。在这时，驾驶人可以监控车辆的运行状况，并根据需要采取相应的行动。

整个过程是自动进行的，旨在确保车辆各个系统正常运行，并为驾驶人提供准确的信息。如果在这个过程中发现任何异常，如指示灯未熄灭、错误代码或异常仪表显示,可能需要进行车辆故障诊断和修复。这确保了车辆的可靠性和驾驶人对车辆状态的及时了解。

2.汽车仪表板的结构

组合仪表一般由面罩、边框、PC 仪表盘(刻度盘)、表芯、PCB 线路板、插接器、报警灯及指示灯等部件组成。图 5-14 为电子显示组合仪表板。

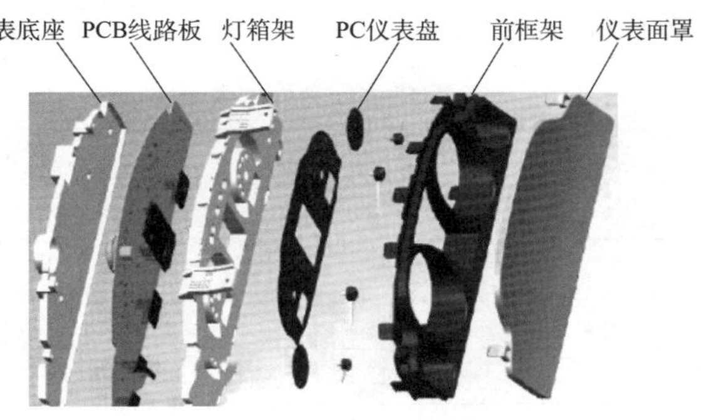

图 5-14　电子显示组合仪表的结构

汽车组合仪表板的主体部分是电路板,即控制模块。在电路板上安装有指示灯、控制器和步进电机,其中核心部件包括微控制器(MCU)和步进电机。汽车仪表的主要制造材料包括 PC 和亚克力,材料的厚度范围从 0.175 ~ 4.0mm 不等。仪表盘表面效果可分为光面和磨砂面,而磨砂面的颗粒效果则根据不同的车辆类型而有所不同。这些材料和设计特点共同构成了汽车仪表的结构和外观。

3.汽车仪表照明灯故障分析

(1)LED 灯故障:如果是传统的小灯泡或 LED 类型的仪表背光灯,它们有可能出现故障或损坏。解决这种问题的方法包括更换受影响的灯泡或 LED。然而,要注意这可能需要拆解仪表盘,因此最好由专业技师完成以确保正确和安全的操作。

(2)电气连接问题:仪表背光灯的工作需要稳定的电气连接。检查连接器是否牢固,电线是否正常,以确保线路没有断路或短路。

(3)亮度调节问题:如果仪表背光灯具有可调节亮度的功能,可能是调节按钮或旋钮出现问题。检查这些控制装置,确保它们正常工作,以便正常调节仪表背光灯的亮度。

(4)仪表电路故障:仪表盘上的整体电路问题也可能导致背光灯不工作。这可能需要进行专业的车辆电气系统故障诊断,以确定并修复电路问题。

(5)电源问题:仪表背光灯需要车辆电池提供电源。检查车辆蓄电池的状态,确保蓄电池正常充电,以便车辆电气系统正常工作。

对于线路检查问题,前面已经进行了详细讲解,在此不再赘述。在排除电气连接问题、电源问题、搭铁问题和亮度调节问题后,若发现汽车仪表照明灯仍然不亮,可能原因包括 LED 灯故障或仪表电路故障。

目前,大多数仪表显示屏都采用液晶显示技术,而仪表背光灯通常集成在整个仪表盘模块中,而非作为独立可更换的部件。在这种情况下,如果出现问题,修复可能需要更换整个仪表盘或将问题报告给车辆制造商。由于仪表盘涉及车辆的安全和正常运行,为了确保修复的安全性和准确性,建议将问题交由经验丰富的专业技师处理。

(二)制订工作方案

1. 任务分工(表 5-7)

学生任务分配表 表 5-7

班级		组号		指导教师	
组长		任务分工			
组员 1		任务分工			
组员 2		任务分工			
组员 3		任务分工			
组员 4		任务分工			
组员 5		任务分工			
组员 6		任务分工			

2. 工量具、仪器设备与耗材准备

(1)使用的工量具有:________________。

(2)使用的仪器设备有:________________。

(3)使用的耗材有:________________。

3. 具体方案描述

____

____

____

____

____

三、计划实施

(一)安全注意事项及技能要点

1. 安全注意事项

(1)拔插熔断丝、继电器时应先断开点火开关,切勿带电作业。

(2)车辆移动必须由实训指导教师完成,学员不能擅动车辆。

(3)车辆在起动之前,确认已经挂入空挡,车辆轮胎下已放好挡块,并且拉好驻车制动器。

2. 技能要点

(1)在汽车未起动情况下,严禁长时间使用灯光,以免蓄电池亏电。

(2)在断开线束连接器之前,一定先要解除闭锁装置。

(3)在点火开关刚刚接通瞬间,各种报警灯都会工作自检,此时应注意观察。

(二)汽车组合仪表线路检测

1. 组合仪表盘总成拆卸(表5-8)

组合仪表盘总成拆卸操作方法及说明 表5-8

步骤	操作方法及说明	质量标准及记录
组合仪表盘总成拆卸	(1)调整转向盘的角度; (2)拆装饰盖;  (3)拆卸组合仪表板。利用一字或十字螺丝刀拆下汽车仪表板横梁紧固件,把面板拉出一点点;  (4)标记仪表板线束总成的位置和布线,以确保正确重新安装;	□选择合适的拆装工具

续上表

步骤	操作方法及说明	质量标准及记录
组合仪表盘总成拆卸	(5)断开用于将仪表板线束总成固定到仪表板上的紧固件,并放置一旁; (6)断开线束插接器。观察连接组合仪表板的线束位置,解除闭锁,然后把插接器拉开;  (7)将仪表盘从横梁总成上抬起,并从车辆上拆下 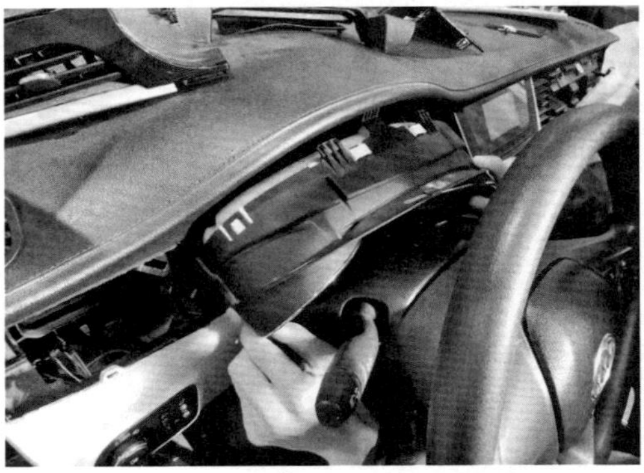	按照组合仪表盘总成拆装步骤完成拆卸任务 □是　□否

2. 组合仪表盘总成的检查(表 5-9)

组合仪表盘总成的检查操作方法及说明　　表 5-9

步骤	操作方法及说明	质量标准及记录
组合仪表盘总成的检查	(1)组合仪表盘总成外观检查。表面应平整,轮廓清晰,花纹线条柔和,无缩痕、无银丝、无裂纹、无凹缺、无气泡、无明显熔接痕,表面纹理均匀细致,不允许有破坏性伤痕;	组合仪表板总成外观检查情况: □正常　□不正常

续上表

步骤	操作方法及说明	质量标准及记录
组合仪表盘总成的检查	 (2)组合仪表盘表线束插接器接口检查。检查仪表线束插接器的接口是否有异物、是否有破损或变形; 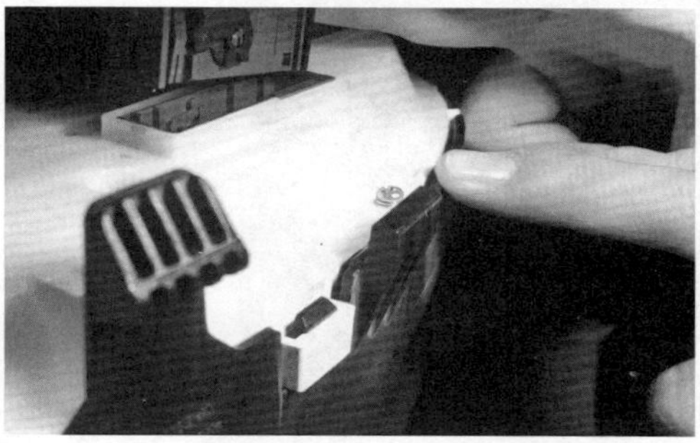 (3)组合仪表盘总成安装接口检查。检查组合仪表盘总成安装接口是否有磨损或裂痕 	组合仪表盘表线束插接器接口检查情况: □正常　□不正常 组合仪表盘总成安装接口检查情况: □正常　□不正常

3. 仪表盘总成的安装(表5-10)

仪表盘总成的安装操作方法及说明　　表5-10

步骤	操作方法及说明	质量标准及记录
仪表盘总成的安装	(1)更换一个同类型同规格的新仪表盘; (2)将仪表盘总成轻轻放在横梁总成上,按照标记小心将线束插接器插入接口;	

续上表

<table>
<tr><th>步骤</th><th>操作方法及说明</th><th>质量标准及记录</th></tr>
<tr><td>仪表盘总成的安装</td><td> 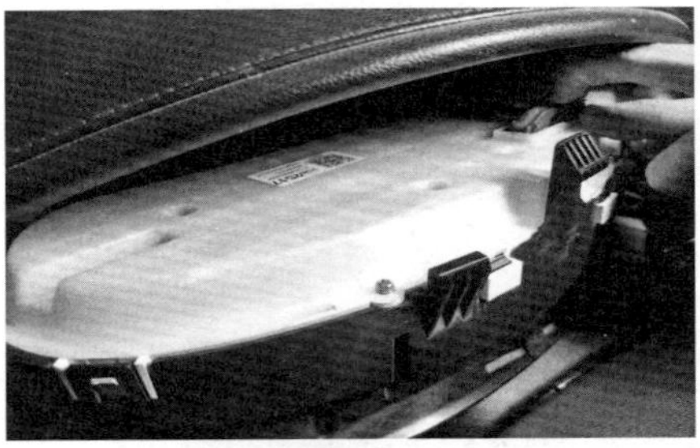(3)将仪表盘线束总成固定到仪表板上的紧固件上；
(4)双手握住仪表盘两侧，轻轻压，使组合仪表嵌入横梁上； 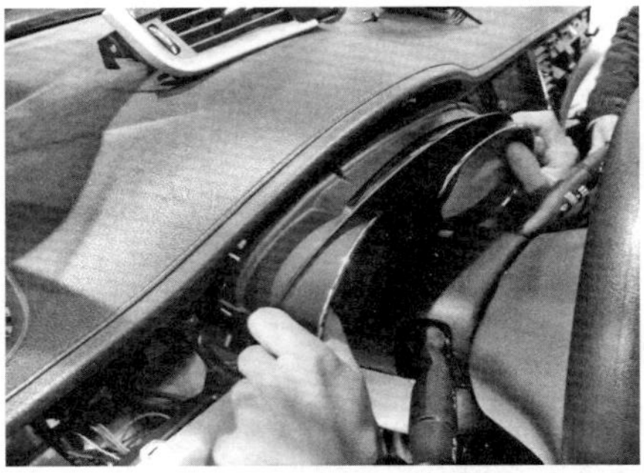
(5)利用一字或十字螺丝刀拆下汽车仪表板横梁紧固件； 
(6)安装装饰盖； 
(7)恢复转向盘角度；
(8)将点火开关打到“ON”挡，验证组合仪表盘是否能正常工作</td><td>按照组合仪表盘总成拆装步骤完成安装任务：
□是　□否
组合仪表是否能正常工作：
□是　□否</td></tr>
</table>

四、评价反馈(表5-11)

评价表 表5-11

评分项目	评分标准	分值(分)	得分(分)
学习目标	能明确本任务的知识、技能、素养目标,理解任务在工作中的重要程度	5	
工作任务分析	能清晰描述完成本次工作任务内容	2	
	能清晰描述完成本次工作任务需必备的技能与知识点	2	
有效信息获取	能查阅维修手册,完成汽车仪表板的拆装	5	
	能根据具体任务需要,选择正确的拆装工具和检测仪器	5	
	能利用拆装工具规范拆装组合仪表板、线束连接器	5	
实施方案制订	能清晰地制订并填写本次仪表线路的检修的准备作业计划	5	
	能组织或协同工作小组成员,明确本次任务所需仪器设备、工具、材料的准备与清点,并准备记录	5	
	能组织或协同工作小组成员交流,优化检查方案并记录	5	
任务实施	能完成组合仪表盘总成拆卸	10	
	能完成组合仪表盘总成检查	25	
	能完成组合仪表盘总成安装	10	
任务评价	能通过本次任务实施,结合自己在实训过程中的表现,进行自我评价及自我反思并记录	3	
职业素养	按规定时间完成项目作业	2	
	遵守实训室管理规定、劳动纪律	2	
	积极参与课堂活动、回答问题	2	
	能够按时出勤	2	
思政要求	弘扬劳动精神、奋斗精神、奉献精神;了解安全操作要求,养成安全文明操作的习惯	5	
总计		100	
改进建议: 教师签字: 日期:			

任务习题

1. 选择题

(1)汽车仪表显示装置包括(　　)。

A. 车辆速度里程表　B. 转速表　C. 燃油表　D. 水温表

(2)驾驶人信息中心所提供的附加信息有(　　)。

A. 里程信息　B. 挡位信息　C. 故障信息　D. 警告信息

(3)下面是发动机故障报警灯的是(　　)。

A.　B. CHECK　C.　D. ABS

(4)这个仪表是何含义?(　　)

x1000r/m

A. 发动机转速表　B. 行驶速度表

C. 区间里程表　D. 百公里油耗表

(5)以下哪个仪表显示了车辆的车辆速度?(　　)

A. 温度计仪表　B. 转速计仪表　C. 电压表仪表　D. 速度计仪表

(6)开车行驶时,发现仪表盘上的机油指示灯闪烁,这表示什么意思?(　　)

A. 机油量正常　B. 机油量过多

C. 机油量过少　D. 机油温度过高

(7)你发现仪表盘上的燃料指示灯亮起,这表示什么意思?(　　)

A. 燃油已经耗尽　B. 燃油量过多

C. 燃料压力过高　D. 燃料油量过少

(8)当你的车辆行驶中发生故障时,以下哪个仪表会亮起?(　　)

A. 制动液位指示灯　B. 驻车制动指示灯

C. 应急闪光灯指示灯　D. 发动机故障指示灯

(9)以下哪个仪表显示了车辆的发动机转速?(　　)

A. 里程计仪表　B. 温度计仪表　C. 电压表仪表　D. 转速计仪表

(10)下列哪种形式不是常用的机油压力表?(　　)

A. 电热式　B. 电磁式　C. 动磁式　D. 膜片式

2. 判断题

(1)雾灯指示灯会亮起,提醒驾驶人开启雾灯。　(　　)

(2) ABS 故障指示灯亮起时,表示 ABS 系统正常工作。 ( )

(3) 发动机过热指示灯亮起时,驾驶人应立即停车并等待发动机冷却。 ( )

(4) 驻车制动器拉起时,驻车指示灯不亮。驻车制动器被放下时,该指示灯自动点亮。 ( )

(5) 水温指示灯显示发动机冷却液温度过高的指示灯,此灯点亮报警时,应即时停车并关闭发动机,用冷水降温至正常温度后再继续行驶。 ( )

3. 实操练习题

(1) 汽车组合仪表照明灯亮度调试。

(2) 更换组合仪表熔断丝。

学习任务六

汽车辅助电气设备故障检修

学习目标

1. 知识目标

(1)能描述辅助电气各系统的组成和功用。

(2)能说出辅助电气各系统的工作原理。

(3)能描述辅助电气各系统控制电路工作过程。

2. 技能目标

(1)能够正确地识读辅助电气系统电路图。

(2)能够正确地检测辅助电气系统线路。

(3)能够正确地更换辅助电气系统各部件。

3. 素养目标

(1)能与团队成员有效沟通。

(2)能与团队协作合作。

(3)能弘扬践行爱国主义精神。

(4)能养成工作中良好的工作,展示中国工匠可信、可爱、可敬的形象。

(5)能养成严谨的工作作风,树立正确的质量强国意识和交通强国意识。

(6)树立有理想、敢担当、能吃苦、肯奋斗的职业理想

参考学时

40 学时。

任务描述

一辆汽车进厂维修,客户反映发动机起动运转与汽车起动后,辅助电气设备故障,无法正常工作。经班组长检查判断为辅助电气设备故障,需要对辅助系统进行检修。

学习活动1　SRS系统的检查与更换

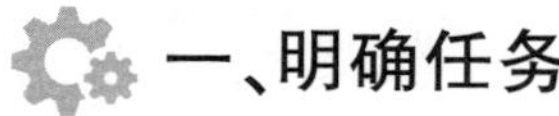

一、明确任务

根据任务描述，发动机起动运转与汽车起动后，辅助约束系统（Supplemental Restraint System，SRS）无法正常工作，需要对SRS进行检查与更换，使其恢复正常使用性能。

二、工作准备与计划制订

（一）知识准备

1. 安全气囊系统的作用

防止汽车碰撞时车内乘员和车内部件间发生碰撞而造成伤害，通常是作为________的辅助安全装置出现，二者共同作用。

2. 安全气囊的分类

按传感器类型分类可以分为________和________；按照保护对象的不同可以分为________、________、________和________；按爆开段数分可以分为________和________。

3. 安全气囊系统的组成

SRS的组成部件分布在汽车不同位置，安全气囊系统如图6-1所示，主要由碰撞传感器、安全气囊系统的电控单元、SRS指示灯、防护传感器、SRS气囊、气体发生器、点火器和线束等组成。

1）电控单元ECU

电脑模块（微处理器）的主要功用是监测汽车纵向减速度或惯性力是否达到设计值，控制气囊组件中的点火器引爆点火剂。电脑模块（微处理器）由模/数（A/D）转换器、串行输入输出（I/O）接口、只读存储器（ROM）、随机存储器（RAM）、电可擦除可编程存储器（EEPROM）和定时器等组成。

2）信号处理电路

信号处理电路主要由________和________组成。其功能是对传感器检测的信号进行整形、放大和滤波，以便安全辅助气囊电脑能够接收、识别和处理。

3）备用电源电路

备用电源的作用是当汽车电源与安全辅助气囊电脑之间的电路切断后，在一定时间（一般为6s）内，维持安全辅助气囊系统供电，保持安全辅助气囊系统的正常功能，当汽车遭受碰撞而导致蓄电池和交流发电机与安全辅助气囊电脑之间的电路切断时，ECU 备用电源能在 6s 之内向 ECU 供给电能，保持测出碰撞、发出点火指令等正常功能。

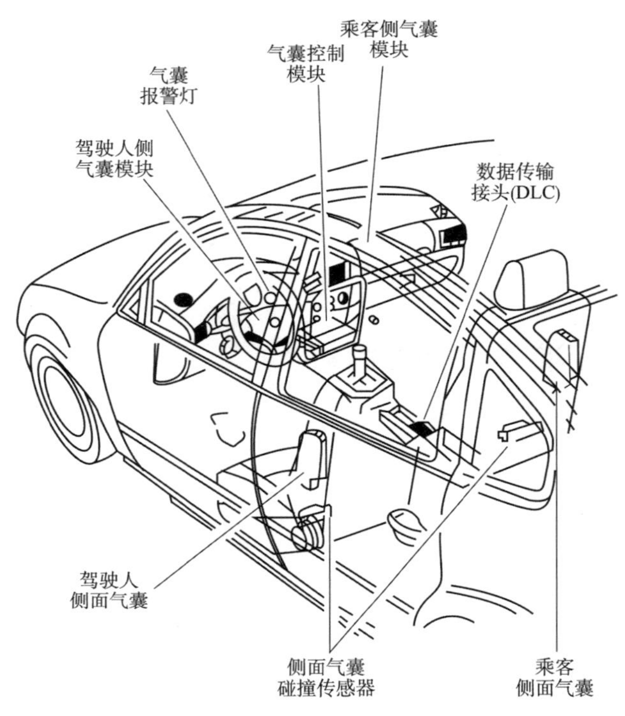

图 6-1　安全气囊系统

4）保护电路和稳压电路

5）碰撞传感器

碰撞传感器是安全气囊系统和座椅安全带收紧系统必不可少的传感器，其工作状态取决于汽车碰撞时的减速度大小。因此碰撞传感器实际上是一种减速度传感器，其公用是收紧电控单元（ECU），以便 ECU 确定是否引爆气囊点火器和安全带收紧点火器。

按传感器用途不同，碰撞传感器可分为碰撞信号传感器和碰撞防护传感器两种类型。碰撞信号传感器又称为碰撞烈度（激烈程度）传感器，安装在汽车左前与右前翼子板内侧，两侧前照灯支架下面，发动机散热器支架左、右两侧，左右仪表台下面等。

碰撞防护传感器又称为安全传感器或保险传感器，简称防护传感器，一般都安装在 SRS ECU 内部。防护传感器和碰撞信号传感器的结构原理完全相同。换句话说，一只碰撞传感器既可用作碰撞信号传感器，也可用作碰撞防护传感器，但是必须重新设定其减速度阈值。设定减速度阈值的原则是碰撞防护传感器的减速度阈值比碰撞信号传感器的减速度阈值稍小。当汽车以 40km/h 左右的速度撞到一辆静止或同样大小的汽车上或以 20km/h 左右的速度迎面撞到一个不可变形的障碍物上时，减速度就会达到碰撞信号传感器设定的阀值，传感器就会工作。

滚球式碰撞传感器又称为偏压磁铁式碰撞传感器，滚球式碰撞传感结构如图 6-2 所示，主要由铁质滚球 1、永久磁铁 2、导缸 3、固定触点 4 组成。

两个触电分别与传感器引线端子连接。滚球用来感测减速度大小，在导缸内可以移动或滚动。壳体 5 上印制有箭头标记，方向与传感器结构有关，有的规定指向汽车前方，有的规定指向汽车后方。因此，在安装传感器时，箭头方向必须符合使用说明书规定。

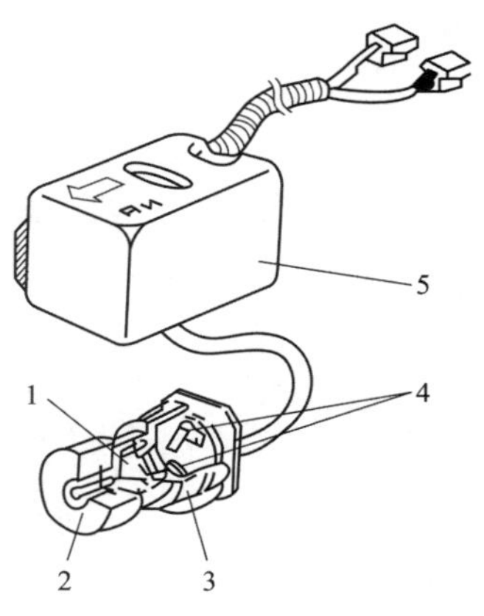

图 6-2 滚球式碰撞传感结构

当传感器处于静止状态时，滚球式碰撞传感器工作原理如图 6-3a）所示，在永久磁铁的作用下，导缸内的滚球被吸向磁铁，两个触点与滚球分离，传感器电路处于断开状态。

当汽车遭受碰撞且减速度达到设定阈值时，滚球产生的惯性力将大于永久磁铁的电磁吸力。滚球在惯性力作用下就会克服磁力沿导缸向两个固定触点运动并将固定触点接通，滚球式碰撞传感器工作原理工作如图 6-3b）所示。当传感器用作碰撞传感器信号时，固定触点接通则将碰撞信号输入 SRS ECU；当传感器用作碰撞防护传感器时，则将点火器电源接通。

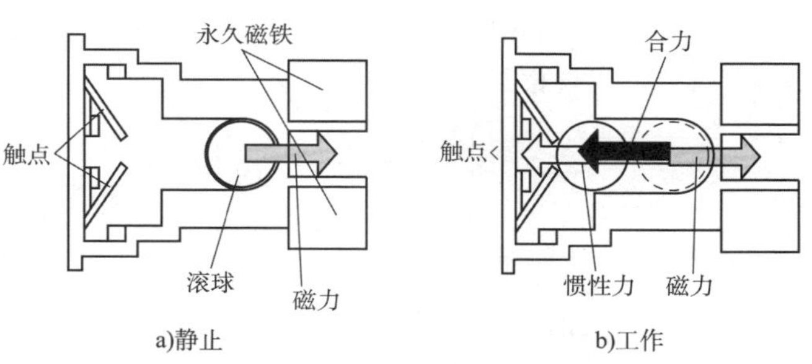

图 6-3 滚球式碰撞传感器工作原理

4. 安全气囊的工作原理

安全气囊工作原理示意图如图 6-4 所示，当汽车受到前方一定角度范围内的高速碰撞时，车体会强烈的振动，同时车辆速度急剧下降。安装在汽车前端的碰撞传感器和与 SRS ECU 安装在一起的防护碰撞传感器（安全传感器）就会检测到汽车突然减速到撞击强度的信号，当达到规定的强度时，传感器即向 SRS ECU 发出信号。SRS ECU 接收到信号后，与其原储存信号进行比较，若达到气囊的展开条件，则由驱动电路向安全气囊组件中的气体发生器送去起动信号。气体发生器接到起动信号后，引爆电雷管引燃气体发生剂，发生大量气体，经过滤并冷却后进入安全气囊，使气囊在极短的时间内突破衬垫迅速开展，在驾驶人或乘客的前部形成弹性气垫，并及时泄露、收缩，将人体与车内构件之间的碰撞变为弹性碰撞，通过气囊产生的变形吸收人体碰撞产生的动能，从而有效地保护人体头部和胸部，使之免于伤害或减轻伤害程度。

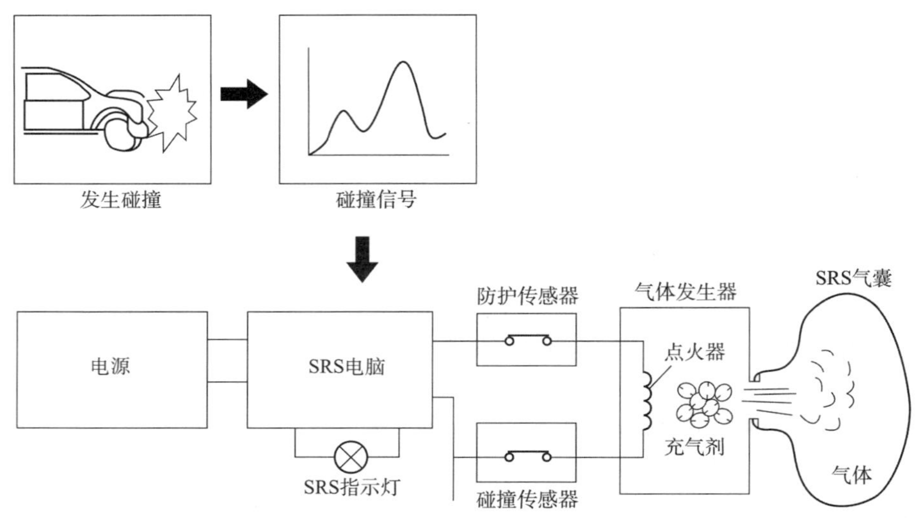

图 6-4　安全气囊工作原理示意图

5. 安全气囊电路分析

安全气囊结构原理图如图 6-5 所示,ACU 为安全气囊控制器,当它接收到相应位置碰撞传感器信号时,就控制接通相应安全气囊的线路,让安全气囊工作,并通过 CAN 线,传递信息至其他控制器,实现信息实时同步。

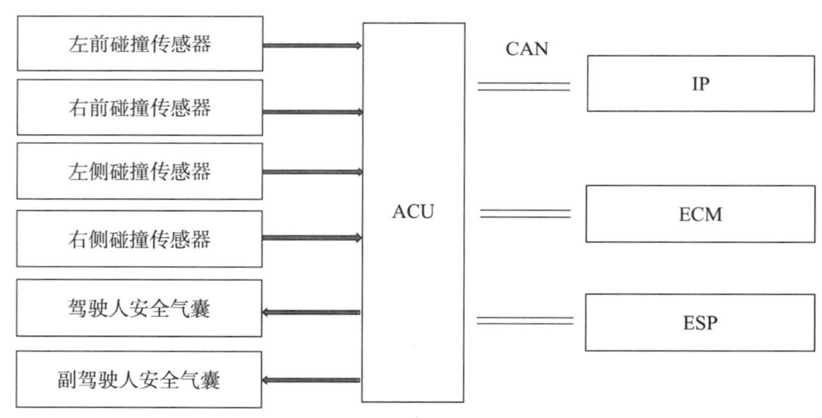

图 6-5　安全气囊原理结构图

安全气囊电路图如图 6-6 所示,假设车辆左前正面发生碰撞,左前正面传感器被接通,图上脚 26 和 25 这条线路接通,控制器 ACU 接收到信号,控制图上 IG1 这条线路接通,安全气囊系统开始引爆工作。

6. SRS 故障分析

将点火开关置于 lock 位置上。至少等待 2s,然后将点火开关置于 ON 位置上,SRS 警告灯持续点亮约 6s。6s 后:若 SRS 警告灯熄灭,则 SRS 系统正常;若 SRS 警告灯闪烁亮起,则证明系统存在问题。将点火开关从 lock 位置转换至 ON 位置后:若 SRS 警告灯不点亮,则证明系统存在问题;SRS 警告灯点亮 6s,熄灭 1s 之后仍然点亮,则证明系统存在问题。

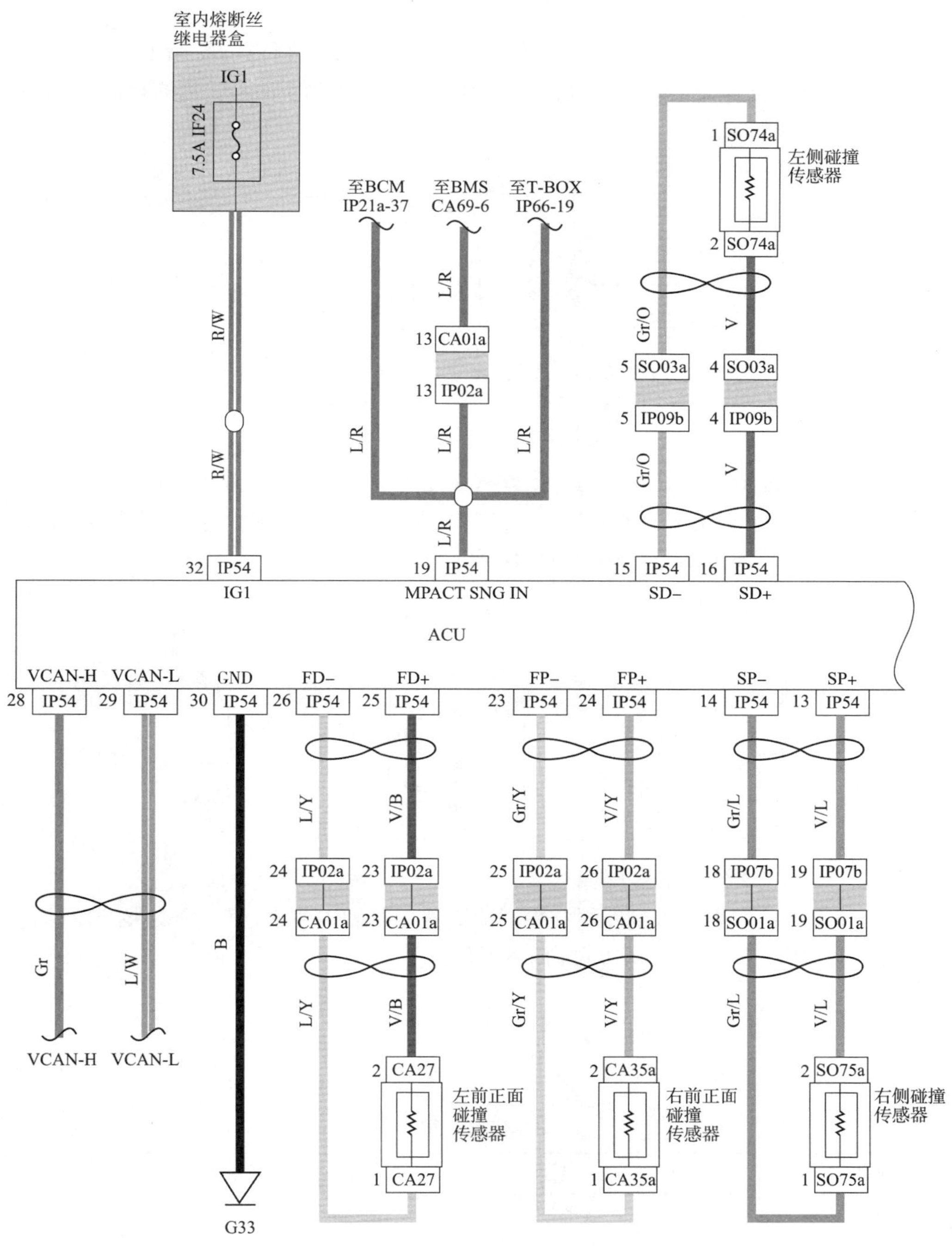

图 6-6 安全气囊电路图

7. 安全气囊报废

(1)拆卸前关闭点火开关,断开蓄电池负极 90s 后再开始工作。

(2)将拆下来的气囊按展开面向上放置于洁净干燥的地方保管。

(3)从车上拆下气囊,如图 6-7 所示。

(4)气囊固定如图 6-8 所示,将气囊牢靠地固定在带有辐板的轮胎上。确保固定紧靠,不要出现松弛;气囊展开面应朝向轮胎内侧;轮胎可能因为气囊的报废而损坏,请勿使用已报废的轮胎。

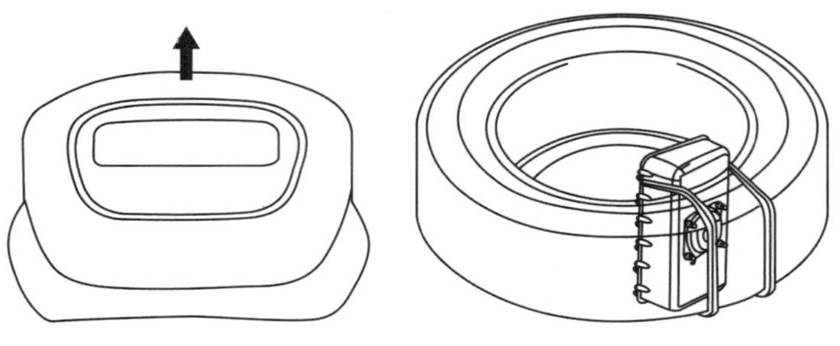

图 6-7　安全气囊　　图 6-8　气囊固定

(5)气囊报废示意图如图 6-9 所示,在气囊固定轮胎上至少放置 2 个轮胎,在其上边至少放置一个轮胎,最上端放置 1 个带有辐板的轮胎,最后用牢靠的绳子系紧所有轮胎。

(6)安全距离要求如图 6-10 所示,展开气囊,确保 $L \geqslant 10\text{m}$,保证区域安全。

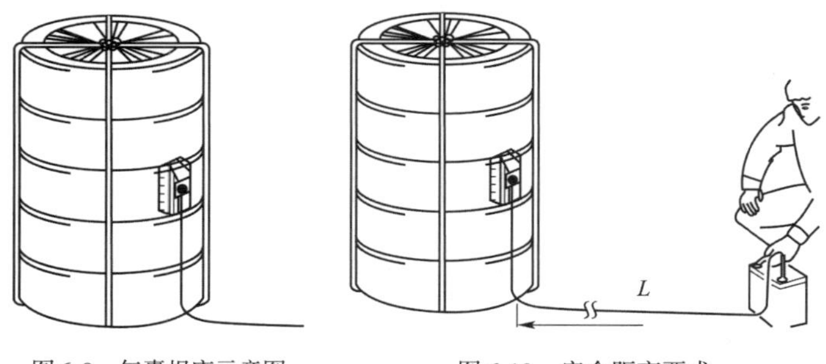

图 6-9　气囊报废示意图　　图 6-10　安全距离要求

(7)将展开的气囊装入到塑料袋中,扎紧,然后再做进一步处理;气囊展开以后,会变得非常热,所以展开后至少 30min 内不要触碰。

(二)制订工作方案

1. 任务分工(表 6-1)

学生任务分配表　　表 6-1

班级		组号		指导教师	
组长		任务分工			
组员 1		任务分工			

续上表

组员2		任务分工	
组员3		任务分工	
组员4		任务分工	
组员5		任务分工	
组员6		任务分工	

2. 工量具、仪器设备与耗材准备

(1)使用的工量具有:______________________________。

(2)使用的仪器设备有:______________________________。

(3)使用的耗材有:______________________________。

3. 具体方案描述

____

____

____

____

____

三、计划实施

(一)安全注意事项及技能要点

1. 安全注意事项

(1)检查实训室通风系统设备工作是否正常。

(2)检查实训室、车辆有无安全隐患。

(3)正确使用工具设备进行检测。

(4)中心安全气囊传感器总成含有水银。

(5)决不要试图拆卸和修理前气囊传感器、气囊中心传感器总成或气囊组件,以供重新使用。

(6)手持安全气囊时,不要使气囊和盖指向身体,放置于工作台或其他表面时,要使装饰面朝上;展开安全气囊时,需戴手套和安全眼镜。

(7)所有与安全气囊系统有关的检修工作,必须在安全气囊系统正确拆除后进行,安装安全气囊时不要试探任何连接处。

(8)检修完成后,不要急于将气囊组件接入电路,应先进行电气检查,确认无误时,再将气囊组件接入。

2. 技能要点

(1)通过查阅维修手册,能正确操作安全气囊故障码读取方法。

(2)能按照制定的安全气囊的故障码清除作业流程进行故障码清除。

(3)能进行安全气囊系统部件的更换。

(二)SRS 系统的检查与更换任务实施

1. 安全气囊系统故障码读取与清除(表 6-2)

安全气囊系统故障码读取与清除操作方法及说明 表 6-2

步骤	操作方法及说明	质量标准及记录
安全气囊系统故障码读取	(1)将点火开关拧到 ACC 或 ON 位置,等待 20s 以上; (2)插上诊断仪,操作诊断仪,读取故障码; (3)记录故障码; (4)查阅维修手册,找到故障码对应原因	是否置于规定挡位 □是 □否 是否能读取故障码 □是 □否
故障码清除	以故障码 B201100 为例: (1)故障码定义:安全气囊电子控制单元内部错误; (2)排除方法: ①静置车辆; ②用诊断仪读取故障码,判断是否存在 B201100 故障码; ③若无该故障码,故障码清除; ④若有故障码,更换安全气囊控制单元; ⑤更换安全气囊控制单元后,再次读取故障码,若无 B201100 故障码,说明故障码已清除	是否置于规定挡位 □是 □否 是否能清除故障码 □是 □否

2. 安全气囊控制单元检查(表 6-3)

安全气囊控制单元检查操作方法及说明 表 6-3

步骤	操作方法及说明	质量标准及记录
安全气囊控制单元拆装	拆卸: (1)关闭点火开关; (2)断开蓄电池负极,等待 90s; (3)拆下副仪表板左右前护板; (4)断开线束插件,拆下 3 个螺栓,取下安全气囊电控单元。 安装: 安装以拆卸相关的顺序进行。在装配过程中,按照规定力矩值拧紧紧固件,安全完毕以后,需要对安全气囊系统进行检查;安全气囊控制单元更换后需进行回路刷写及横摆脚匹配	是否正确拆装安全气囊控制单元 □是 □否

续上表

步骤	操作方法及说明	质量标准及记录
驾驶人安全气囊总成拆装	拆卸： (1)确保前车轮定位于直行行驶位置； (2)关闭点火开关； (3)用合适的工具分别插入转向盘下罩盖拆卸孔，适当用力推至驾驶人安全气囊弹起。一共有三个拆卸孔，如下图所示，分别在6点钟、9点钟、3点钟方向，按6-9-3的顺序拆卸； (4)轻轻拿起驾驶人安全气囊总成，断开驾驶人安全气囊插件及喇叭插件； (5)拆下驾驶人安全气囊总成。将拆下来的气囊按展开面向上放置于洁净干燥的地方保管。 安装： (1)安装以拆卸相反的顺序进行； (2)正确连接时钟弹簧与驾驶人安全气囊总成及喇叭接插件。安装转向盘及驾驶人安全气囊组件时，不要卡住时钟弹簧线束； (3)正确安全放置驾驶人安全气囊总成，确保气囊被牢固地卡住。放置时不要大力敲击气囊模块； (4)安装完毕以后，打开点火开关至ON挡，安全气囊警告灯亮起约6s，然后熄灭为正常	是否正确拆装 □是　□否
副驾驶人安全气囊总成拆装	拆卸： (1)关闭点火开关； (2)断开蓄电池负极，等待90s； (3)拆下上部仪表板； (4)分离副驾驶人安全气囊总成，取下副驾驶人安全气囊总成； (5)拆下驾驶人安全气囊总成。将拆下来的气囊按展开面向上放置于洁净干燥的地方保管。 安装： (1)安装以拆卸相反的顺序进行；	

续上表

步骤	操作方法及说明	质量标准及记录
副驾驶人安全气囊总成拆装	(2)即使是更换新的安全气囊模块,安装前请先检查安全气囊模块是否有损坏或不良; (3)安装完毕以后,打开点火开关至ON挡,安全气囊警告灯亮起约6s,然后熄灭为正常 	是否正确拆装 □是 □否
安全气囊控制单元检查	(1)碰撞车辆的安全气囊控制单元检查安全气囊控制单元壳体及支架是否有凹陷、裂纹、变形; (2)检查接头是否损伤及端子是否变形; (3)检查安全气囊电控单元支架安装状态; (4)检查盖罩是否有凹陷、裂纹、变形等; (5)检查接头是否有损坏、端子是否变形、线束是否咬入; (6)检查气体发生器壳体是否有凹陷、裂纹、变形; (7)检查箭头方向为车前方向; (8)检查安全气囊模块安装状态; (9)安全气囊控制单元一旦有问题,更换不维修 	是否正常检查 □是 □否

3. 碰撞传感器的检测(表 6-4)

碰撞传感器的检测操作方法及说明 表 6-4

步骤	操作方法及说明	质量标准及记录
碰撞传感器的拆装	拆卸: (1)关闭点火开关; (2)断开蓄电池负极,等待 90s; (3)打开发动机舱盖; (4)传感器位置如下图所示,断开线束接插件,拆下 1 个固定螺栓,取下左前碰撞传感器;  (5)断开线束接插件,拆下 1 个固定螺栓,取下右前碰撞传感器。 安装: (1)安装以拆卸相反的顺序进行,按照规定力矩值拧紧紧固件; (2)碰撞传感器分正负极,在连接接插件的时候需要保证正负极正确; (3)安装完毕以后,打开点火开关至 ON 挡,安全气囊警告灯亮起约 6s,然后熄灭为正常	是否正确拆装碰撞传感器 □是 □否
碰撞传感器的检测	(1)选择万用表电阻挡位; (2)用万用表的表头分别接碰撞传感器的两个引脚电阻值显示无穷大或者不导通状态为正常;有电阻值,电阻值较小,表示碰撞传感器有故障	检测数据: ________Ω 是否正常 □是 □否

四、评价反馈(表 6-5)

评价表 表 6-5

评分项目	评分标准	分值(分)	得分(分)
学习目标	能明确本任务的知识、技能、素养目标,理解任务在工作中的重要程度	5	

续上表

评分项目	评分标准	分值(分)	得分(分)
工作任务分析	能清晰描述完成本次工作任务内容	2	
	能清晰描述完成本次工作任务需必备的技能与知识点	2	
有效信息获取	查资料获取安全气囊系统的组成	5	
	查资料获取安全气囊系统的工作原理	5	
	查资料获取安全气囊系统的故障读取方法	5	
	查资料获取安全气囊系统的故障清除方法	5	
实施方案制订	能清晰地制订并填写本次安全气囊系统检查与更换的准备作业计划	5	
	能组织工作小组成员,明确本次任务所需仪器设备、工具、材料的准备与清点,并准备记录	5	
	能组织工作小组成员交流,优化检查方案并记录	5	
任务实施	能规范地读取与清除安全气囊系统故障码	10	
	能规范地完成安全气囊控制单元的检查	15	
	能规范地完成碰撞传感器的检测	15	
任务评价	能通过本次任务实施,结合自己在实训过程中的表现,进行自我评价及自我反思并记录	3	
职业素养	按规定时间完成项目作业	2	
	遵守实训室管理规定、劳动纪律、按时出勤	4	
	积极参与课堂活动、回答问题	2	
思政要求	弘扬劳动精神、奋斗精神、奉献精神;了解安全操作要求,养成安全文明操作的习惯	5	
总计		100	
改进建议: 教师签字: 日期:			

学习活动 2 电动车窗的检查与更换

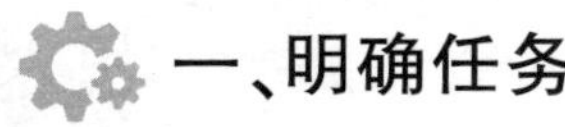

一、明确任务

根据任务描述，对故障车辆进行检测，需要对电动车窗进行检查与更换，使其恢复正常使用性能。

二、工作准备与计划制订

（一）知识准备

1. 概述

电动车窗也叫________，用伺服电机驱动玻璃的升降，取代了传统的转动摇柄升降玻璃。其操作简单可靠。

2. 作用

为了使驾驶人更加集中精力驾驶汽车，方便驾驶人及乘客的操作，许多轿车采用了电动车窗。驾驶人和乘客只需操纵车窗升降开关，就可以使汽车门窗玻璃自动________或者________。

3. 组成

电动车窗系统主要由车窗、电机、电动玻璃升降器、开关等组成。

1）车窗

车窗玻璃上面一般标注有汽车玻璃的生产品牌、汽车厂家配套的生产厂家品牌、中国强制性产品认证等信息，如图 6-11 所示。

图 6-11 车窗玻璃标注

2）电机

电机如图 6-12 所示，电动车窗电机有永磁式、双绕组串励式两种。每个车窗安装有一只电机，通过开关控制其电流方向，从而实现车窗的升降。

3)开关

电动车窗开关结构

电动车窗开关有主开关(驾驶人控制各车窗升降)、分开关(乘客操作)、窗锁开关(除驾驶人侧外,其他车窗可被驾驶人锁定)。电动车窗控制系统中的主控开关,用于驾驶人对电动车窗系统进行总的操纵,一般安装在左前车门把手上或变速杆附近;分控开关安装在每个车门的中间或车门把手上,用于乘客对车窗进行操纵。

电动车窗工作原理

4.电动车窗的工作原理

电动车窗的电路如图6-13所示。

图6-12 电机

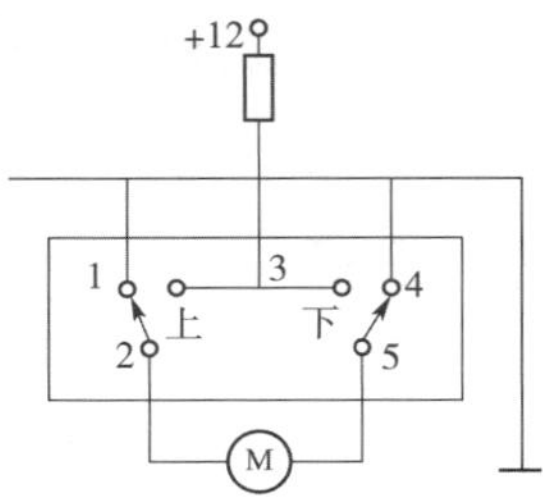

图6-13 电动车窗的电路

上升过程:开关打开到上升位置,2与上接通,此时电源+——3——2——5——4——搭铁,电机工作带动玻璃升降器工作,此时玻璃上升。

下降过程:开关打开到下降位置,5与下接通,此时电源+——3——5——2——1——搭铁,进入电机电流的方向发生改变,电机带动玻璃升降器,使玻璃下降。

左前车窗控制图如图6-14所示,驾驶人侧控制装置除左前门车窗升降器开关外,还包括右前车窗升降器开关、左后车窗升降器开关、右后车窗升降器开关、后部车窗升降器锁止开关。左前车窗开关可以控制各车窗升降,乘客方可操作分开关。

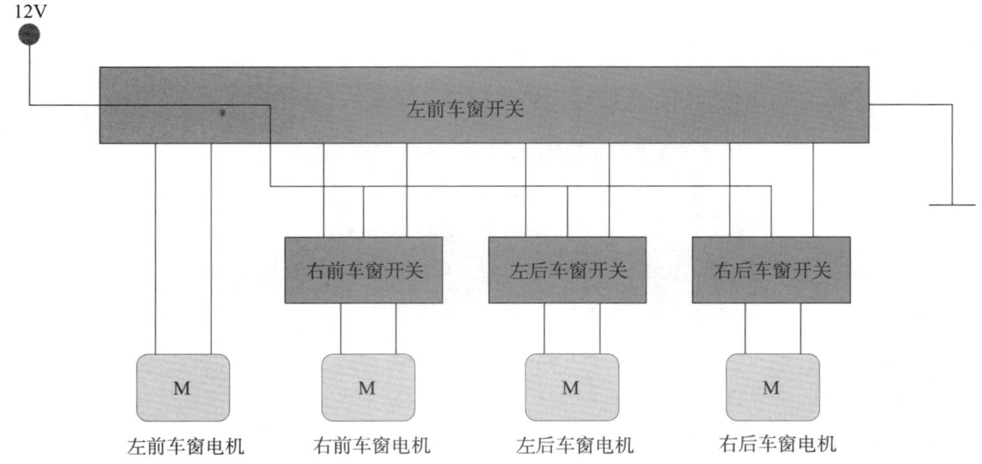

图6-14 左前车窗控制图

5. 电动车窗的引脚

左前玻璃升降器引脚如图 6-15 所示，1 为电机电源，2 为电机电源，3 为霍尔地，4 为霍尔信号 2，5 为霍尔电源，6 为霍尔信号 1。当玻璃上升时，引脚 1 号为负极，2 号为正极，当玻璃下降时，1 号为正极，2 号为负极。

驾驶人侧门窗开关引脚如图 6-16 所示，引脚含义见表 6-6。每款车型的引脚功能有差异，具体查看车型维修手册。

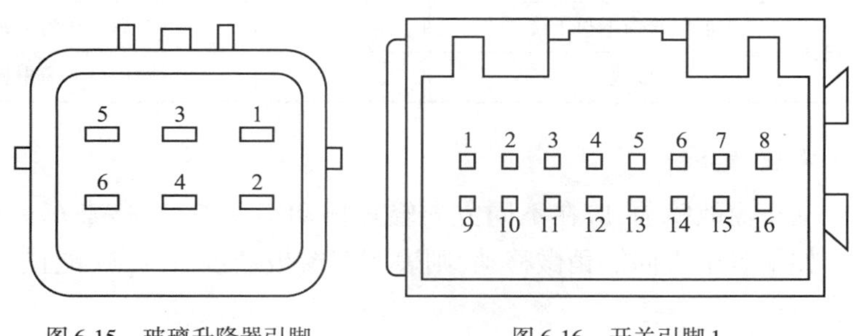

图 6-15 玻璃升降器引脚　　图 6-16 开关引脚 1

引脚含义表　　表 6-6

引脚	功能	引脚	功能
1	中控锁信号输出	9	中控锁指示灯输入
2	左后视镜电机公共端	10	背景光输入
3	左后视镜 X 电机 +	11	后视镜折叠信号输出
4	右后视镜 X 电机 +	12	终检
5	右后视镜 Y 电机 +	13	霍尔信号 B
6	右后视镜电机公共端	14	霍尔信号 A
7	左后视镜 Y 电机 +	15	霍尔地
8	窗锁指示灯输入（电子儿童锁预留）	16	霍尔电源

开关引脚 2 如图 6-17 所示，引脚含义见表 6-7。每款车型的引脚功能有差异，具体查看车型维修手册。

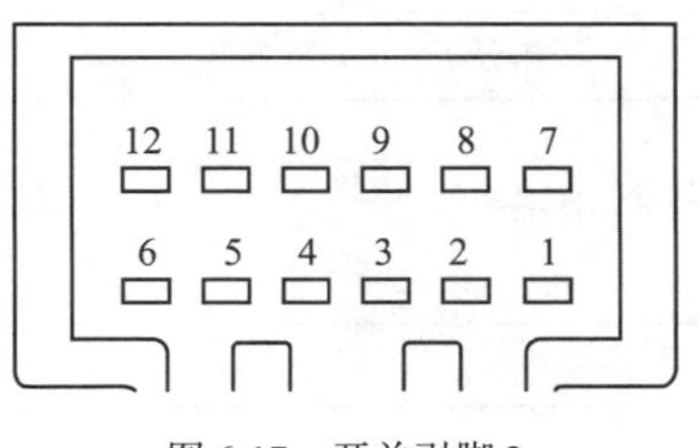

图 6-17 开关引脚 2

引脚含义表　　表 6-7

引脚号	功能	引脚号	功能
1	主驾驶人侧车窗电机下降	7	主驾驶人侧车窗电机上升
2	电源	8	右后门车窗电机下降
3	右前门车窗电机上升	9	点火电源
4	儿童锁电源	10	右后门车窗电机上升
5	右前门车窗电机下降	11	左后门车窗电机下降
6	接地	12	左后门车窗电机上升

6. 电动车窗故障分析

在检修电动车窗故障前，应在不同方向轻轻摇动车窗玻璃，检查车窗玻璃是否移动阻力过大。如果各个方向能稍微移动，则表明车窗玻璃没有卡住，能正常升降，这样有利于进一步检查。

(1)所有车窗不能升降。

可能原因：蓄电池电压过低、电源电路或搭铁电路有故障。

(2)个别车窗不能升降。

可能原因：电动车窗熔断丝断开、电机有故障、车窗开关有故障、线路断路或短路。

(二)制订工作方案

1. 任务分工(表 6-8)

学生任务分配表　　表 6-8

班级		组号		指导教师	
组长		任务分工			
组员 1		任务分工			
组员 2		任务分工			
组员 3		任务分工			
组员 4		任务分工			
组员 5		任务分工			
组员 6		任务分工			

2. 工量具、仪器设备与耗材准备

(1)使用的工量具有：________________。

(2)使用的仪器设备有：________________。

(3)使用的耗材有：________________。

3. 具体方案描述

____

____

____

____

____

三、计划实施

(一)安全注意事项及技能要点

1. 安全注意事项

(1)检查实训室通风系统设备工作是否正常。

(2)检查实训室、车辆有无安全隐患。

(3)正确使用工具设备进行检测。

(4)拔插线束插接器时,需要关闭点火开关。

(5)拔插控制单元插接器时,不仅需要关闭点火开关,还需要断开蓄电池负极。

(6)拆装电动车窗时一定要注意正确的安装位置,其所有的螺栓连接孔为椭圆孔,定位前车窗升降一定不要发生干涉。

(7)车门的密封与防尘尤为重要:车门内板有一层塑料防护层,其破损后会导致灰尘进入车门内,严重时将干涉电动车窗的运动。

2. 技能要点

(1)通过查阅维修手册,查找电动车窗不工作的原因。

(2)能通过查阅维修手册,掌握电机故障排除的方法。

(3)能查找出电动车窗开关的检测、电动车窗的线路检测的方法并排除故障。

(4)能掌握万用表的使用方法。

(5)在进行元件拆装时,要先查阅维修手册弄清拆装的步骤,严禁擅自粗暴操作,以免损坏元件。

(二)电动车窗系统的检查与更换任务实施

1. 电机检测(表 6-9)

电机检测操作方法及说明 表 6-9

步骤	操作方法及说明	质量标准及记录
电动车窗拆装	拆卸: (1)将玻璃从下止点上升约 230mm,将玻璃调至初始装配位置; (2)关闭点火开关;	

续上表

步骤	操作方法及说明	质量标准及记录
电动车窗拆装	(3)断开蓄电池负极； (4)拆卸前门内饰板； (5)揭开前门防水膜； (6)拆卸前门玻璃； (7)断开线束插件； (8)拆下前门拉手盒安装支架2个固定螺栓、前门玻璃升降器5个固定螺栓； 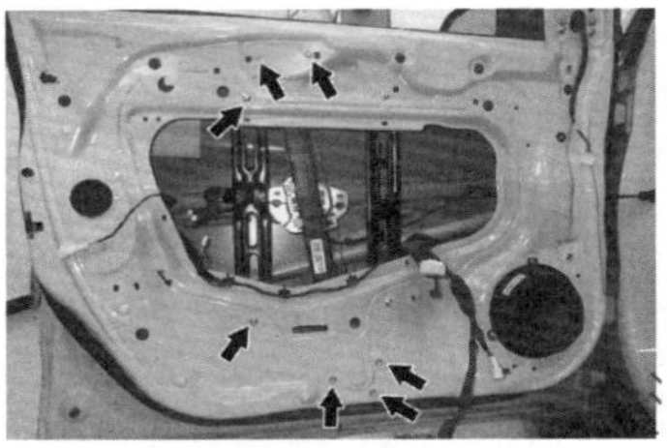 (9)取下前门拉手盒安装支架； (10)取下前门玻璃升降器。 安装：安装以拆卸相反地顺序进行	是否能正确拆装 □是　□否
电机线束	(1)点火开关置于off挡位； (2)断开需要检修的电机线束 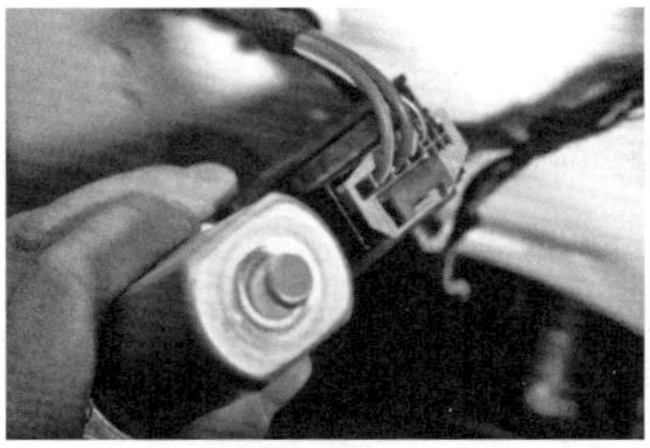	是否置于规定挡位 □是　□否 是否能拆卸车窗装饰板 □是　□否
跨接	(1)在其中一个控制端子和12V电压之间安装一条带25A熔断丝的跨接线； (2)暂时在其他控制端子和搭铁之间安装一条跨接线； (3)反接跨接线至少2次，车窗电机应执行“上升”和“下降”功能； 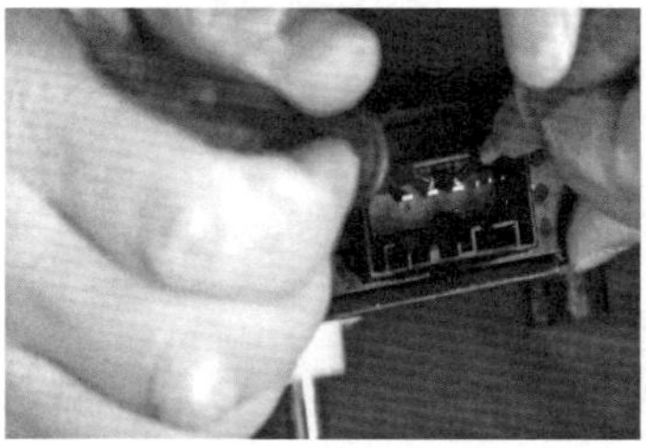 (4)如果车窗电动机没有执行“上升”和“下降”功能，更换车窗电机。如果车窗电动机执行“上升”和“下降”功能，则全部正常	是否按要求跨接线路 □是　□否 是否完成 □是　□否 是否升降 □是　□否

2. 车窗开关检测(表 6-10)

车窗开关检测操作方法及说明 表 6-10

步骤	操作方法及说明	质量标准及记录
车窗开关端子	驾驶人侧控制开关检测: (1)当开关处于常态时,用万用表导通挡测量开关插头 6-3-4 和 6-3-9 端子时均导通,则说明开关常态时正常; (2)将开关按钮往上按时,用万用表导通挡测量开关插头 4-6-7 和 6-3-9 端子时均导通,则说明开关上升位置时正常; (3)将开关按钮往下按时,用万用表导通挡测量开关插头 6-3-4 和 6-7-9 端子时均导通,则说明开关下降位置时正常	是否置于规定挡位 □是 否 检查数值: ____________ 是否正常 □是 □否

3. 车窗线路检测(表 6-11)

车窗线路检测操作方法及说明 表 6-11

步骤	操作方法及说明	质量标准及记录
熔断丝的检测	(1)找到控制线路的熔断器位置。 ①总电源 SA2(150A); ②工作电源 SC50(25A)白色,为左前车窗升降器供电;如下图: SC51(25A)白色,为右前车窗升降器供电; SC35(30A)浅绿色,为后部车窗升降器供电。 信号发生器与车窗升降器控制单元电源 SC12(5A)浅棕色,为各车窗升降器开关、控制单元供电。 SC12 SC35 SC50 SC51 (2)用万用表检测熔断丝; (3)有阻值表示正常,电阻大于 1kΩ 或者更大,表示熔断丝熔断,需要更换	是否找到熔断器位置 □是 □否 检测结果(数据):______ ____________ 检测结果是否正常 □是 □否 检测结果(数据):______ ____________ 检测结果是否正常 □是 □否

续上表

步骤	操作方法及说明	质量标准及记录
线路检查	驾驶人侧控制开关线路检测： (1)打开点火开关至"ON"挡，将万用表打至20V直流电压挡，将万用表红表针插入电动车窗开关插座的6号孔内，黑表针放在车身搭铁处，测得开关电源线的电压值为12V。说明开关电源线路电压正常； (2)将万用表打至导通挡，将万用表红表针插入开关插座的6－3号孔内，黑表针放在车身搭铁处，测得开关搭铁线与车身导通。说明开关搭铁线路正常； (3)将万用表打至200Ω挡，将万用表红表针插入插入开关插座4－9号孔内，测得电阻为1Ω左右。说明电动车窗电机线路正常	检测结果(数据)：______ ____________ 检测结果是否正常 □是　□否

四、评价反馈(表6-12)

评价表　　表6-12

评分项目	评分标准	分值(分)	得分(分)
学习目标	能明确本任务的知识、技能、素养目标，理解任务在工作中的重要程度	5	
工作任务分析	能清晰描述完成本次工作任务内容	2	
	能清晰描述完成本次工作任务需必备的技能与知识点	2	
有效信息获取	查资料获取电动车窗的组成及工作原理	10	
	查资料获取电动车窗的故障诊断流程	5	
	查资料获取电动车窗的故障诊断方法	5	

续上表

评分项目	评分标准	分值(分)	得分(分)
实施方案制订	能清晰地制订并填写本次电动车窗系统的检测与更换的准备作业计划	5	
	能组织工作小组成员,明确本次任务所需仪器设备、工具、材料的准备与清点,并准备记录	5	
	能组织工作小组成员交流,优化检查方案并记录	5	
任务实施	能规范完成车窗电机的检测	10	
	能规范完成车窗开关的检测	10	
	能规范完成车窗线路的检测	20	
任务评价	能通过本次任务实施,结合自己在实训过程中的表现,进行自我评价及自我反思并记录	3	
职业素养	按规定时间完成项目作业	2	
	遵守实训室管理规定、劳动纪律、按时出勤	4	
	积极参与课堂活动、回答问题	2	
思政要求	弘扬劳动精神、奋斗精神、奉献精神;了解安全操作要求,养成安全文明操作的习惯	5	
总计		100	
改进建议: 教师签字: 日期:			

学习活动3 电动天窗的检查与更换

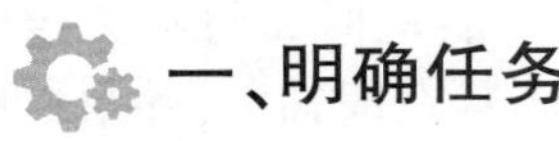

一、明确任务

根据任务描述,电动天窗不工作。对故障车辆进行检测,需要对电动车窗进行检查与更换,使其恢复正常使用性能。

二、工作准备与计划制订

(一)知识准备

1. 电动天窗的作用

通风换气、节能、除霜、开阔视野、提高汽车的档次。为了使混浊的空气迅速地被排出车外,同时又能使新鲜的空气流入车厢,提高汽车内部环境的舒适性,通常在汽车顶部安装电动天窗。

2. 电动天窗的组成

电动天窗如图 6-18 所示,电动天窗一般由天窗玻璃、遮阳板、滑动螺杆、驱动齿轮、开关和 ECU 等组成,可以分为滑动机构、驱动机构、控制系统和开关四部分。

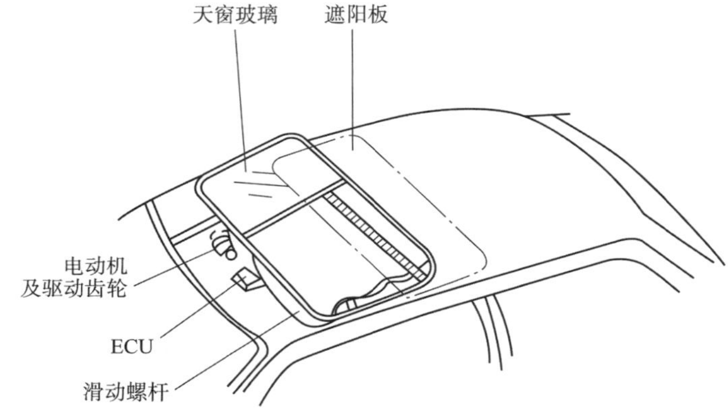

图 6-18 电动天窗

1)滑动机构

电动天窗滑动机构主要由导向块、导向销、连杆、托架和前、后枕座等组成。

2)驱动机构

电动天窗驱动机构主要由电机、传动机构和滑动螺杆等组成。电机通过传动装置为天窗的开闭提供动力。电机能双向转动,即通过改变电流的方向来改变电机的旋转方向,实现天窗的开闭。传动机构主要由蜗轮蜗杆传动机构、中间齿轮传动机构(主动中间齿轮、过渡中间齿轮)和驱动齿轮等组成。齿轮传动机构接受电机的动力,改变旋转方向,并减速增矩后将动力传给滑动螺杆,使天窗实现开闭;同时又将动力传给凸轮,使凸轮顶动限位开关进行开闭。主动中间齿轮与蜗轮固装在同轴上,并与蜗轮同步转动;过渡中间齿轮与驱动齿轮固装在同一输出轴上,被主动中间齿轮驱动,使驱动齿轮带动玻璃开闭。

3)控制系统

控制单元(ECU)是一个数字电路,设有定时器、蜂鸣器和继电器等,其作用是接收开关输入的信息,通过数字电路进行逻辑运算,确定继电器的动作,控制天窗的开闭。

4)开关

电动天窗的开关由控制开关和限位开关组成,控制开关主要包括滑动开关和斜升开关。滑动开关有滑动打开、滑动关闭和断开(中间位置)3 个挡位。斜升开关也是有斜升、斜降和断开(中间位置)3 个挡位。通过操作这些开关,可使天窗驱动机构的电机实现正反转,使天窗实现不同状态。

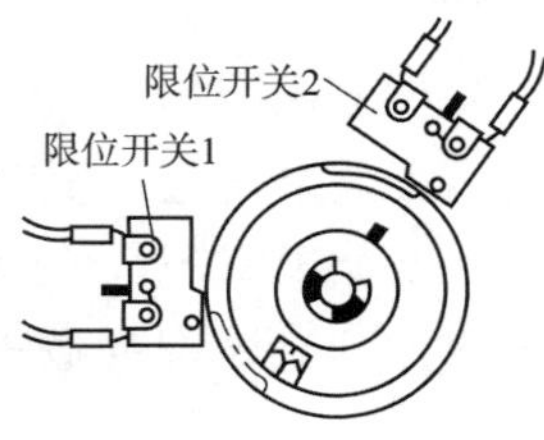

图 6-19　限位开关

限位开关(又称行程开关)如图 6-19 所示,主要是用来检测天窗所处的位置。限位开关是靠凸轮转动来实现断开和闭合的,凸轮安装在驱动机构的动力输出端。当电机将动力输出时,通过驱动齿轮和滑动螺杆减速以后带动凸轮转动,于是凸轮周缘的突起部位顶动限位开关使其开闭,以实现对天窗的自动控制。

3. 电动天窗使用方法

1)使用注意事项

(1)首先在开天窗的时候,要注意天窗轨道有没有砂石等,以免刮伤天窗。

(2)在凹凸不平的路面行驶时,不要打开天窗,强烈的颠簸会使电动天窗受损。

(3)下雨天或清洗车辆时严禁开启天窗,以免雨水或水滴使天窗内的胶条和金属容易老化和生锈。

(4)在下雨天后如果想要打开天窗,应将车顶上的水珠擦干再开启。除可避免雨水弄湿车辆内部,也可避免雨水渗入机械内部缩短使用寿命。

(5)天窗带有防夹功能,保护进入天窗开口范围内的物体(4 ~200mm),防夹力不超过 100N。

(6)天窗电机有热保护功能,该功能启动,天窗停止工作,待电机冷却后,天窗可以正常运行。

(7)开关置放于“ON”“ACC”挡位,可以运行天窗,其他挡位不可运行天窗,关闭钥匙,离开汽车之前,请关闭天窗。

(8)处于极度低温情况(-20℃及以下),请不要使用天窗及遮阳板。

2)电动天窗的维护方法

(1)天窗排水维护。

排水维护周期随整车定期维护进行,恶劣条件下,应适当缩短排水维护间隔。排水问题主要有天窗排水孔堵塞和排水管堵塞两种。具体的排水保养流程如下:

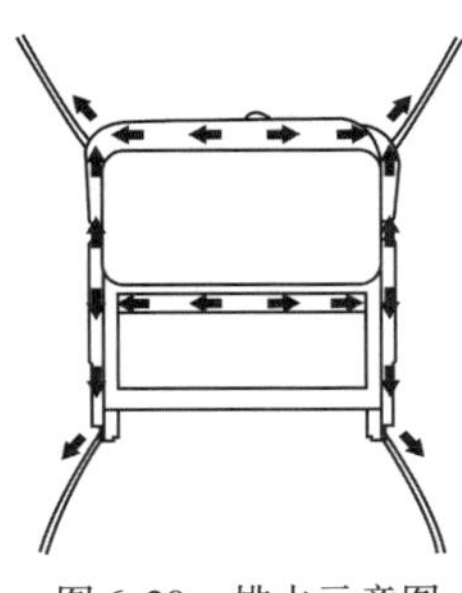
图 6-20　排水示意图

①目视检查天窗排水孔是否有异物堵塞,若排水孔堵塞,需要将异物进行清理,并清洁导轨,疏通水孔。排水示意图如图 6-20 所示。

②向天窗排水孔位置灌水,确认水是否快速排出,若排水缓慢则需使用天窗排水管疏通刷对排水管进行疏通。天窗排水管出水口位置易堵塞淤泥、异物等导致排水不畅,请定期检查天窗排水管是否畅通,并经常清洗车辆,必要时对天窗排水系统进行梳理。

(2)天窗维护的注意事项。

①如果在北方沙尘较大的城市,应该定期清洗天窗。

②如果车辆将长期停放或天窗长期不使用,可用细细的滑石粉或胶条专用的润滑剂涂抹天窗周围的胶条,如果天窗周围是使用绒质的只要用清水和干净的布擦拭即可。

③在洗车时可以顺便检查一下天窗的胶条及凹槽内有无沙尘、树叶或小树枝等脏东西。

④每 2 ~ 3 个月用湿海绵轻擦天窗滑轨和密封胶条,再喷上橡胶保护剂,并对天窗的传动机构和轨道进行润滑。

⑤天窗的玻璃面板有隔绝热能和防紫外线的功能,请用软布和清洁剂清洗,勿用黏性清洗剂清洗。

4. 天窗的种类

1)内藏式天窗

内藏式天窗指的是滑动总成置千内饰与车顶之间的天窗。其优点是天窗开口大,外形简洁美观。目前中高档轿车原装天窗多采用内藏式天窗。在加装市场上,内藏式天窗由于价格相对较贵,而且施工技术要求较高,(须将整个车顶内饰重新做过一遍)因此较少人安装。

2)外滑式天窗

滑动总成为伸缩型轨道,具有体积小、结构简单的优点。可以倾斜升高,打开一定角度,但是开口大小有限。这类天窗属于电动天窗中比较经济的一类,安装者较多。

3)手动式天窗

手动式天窗价位低,在原位上打开一定角度,玻璃无法滑动形成开口。可以说,手动式天窗满足的是人们体验天窗的感受,经济性是其最大优势。

4)敞篷式天窗

敞篷式天窗的遮盖物不是玻璃,而是一种高品质特殊材料制成的篷布。这种篷布密度非常高,防水防尘防划功能很强大;内含加固型钢丝骨架,使其硬度完全达到安全需求。由于篷布可折叠,敞开时缩成小部分藏在车顶,因此,这类型天窗开口非常大,可以满足人们将身体伸出车外吹风的需求。在电动天窗中属于较高档的一类,市场安装价格在10000元左右。

5. 电动车窗的工作原理

1)电机的控制原理

电机如图6-21所示,由于电动天窗的动作是双向(升降)的,所以通过改变电机的电流方向,从而控制电机的转动方向。

2)控制开关原理

电动天窗开关原理如图6-22所示,人操作天窗开关关闭或者打开,开关将信号传给天窗模块,模块发出信息,天窗电机开始工作。

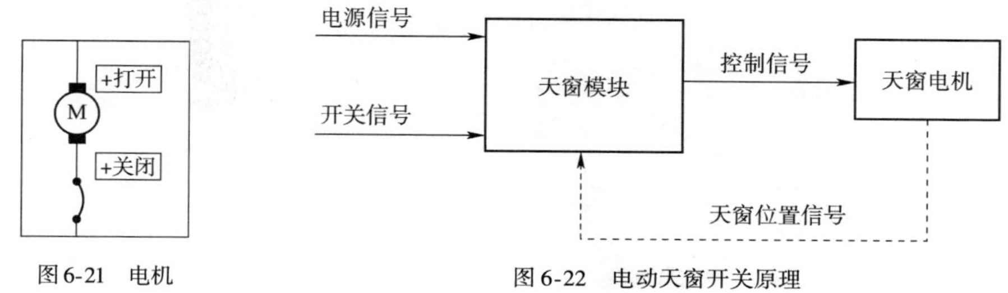

图6-21 电机

图6-22 电动天窗开关原理

6. 电动天窗电路分析

电动天窗电路如图6-23所示,操作天窗打开开关,触发天窗模块里面的打开信号。开关接通,"0"电位触发信号,天窗模块里打开位置,电机开始工作。当天窗运动至极限位置时,限制开关模块内的一个开关闭合,向天窗模块发送"0"点位信号,从而断开电窗执行器电路。

7. 电动天窗故障分析

(1)电动天窗漏水。

可能原因:电动天窗排水管堵塞;电动天窗玻璃密封条和钣金有间隙;电动天窗玻璃密封条和排水槽有缺陷;玻璃组合安装位置不当。

(2)电动天窗不工作(电机不可动作)。

可能原因:电动天窗熔断丝烧坏;天窗控制模块损坏;工作电机损坏;相关线路短路或断路。

(3)电动天窗不能操作(电机可动作)。

可能原因:天窗滑轨中有异物;滑轨中有错装零件;天窗零件定位冲突;钢管拉线错装。

(4)电动天窗电机异响。

可能原因:电机松动;拉线变形。

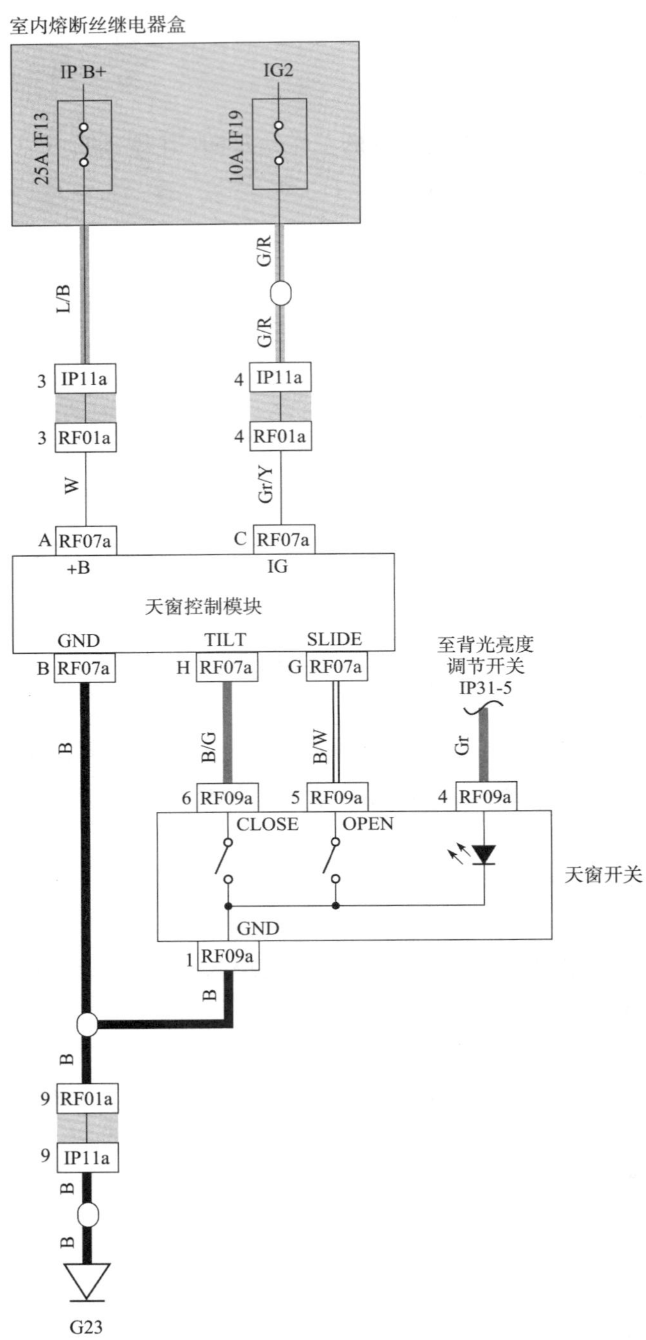
室内熔断丝继电器盒
IP B+
IG2
25A IF13
10A IF19
L/B
G/R
G/R
3 IP11a
4 IP11a
3 RF01a
4 RF01a
W
Gr/Y
A RF07a
C RF07a
+B
IG
天窗控制模块
GND
TILT
SLIDE
B RF07a
H RF07a
G RF07a
至背光亮度
调节开关
IP31-5
B
B/G
B/W
Gr
6 RF09a
5 RF09a
4 RF09a
CLOSE
OPEN
天窗开关
GND
1 RF09a
B
B
9 RF01a
9 IP11a
B
B
G23

图 6-23　电动天窗电路

(二)制订工作方案

1. 任务分工(表 6-13)

学生任务分配表 表 6-13

班级		组号		指导教师	
组长		任务分工			
组员 1		任务分工			
组员 2		任务分工			
组员 3		任务分工			
组员 4		任务分工			
组员 5		任务分工			
组员 6		任务分工			

2. 工量具、仪器设备与耗材准备

(1)使用的工量具有:____。

(2)使用的仪器设备有:______________________________________。

(3)使用的耗材有:____。

3. 具体方案描述

____

____

____

____

____

三、计划实施

(一)安全注意事项及技能要点

1. 安全注意事项

(1)检查实训室通风系统设备工作是否正常。

(2)检查实训室、车辆有无安全隐患。

(3)正确使用工具设备进行检测

(4)拔插线束插接器时,需要关闭点火开关。

2. 技能要点

(1)通过查阅维修手册,能找出电动天窗故障排除的方法。

(2)通过查阅维修手册,能掌握电动天窗开关、电机、线路的检测的方法并排除故障。

(3)能掌握电动天窗系统部件的更换方法。

(4)在进行元件拆装时,要先查阅维修手册弄清拆装的步骤,严禁擅自粗暴操作,以免损坏元件。

(二)电动天窗的检查与更换任务实施

1. 电机检测(表6-14)

电机检测操作方法及说明　　表6-14

步骤	操作方法及说明	质量标准及记录
天窗总成拆装	拆卸: (1)断开蓄电池负极; (2)拆卸顶盖内护面; (3)断开顶盖通风窗总成; (4)断开顶盖通风窗总成线束接插件; (5)天窗总成螺栓位置如下图所示,拆下10个螺栓和2个螺母; (6)拆下2个锁片; (7)拆下顶盖通风窗总成。 安装: 安装以拆卸相反的顺序进行,断开并重新连接线束后,系统需进行初始化	是否规范操作 □是　□否
电机拆装	拆卸: (1)断开蓄电池负极; (2)拆卸阅读灯; (3)拆下3个螺钉,断开线束接插件; (4)取下天窗电机。 安装: 安装以拆卸相反的顺序进行,断开并重新连接线束后,系统需进行初始化	是否规范操作 □是　□否

续上表

步骤	操作方法及说明	质量标准及记录
电机线束	(1)当天窗开关位于“打开”或“关闭”位置时,若天窗动作且电机有响声,则说明电机完好;若天窗不动作且电机无响声,则电机故障;若天窗不动作且电机有响声,则天窗传动机构有故障; (2)拆下车顶电动天窗控制台; (3)分离电机导线连接器端子; (4)拔下在天窗电机导线连接器 8 号端子和 3 号端子上分别连接蓄电池(+)极和(-)极; (5)检查电动窗电机是否向打开方向和向下方向转动; (6)把接线极性倒过来,检查电动天窗电机是否向关闭方向和向上方向转动。电机应在没有任何异常声音的情况下转动。若电机工作不符合要求,则应更换电机 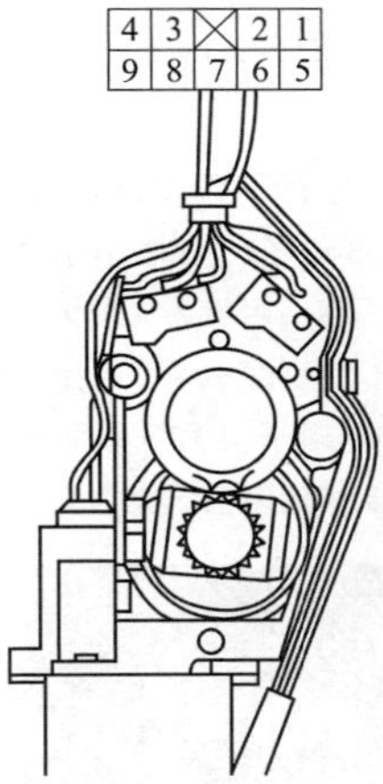 4 3 ⊠ 2 1 9 8 7 6 5	是否规范操作 □是 □否 检测结果________ 是否正常 □是 □否

2. 天窗开关检测(表 6-15)

天窗开关检测操作方法及说明 表 6-15

步骤	操作方法及说明	质量标准及记录
天窗开关拆装	拆卸: (1)断开蓄电池负极; (2)拆卸阅读灯总成。车窗开关集成在阅读灯总成。 安装: 安装以拆卸相反的顺序进行	是否规范操作 □是 □否

续上表

步骤	操作方法及说明	质量标准及记录
天窗玻璃拆装	拆卸： (1)完全开启遮阳板； (2)拆下天窗玻璃左侧2个螺钉； (3)按照以上步骤拆卸右侧2个螺钉； (4)取下天窗玻璃。 安装： (1)将顶盖天窗玻璃放入天窗框架,预紧4个螺钉； (2)调整玻璃前部,确保天窗玻璃前部与车顶顶面齐平； (3)调整天窗玻璃后部,确保玻璃后部与车顶顶面齐平； (4)紧固4个螺钉,拧紧力矩:(3.5±1)N·m； (5)在车顶密封条和玻璃之间插入2mm厚度的塞片； (6)关闭天窗玻璃,抽出塞片。如果抽出时感到有一定阻力则配合合适； (7)初始化天窗系统	是否规范操作 □是　□否
天窗开关端子	(1)拆下电动天窗开关线束； (2)打开天窗开关,天窗开关处于“打开”位置,选择万用表电阻挡位,分别测1和2端子,1和3端子,2和3端子之间的电阻值。应有一组有电阻值,另外两组的阻值为无穷大； (3)关闭天窗开关,天窗开关处于“关闭”位置,选择万用表电阻挡位,分别测1和2端子,1和3端子,2和3端子之间的电阻值。应有一组有电阻值,另外两组的阻值为无穷大 	是否置于规定挡位 □是　□否 检查数值： ________Ω 是否正常 □是　□否

3. 电动天窗线路检测(表6-16)

电动天窗线路检测操作方法及说明　　表6-16

步骤	操作方法及说明	质量标准及记录
天窗遮阳板拆装	拆卸： (1)断开蓄电池负极；	

续上表

步骤	操作方法及说明	质量标准及记录
天窗遮阳板拆装	(2)拆卸天窗总成; (3)拆卸天窗玻璃; (4)将后排水槽外拨,拆除后排水槽; (5)拆下 2 个螺栓,取下遮阳板挡块。 安装: 安装以拆卸相反的顺序进行	是否规范操作 □是 □否
天窗挡风条拆装	拆卸: (1)完全开启顶棚通风窗; (2)断开蓄电池负极; (3)取出左侧挡风条压片,将挡风条从固定点取出; (4)天窗挡风条结构位置如下图所示,取出右侧挡风条压片,将挡风条从固定点取出。  安装: 安装以拆卸相反的顺序进行	是否规范操作 □是 □否
天窗模块的检测	(1)打开点火开关“ON”挡,天窗开关处于“打开”位置,选择万用表 20V 直流挡,测得 C/C2 与搭铁之间有电压;测得 2/C1、5/C1、3/C1、D/C2、A/C2 与搭铁之间无电压; (2)打开点火开关“ON”挡,天窗开关处于“关闭”位置,选择万用表 20V 直流挡,测得 2/C1、A/C2、与搭铁之间有电压;测得 2/C1、5/C1、3/C1、D/C2、与搭铁有电压 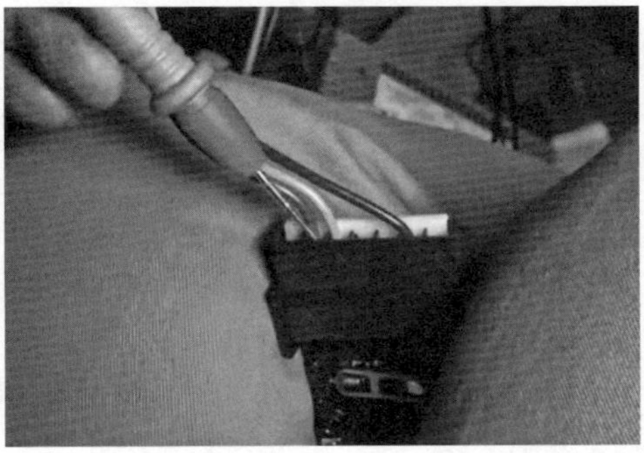	是否规范操作 □是 □否 检测结果(数据): ________V 检测结果是否正常 □是 □否 检测结果(数据): ________V 检测结果是否正常 □是 □否

四、评价反馈(表 6-17)

评价表　　表 6-17

评分项目	评分标准	分值(分)	得分(分)
学习目标	能明确本任务的知识、技能、素养目标,理解任务在工作中的重要程度	5	
工作任务分析	能清晰描述完成本次工作任务内容	2	
	能清晰描述完成本次工作任务需必备的技能与知识点	2	
有效信息获取	查资料获取电动天窗组成	5	
	查资料获取电动天窗的工作原理	5	
	查资料获取电动天窗的电路图	5	
	查资料获取电动车窗的故障排除方法	5	
实施方案制订	能清晰地制订并填写本次电动天窗的检查与更换的准备作业计划	5	
	能组织或协同工作小组成员,明确本次任务所需仪器设备、工具、材料的准备与清点,并准备记录	5	
	能组织或协同工作小组成员交流,优化检查方案并记录	5	
任务实施	能规范完成天窗电机的检测	10	
	能规范完成天窗开关的检查	10	
	能规范完成电动天窗线路的检测	20	
任务评价	能通过本次任务实施,结合自己在实训过程中的表现,进行自我评价及自我反思并记录	3	
职业素养	按规定时间完成项目作业	2	
	遵守实训室管理规定、劳动纪律	2	
	积极参与课堂活动、回答问题	2	
	能够按时出勤	2	
思政要求	弘扬劳动精神、奋斗精神、奉献精神;了解安全操作要求,养成安全文明操作的习惯	5	
总计		100	
改进建议: 教师签字: 日期:			

学习活动4　刮水器的检查与更换

一、明确任务

根据任务描述,前风窗电动刮水器不工作。对故障车辆进行检测,需要对刮水器进行检查与更换,使其恢复正常使用性能。

二、工作准备与计划制订

(一)知识准备

1. 电动刮水器的作用

汽车在雨、雪天行驶时,风窗玻璃上的雨水或积雪会影响驾驶人视线。刮水器的作用是用来刮除附着于车辆风窗玻璃上的雨水、雪花及灰尘,以改善驾驶人的能见度,增加行车安全。汽车前风窗玻璃装有刮水器,有些汽车后风窗玻璃也装有刮水器。

2. 电动刮水器的组成

电动刮水器由________、________、________和________等组成,如图6-24所示。直流电机与蜗轮蜗杆减速机构组装在一起,构成刮水器动力系统。刮水电机的旋转运动通过传动机构使刮水片往复摆动。

刮水器组成

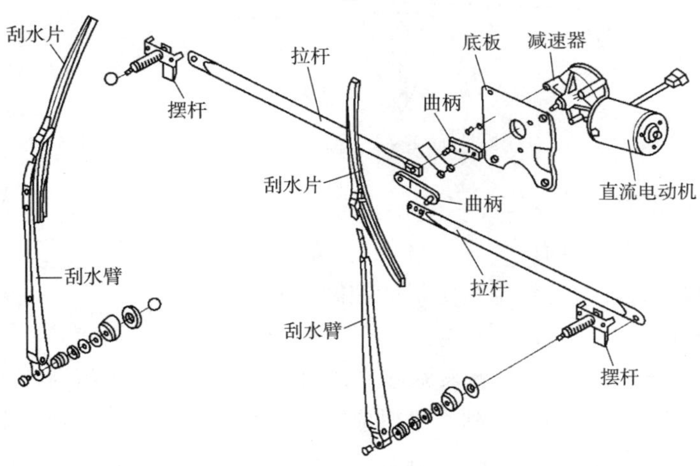

图6-24　电动刮水器的组成

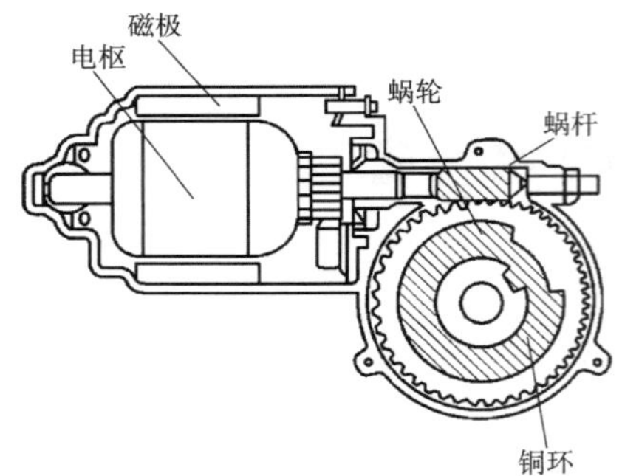

图 6-25 永磁式刮水电机的结构

1)刮水电机

刮水电机的作用是为刮水片提供动力。刮水电机有________和________两种。永磁式刮水电机的结构如图 6-25 所示,它具有体积小、质量轻、噪声小、结构简单等优点。

2)传动机构

传动机构的作用是将刮水电机的旋转运动转变为刮水片的摆动。传动机构一般为________,杆件的连接均采用________,传动机构如图 6-26 所示。

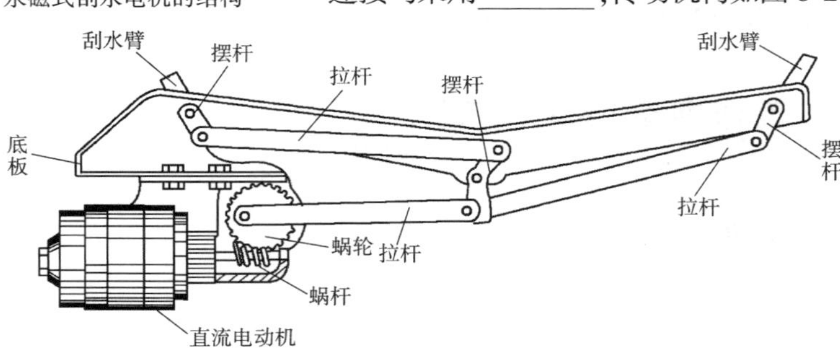

图 6-26 传动机构

3)刮水片总成

刮水器的________是直接清除玻璃上雨水和污垢等的工具。刮水片总成由主桥、副桥和橡胶刮片组成,如图 6-27 所示。刮片胶条通过弹簧条压向玻璃表面,其唇口必须与玻璃角度配合一致,方能达到所要求的性能。

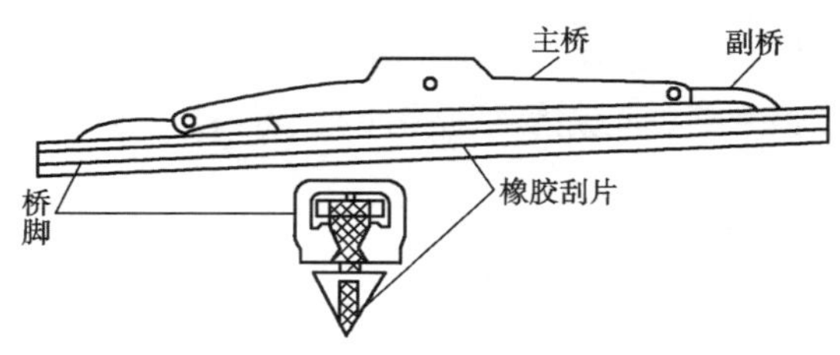

图 6-27 刮水片总成

3. 电动刮水器的工作原理

刮水器在使用中应具有________(低速、高速)、________和________等功能,以满足不同条件的要求,可通过对刮水电机的控制来实现。

1)变速控制

刮水器应能根据雨雪的大小来调整刮水片的刮水速度,在雨雪小时使用低速刮水,而雨雪大时使用高速刮水。刮水电机应能够改变转速,以调整刮水片的刮水速度。永磁式刮水电机的变速是利用 3 个电刷来改变正、负电刷之间串联线圈的个数实现变速的,变速控制如图 6-28 所示。

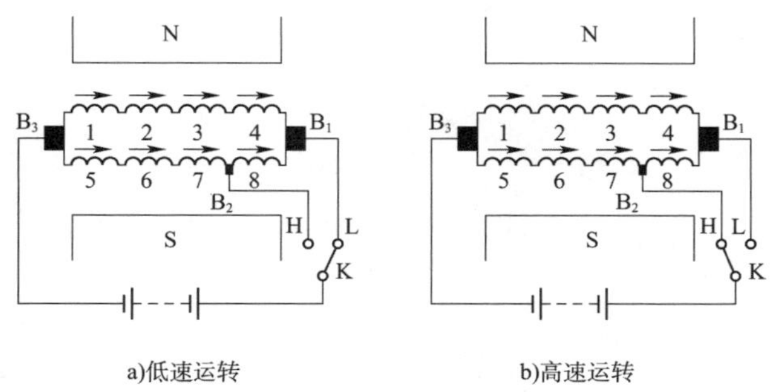

a)低速运转　　b)高速运转

图 6-28　变速控制

当将刮水器开关 K 拨向 L(低速)时,电源电压加在电刷 B_1 和 B_3 之间,在电刷 B_1 和 B_3 之间有两条电枢绕组并联支路,一条是由绕组 1、2、3、4 串联的支路,另一条是由绕组 5、6、7、8 串联的支路,即在电刷 B_1 和 B_3 之间的两条并联支路中,每条支路中各有 4 个串联绕组,反电势的大小与支路中反电势的大小相等。由于外加电压需要平衡 4 个绕组所产生的反电势,故电机转速较低。

当将刮水器开关 K 拨向 H(高速)时,电源电压加在电刷 B_2 和 B_3 之间,在电刷 B_2 和 B_3 之间同样有两条电枢绕组并联支路,一条是由绕组 1、2、3、4、8 串联的支路,另一条是由 5、6、7 串联的支路,绕组 1、2、3、4、8 同在一条支路中,其中绕组 8 与绕组 1、2、3、4 的反电势方向相反,相互抵消后,使每条支路变为 3 个串联绕组。外加电压只需平衡 3 个绕组所产生的反电势,因而实际加在电枢绕组两端的有效电压值增高,电机的转速升高。在电机转速升高时,产生的反电势增大,当外加电压与反电势达到新的平衡后,电机便以某一高转速稳定运转。

2)工作原理

刮水器工作原理示意图如图 6-29 所示,前刮水器是由刮水器开关提供信号给车身控制模块(BCM),BCM 接收到刮水器开关接地信号后,驱动前刮水电机转动;当刮水器开关处于低挡时,电流从电机低速电刷流入电枢线圈,产生大的反电动势,结果是电机以低速旋转;当刮水开关处于高挡时,电流从电机的高速电刷流入电枢线圈,产生小的反电动势,结果是电机以高速旋转;当启动刮水洗涤器开关,此时刮水喷水泵处于工作状态;连续操作洗涤器开关 1s 后,刮水器电机也开始启动低挡转动。当关闭刮水器开关后,刮水电机在电枢的惯性作用下,电机不会立即停止,同时电枢产生反电动势,对刮水电机产生电力制动,马达立即停在固定位置。

4. 风窗玻璃洗涤器

风窗玻璃洗涤器的作用是向风窗玻璃上喷射洗涤液,与刮水器配合,以除去风窗玻璃上的灰尘和脏物。

风窗玻璃洗涤器主要由________、________、________、喷嘴、洗涤开关等组成,风窗玻璃洗涤器如图 6-30 所示。

洗涤泵一般由永磁直流电机和离心式叶片泵组成,喷射压力可达 70～88kPa。洗涤泵一般直接安装在储液罐上,也有的安装在管路中。在离心式叶片泵的进口处设置滤清器。

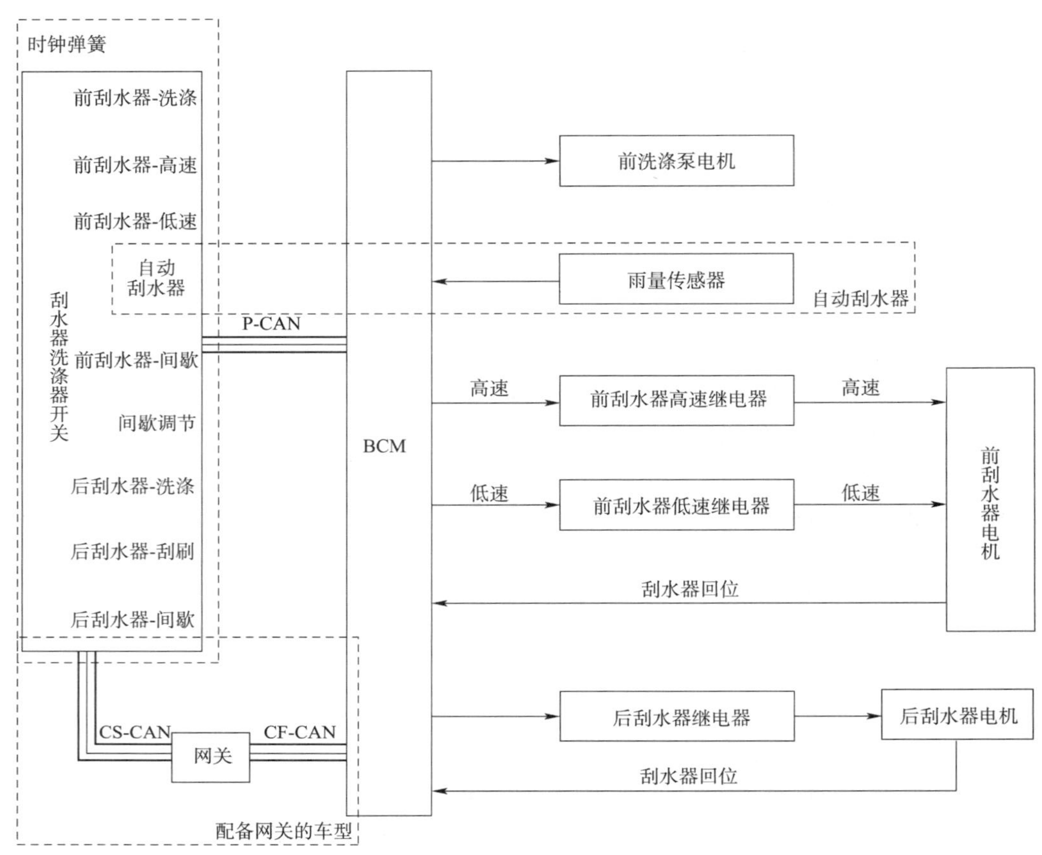

图 6-29　刮水器工作原理示意图

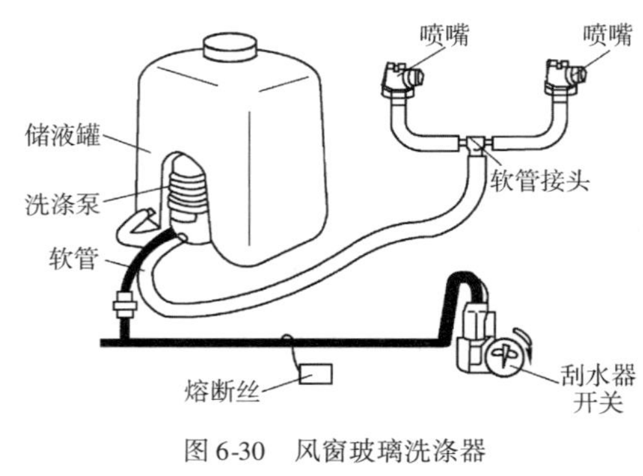

图 6-30　风窗玻璃洗涤器

喷嘴通常安装在风窗玻璃下面的前围板上或发动机舱盖上，喷嘴的直径一般为 0.8 ~ 10mm，喷嘴方向可以根据使用情况调整，使洗涤液能够喷射到风窗玻璃的适当位置。常用的洗涤液是硬度不超过 205×10^{-6} CaO 的清水。为了能刮掉风窗玻璃上的油、蜡等，可在清水中添加少量的去垢剂和缓蚀剂。接通洗涤开关，洗涤泵将洗涤液泵出，经喷嘴喷洒到风窗玻璃上。

5. 车窗玻璃刮水装置线路分析

1) 控制方式

车窗刮水开关信号送至控制单元，由控制单元向刮水电机供电。车窗控制原理如图 6-31 所示，车载电网控制单元为刮水器电机控制单元和车窗清洗泵供电。

2) 线路分析

风窗刮水装置电路图如图 6-32 所示，点火开关（D）经 SC2 向车窗刮水器开关

(E38)供电,车窗刮水器开关(E38)向 J519 发送信号,其电源为 SC2,SC2 向车窗清洗泵开关(E44)供电。SC36、SC48 向车载电网控制单元(J519)供电,J519 为刮水电机控制单元(J400)、车窗清洗泵(V5)供电。接地点:刮水电机控制单元(J400)接地点编号 671;车窗清洗泵(V5)接地点编号 13。

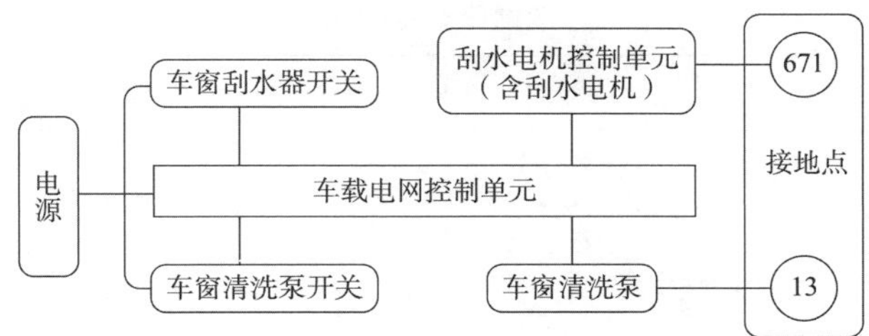

图 6-31　车窗控制原理

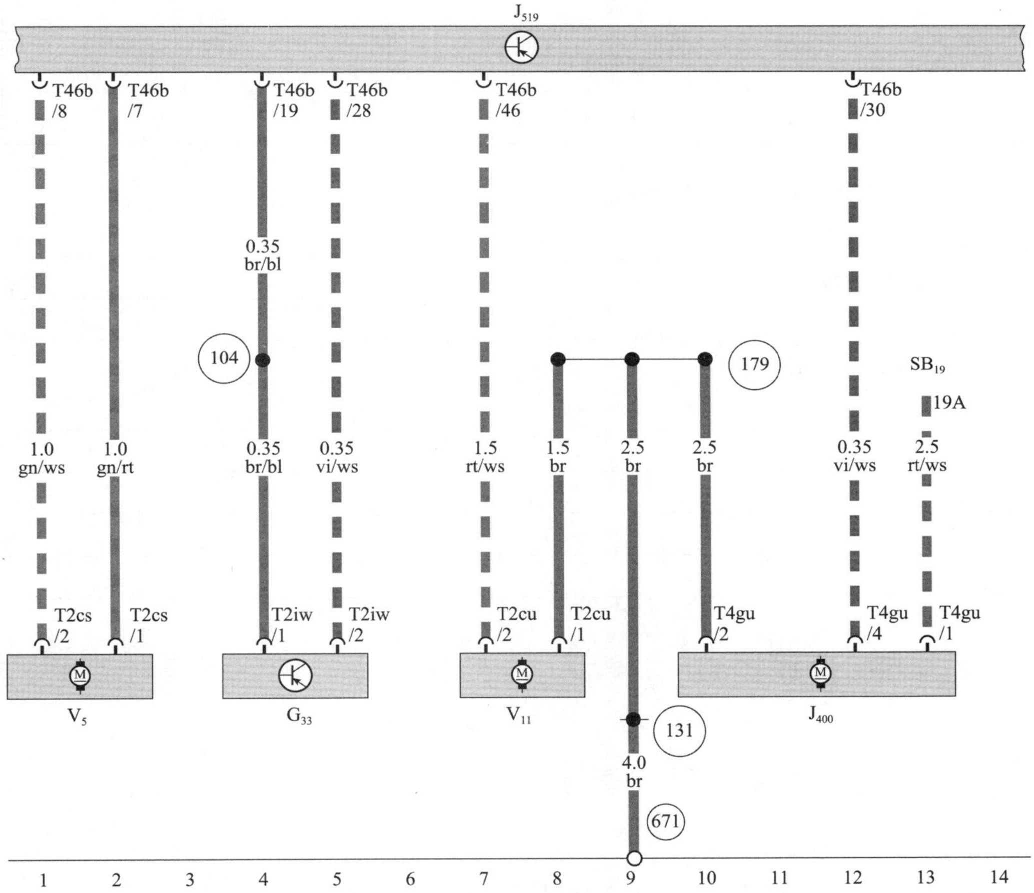

图 6-32　风窗刮水装置电路图

G_{33}-车窗玻璃清洗液液位传感器;T2iw-2 芯插头连接,黑色;J_{400}-刮水器电机控制单元;T4gu-4 芯插头连接,黑色;J_{519}-车载电网控制单元;T46b-46 芯插头连接,黑色;SB_{19}-熔断丝架 B 上的熔断丝 19;V_5-车窗玻璃清洗泵;T2cs-2 芯插头连接,黑色;V_{11}-前照灯清洗装置泵;T2cu-2 芯插头连接,黑色

(二)制订工作方案

1. 任务分工(表 6-18)

学生任务分配表　　表 6-18

班级		组号		指导教师	
组长		任务分工			
组员 1		任务分工			
组员 2		任务分工			
组员 3		任务分工			
组员 4		任务分工			
组员 5		任务分工			
组员 6		任务分工			

2. 工量具、仪器设备与耗材准备

(1)使用的工量具有:________________。

(2)使用的仪器设备有:________________。

(3)使用的耗材有:________________。

3. 具体方案描述

____

____

____

____

____

三、计划实施

(一)安全注意事项及技能要点

1. 安全注意事项

(1)检查实训室通风系统设备工作是否正常。

(2)检查实训室、车辆有无安全隐患。

(3)正确使用工具设备进行检测。

(4)拔插线束插接器时,需要关闭点火开关。

(5)拔插控制单元插接器时,不仅需要关闭点火开关,还需要断开蓄电池负极。

2. 技能要点

(1)通过查阅维修手册,能查找出刮水器不工作故障的原因。

(2)能通过查阅维修手册,掌握电机故障排除的方法。

(3)能查找出刮水器开关的检测、线路检测的方法并排除故障。

(4)能掌握万用表的使用方法。

(5)在进行元件拆装时,要先查阅维修手册弄清拆装的步骤,严禁擅自粗暴操作,以免损坏元件。

(二)风窗刮水装置的检查与更换任务实施

1. 刮水器电机检测(表6-19)

刮水器电机检测操作方法及说明 表6-19

步骤	操作方法及说明	质量标准及记录
前刮水器电机拆装	拆卸: (1)打开机舱盖; (2)断开蓄电池负极; (3)撬下前刮水器臂螺栓盖; (4)拆下前刮水器臂固定螺母;  (5)先抬起刮水器臂,再取下前刮水器臂总成。刮水器臂与输出轴为过盈配合,请使用拉马器进行拆卸,避免暴力拆卸,拆卸后用钢丝刷清洁刮水器臂齿面与刮水器电机输出轴齿面; (6)拆下机舱盖前、后密封条; (7)拆卸格栅装饰板; (8)拆卸通风盖板总成; (9)拆下8个螺栓2个螺母,取下通风窗盖板安装板; (10)断开刮水器电机线束插接件; (11)拆下4个螺栓,取下前刮水器臂带电机总成。	

续上表

步骤	操作方法及说明	质量标准及记录
前刮水器电机拆装	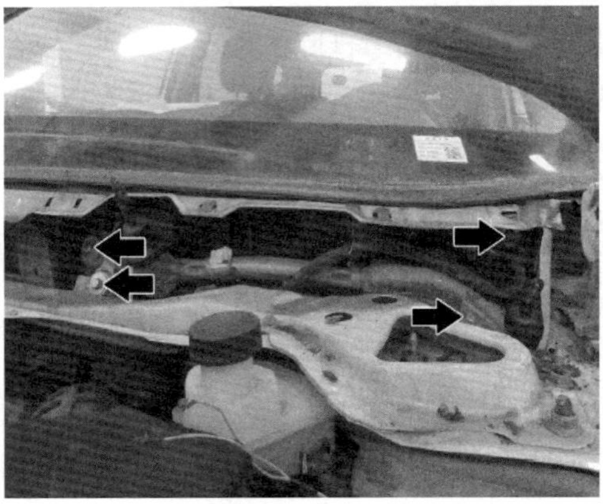 安装: 以拆卸相反的顺序进行	是否正确拆装 □是　□否
前刮水器片的拆装	拆卸: (1)从风窗玻璃上抬起刮水器臂。如下图所示,抬起至极限位置,防止回弹击碎风窗玻璃,在接通电源模式 ON 挡前,必须将刮水器扳回到风窗玻璃上,否则接通后可能造成损坏; 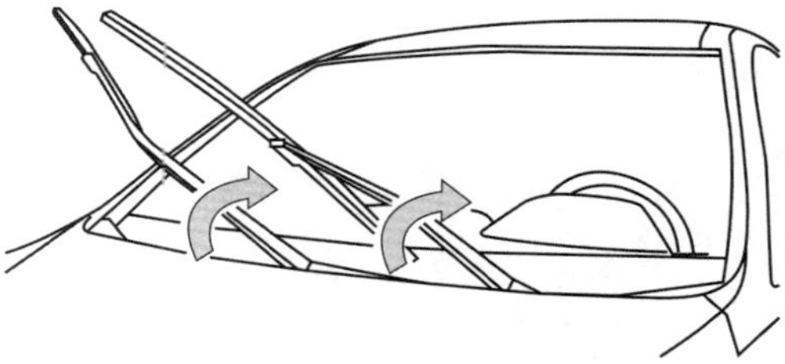 (2)按下塑料凸台,沿箭头方向拆下刮水器片。 安装: (1)以拆卸相反的顺序进行; (2)安装好以后需要对刮水器片进行检查; (3)操作刮水器,运行 2 次; (4)检查刮水器停止位置是否正确; (5)如果停止位置不符合规定,则拆下并重新安装,再次执行上述检查。如果结果仍不符合规定,则检查刮水器电机总成	是否正确拆装 □是　□否
刮水器电机检测	(1)拔下电机的线束; (2)搭铁端子的判别:将万用表拨到导通挡,黑表笔接搭铁,红表笔插到线束的 5 个端子,当听到"蜂鸣"声时,此端子为搭铁端子,记为 5;	

续上表

<table>
<tr><th>步骤</th><th>操作方法及说明</th><th>质量标准及记录</th></tr>
<tr><td>刮水器电机检测</td><td>(3)将万用表拨到电阻200挡,黑表笔插入5,红表笔分别置于其他4个端子,测的电阻0Ω的端子为复位端子,记为3,1.2Ω为高速挡,1.5Ω为低速挡,分别记为4和1。若测量结果与上述不符合,说明电机有故障
<table><tr><th>端子号</th><th>测量数值</th><th>挡位</th></tr><tr><td>1</td><td></td><td></td></tr><tr><td>2</td><td></td><td></td></tr><tr><td>3</td><td></td><td></td></tr><tr><td>4</td><td></td><td></td></tr><tr><td>5</td><td></td><td></td></tr></table></td><td>是否找到保险位置
□是 □否

检测结果(数据):________Ω

检测结果是否正常
□是 □否</td></tr>
</table>

2. 刮水器开关检测(表6-20)

刮水器开关检测操作方法及说明 表6-20

<table>
<tr><th>步骤</th><th>操作方法及说明</th><th>质量标准及记录</th></tr>
<tr><td>刮水器开关的拆装</td><td>拆卸:
(1)断开蓄电池负极;
(2)拆下组合开关,上护罩;
(3)拆下三个螺钉,拆下组合开关,下护罩;

(4)断开线束插接件;
(5)拆下2个螺钉,向右侧取下灯光组合开关。</td><td></td></tr>
</table>

续上表

<table>
<tr><th>步骤</th><th>操作方法及说明</th><th>质量标准及记录</th></tr>
<tr><td>刮水器开关的拆装</td><td>安装：
以拆卸相反的顺序进行</td><td>是否正确拆装
□是 □否</td></tr>
<tr><td>刮水器开关的检测</td><td>(1)拆下转向柱装饰盖。必要时,需要断开所有电器连接器,然后松开塑料固定凸舌以便拆下风窗玻璃刮水器和洗涤;
(2)检查各个端子的导通性,检查时应对照表的标准进行,若检查的结果不符合标准,应及时予以更换
<table>
<tr><th>开关位置</th><th>连接检查</th><th>导通性</th></tr>
<tr><td>MIST</td><td>7 – 8</td><td>导通</td></tr>
<tr><td>关</td><td>6 – 7</td><td>导通</td></tr>
<tr><td>间歇</td><td>6 – 7</td><td>导通</td></tr>
<tr><td>低</td><td>7 – 8</td><td>导通</td></tr>
<tr><td>高</td><td>8 – 9</td><td>导通</td></tr>
<tr><td>洗涤器运转</td><td>4 – 5</td><td>导通</td></tr>
</table>
</td><td>是否置于规定挡位
□是 □否

检查数值：________

是否正常
□是 □否</td></tr>
</table>

3. 风窗洗涤器电机检测(表6-21)

风窗洗涤器电机检测操作方法及说明 表6-21

步骤	操作方法及说明	质量标准及记录
风窗洗涤器电机拆装	拆卸： (1)清空风窗洗涤器中的洗涤液; (2)断开蓄电池负极; (3)拆卸前保险杠总成; (4)断开风窗洗涤器电机总成的线束和水管。在拆卸时应使用容器放在洗涤储液壶总成下方,避免剩余洗涤剂洒落在车内与地面上; (5)拆下风窗洗涤器电机总成。 安装： 以拆卸相反的顺序进行	是否正确拆装 □是 □否

续上表

<table>
<tr><th>步骤</th><th>操作方法及说明</th><th>质量标准及记录</th></tr>
<tr><td>刮水器开关的检测</td><td>(1)向洗涤器储液壶内注入适量洗涤液；
(2)断开风窗洗涤电机总成接插件；
(3)如下图，风窗洗涤电机的检测方法，分别将蓄电池的正、负极引线连接到风窗洗涤器电机的接线端1和2；
(4)再分别将蓄电池的正、负极引线连接到风窗洗涤器电机的接线端2和1；
(5)从洗涤液储液壶中均能流出洗涤液，风窗洗涤器电机正常 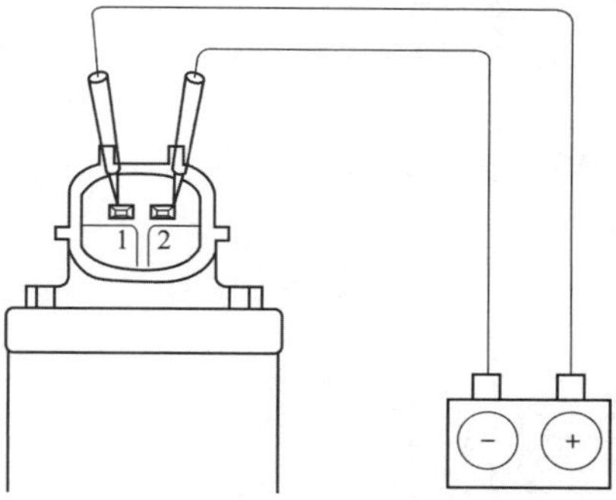</td><td>是否规范操作
□是　□否
检查数值：________
是否正常
□是　□否</td></tr>
<tr><td>洗涤器储液壶拆装</td><td>拆卸：
(1)断开蓄电池负极；
(2)拆卸前保险杠总成；
(3)清空洗涤液；
(4)如下图，拆下4个螺栓； 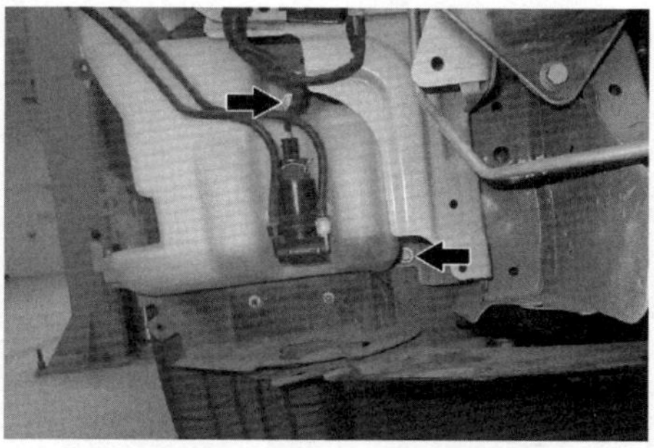
(5)拆卸部分防溅垫，如下图，拆下1个子母扣； 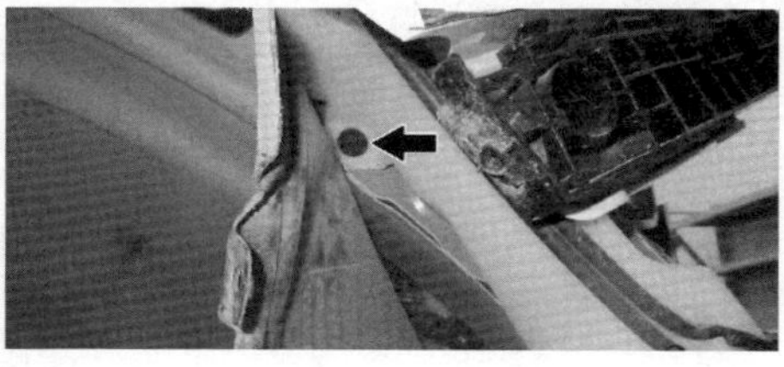</td><td></td></tr>
</table>

续上表

步骤	操作方法及说明	质量标准及记录
洗涤器储液壶拆装	(6)断开洗涤器电机接插件； (7)断开洗涤水管连接，拆下洗涤储液壶。 安装： 以拆卸相反的顺序进行	是否正确拆装 □是 □否
前洗涤器喷嘴拆装	拆卸： (1)断开蓄电池负极； (2)断开前洗涤器软管； (3)拆卸格栅装饰板； (4)拆卸通风窗盖板总成； (5)如下图，拆下前洗涤喷嘴总成，不要重复使用洗涤器喷嘴。 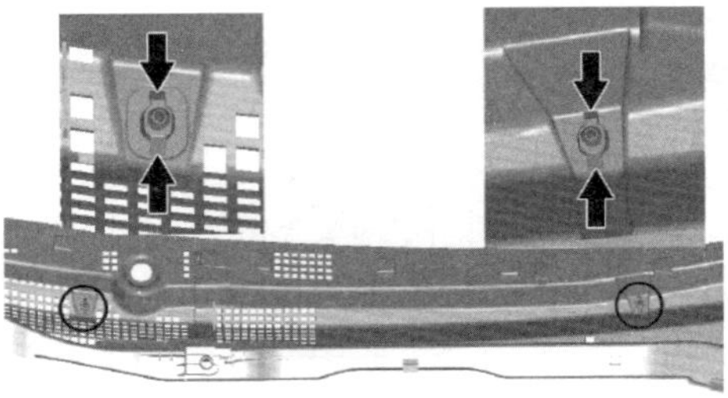 安装： 以拆卸相反的顺序进行。 调整： (1)使用端部圆滑的销调整洗涤器喷嘴的方向； 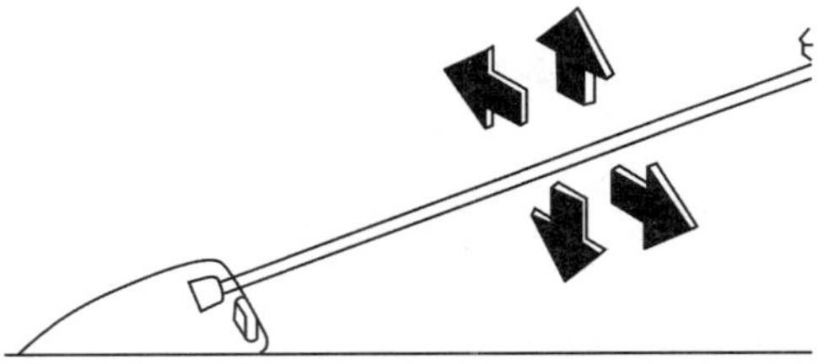 (2)调整至前喷嘴喷射到合适的位置	是否正确拆装 □是 □否

4. 刮水器系统线路检测(表6-22)

刮水器系统线路检测操作方法及说明 表6-22

步骤	操作方法及说明	质量标准及记录
熔断丝检测	(1)点火开关置于OFF挡位； (2)用万用表检查风窗刮水装置各保险的阻值； (3)记录测量结果； (4)搭铁点检测	是否置于规定挡位 □是 □否 是否能测量熔断丝 □是 □否

续上表

步骤	操作方法及说明	质量标准及记录
线束检测	(1)拆卸刮水器片与刮水器臂等部件,拔下电机上的线束; (2)打开点火开关置于“ON”挡位,用万用表的红色标记接线束的针脚,黑色标记搭铁; (3)检测所有针脚,记录数据; (4)操作刮水器开关的不同挡位,重复上述操作,记录检测结果。低速挡电压12V为正常,高速挡为12V为正常,间隙挡为12V,搭铁线为0V; (5)插上线束,测试回复信号线,电压应该在0~12V之间波动为正常	是否正常 □是　□否 是否完成 □是　□否

四、评价反馈(表6-23)

评价表　　表6-23

评分项目	评分标准	分值(分)	得分(分)
学习目标	能明确本任务的知识、技能、素养目标,理解任务在工作中的重要程度	5	
工作任务分析	能清晰描述完成本次工作任务内容	2	
	能清晰描述完成本次工作任务需必备的技能与知识点	2	
有效信息获取	查资料获取刮水器系统的组成	5	
	查资料获取刮水器系统的工作原理	5	
	查资料获取刮水器系统的故障诊断流程	5	
	查资料获取刮水器系统的故障诊断方法	5	

续上表

评分项目	评分标准	分值(分)	得分(分)
实施方案制订	能清晰地制订并填写本次刮水器的检查与更换的准备作业计划	5	
	能组织或协同工作小组成员,明确本次任务所需仪器设备、工具、材料的准备与清点,并准备记录	5	
	能组织或协同工作小组成员交流,优化检查方案并记录	5	
任务实施	能规范完成刮水器电机检测	10	
	能规范完成刮水器开关检测	10	
	能规范完成风窗洗涤器电机检测	10	
	能规范完成刮水器系统线路检测	10	
任务评价	能通过本次任务实施,结合自己在实训过程中的表现,进行自我评价及自我反思并记录	3	
职业素养	按规定时间完成项目作业	2	
	遵守实训室管理规定、劳动纪律	2	
	积极参与课堂活动、回答问题	2	
	能够按时出勤	2	
思政要求	弘扬劳动精神、奋斗精神、奉献精神;了解安全操作要求,养成安全文明操作的习惯	5	
总计		100	
改进建议: 教师签字: 日期:			

学习活动5　中控门锁的检查与更换

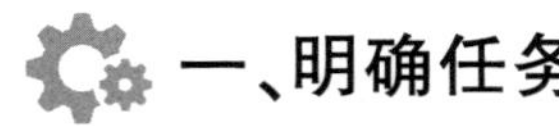

一、明确任务

根据任务描述,对故障车辆进行检测,需要对中控门锁部件进行检查与更换,使其恢复正常使用性能。

二、工作准备与计划制订

(一)知识准备

1. 中控门锁的功能

汽车门锁是保证汽车行驶安全的一项重要措施。门锁的一般要求是不仅能将车门可靠锁紧而且不能打开车门。为了提高汽车使用的安全性、方便性,现代轿车大多安装中央门锁控制系统。

1)中央控制

当驾驶人锁住其身边的车门时,其他车门也同时锁住,驾驶人可通过门锁开关同时打开各个车门,也可单独打开某个车门。

2)速度控制

当行车辆速度度达到一定时,各个车门能自行锁上,防止乘员误操作车门把手而导致车门打开。

3)单独控制

除在驾驶人身边车门以外,还在其他门设置单独的弹簧锁开关,可独立地控制每个车门的打开和锁住。

2. 中控门锁的组成

中控门锁系统的组成一般包括________开关、________总成、________开关、________开关及行李舱门开启器等。

典型的中央门锁控制系统及其组件的安装位置如图 6-33 所示。

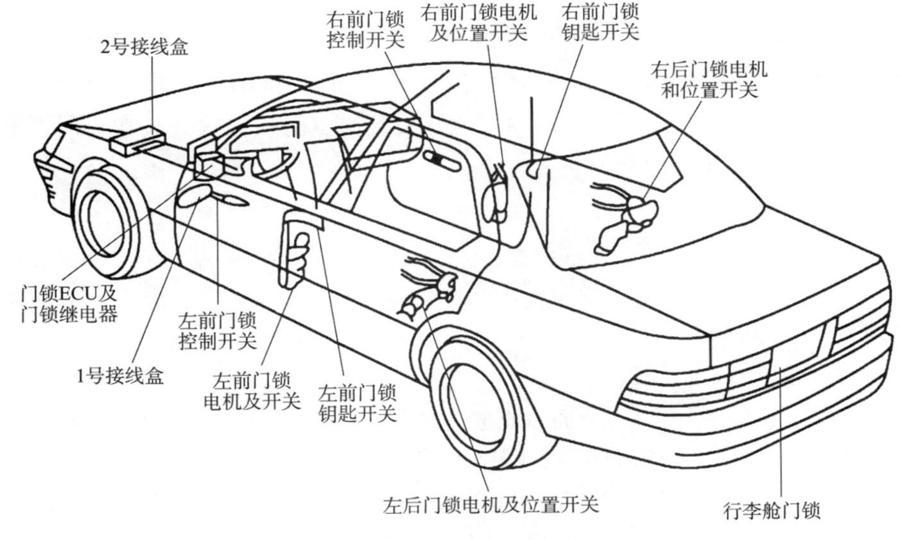

图 6-33　中控门锁系统各部件的安装位置

图 6-34　门锁控制开关的位置

1)门锁控制开关

门锁控制开关一般安装在驾驶人侧门内的扶手上,通过门锁控制开关可以同时锁上和________所有的车门。轿车门锁控制开关的位置如图 6-34 所示。

2)门锁总成

门锁总成主要由门锁________、门锁________、外壳等组成,如图 6-35 所示。门锁传动机构主要由门锁电机、蜗轮齿轮组等组成,如图 6-36 所示。门锁电机是门锁的执行器,当门锁电机转动时,蜗杆带动蜗轮转动,蜗轮推动锁杆,车门被锁上或打开,然后蜗轮在回位弹簧的作用下返回原位置,防止操纵门锁按钮时电机工作。

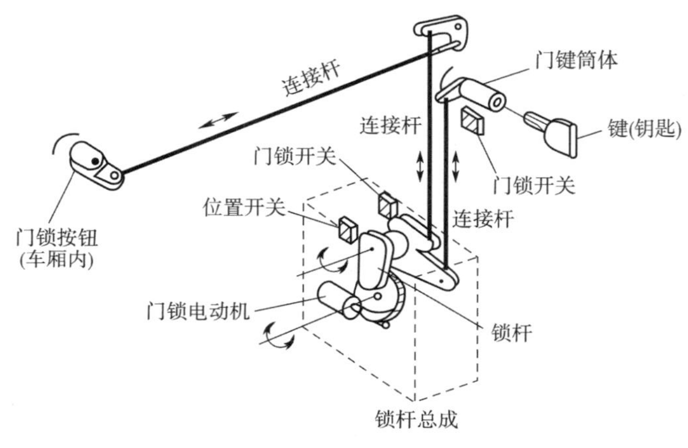

图 6-35　门锁总成结构

门锁位置开关位于________,用来检测车门的________,它由一个触点片和一个开关底座组成。当锁杆推向锁门位置时,位置开关断开,推向开门位置时接通。即当车门关闭时,此开关断开;当车门打开时,此开关接通。门锁位置开关在车门锁紧和打开时的状态如图 6-37a)、b)所示。

3)钥匙操纵开关

钥匙操纵开关装在每个前门的________,当从外面用钥匙开门或关门时,钥匙控制开关便发出开门或锁门的信号给门锁控制 ECU 或门锁控制继电器。钥匙操纵开关的位置如图 6-38 所示。

4)行李舱门开启器开关

一般该开关位于________下面或驾驶人座椅________,拉动此开关便能打开行李舱门,如图 6-39 所示。行李舱的钥匙门靠近其开启器,推压钥匙门,断开行李舱内主开关,此时再拉开启器开关也不能打开行李舱门。将钥匙插进钥匙门内顺时针旋转打开钥匙门,主开关接通,这样便可用行李舱门开启器打开行李舱。

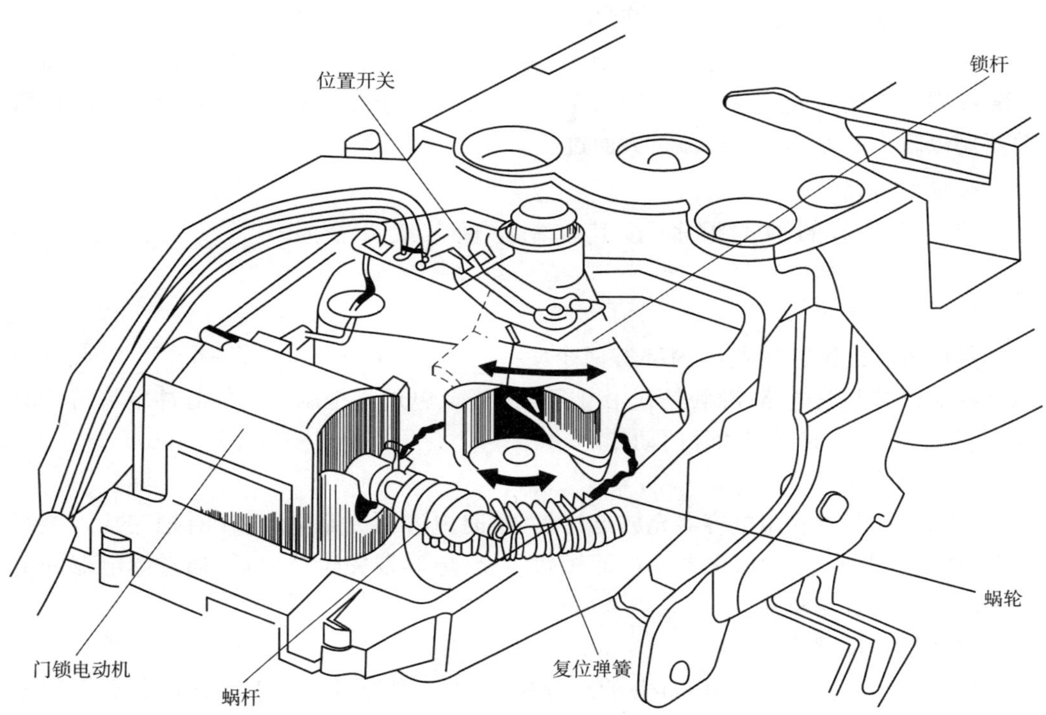

图 6-36 门锁传动机构

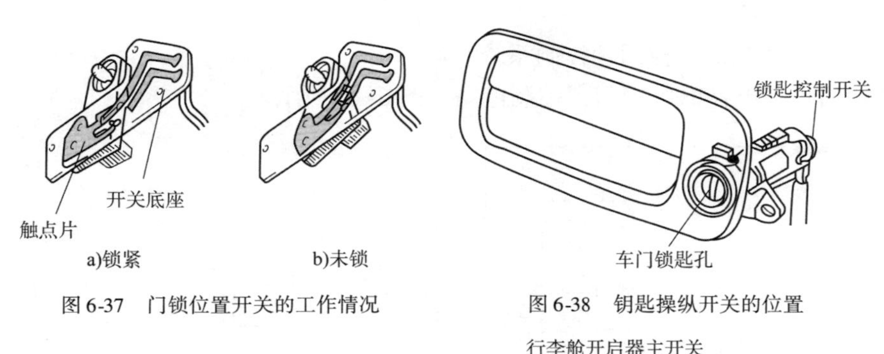

图 6-37 门锁位置开关的工作情况

图 6-38 钥匙操纵开关的位置

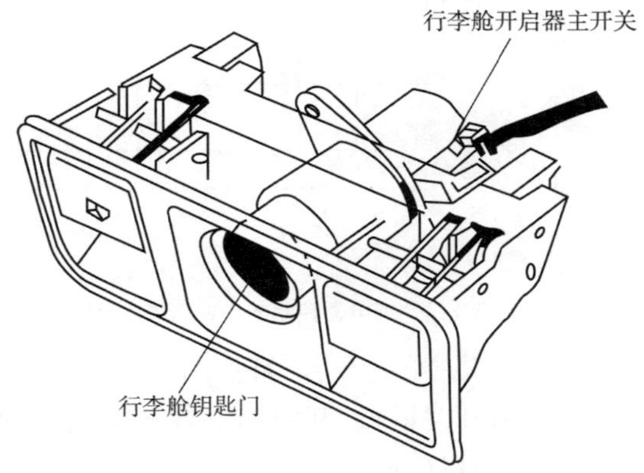

图 6-39 后备厢门开启器开关

5)行李舱门开启器

行李舱门开启器装在行李舱门上,一般用电磁线圈代替电机,由磁极、可动铁芯、电磁线圈和支架组成。当电磁线圈通电时,可动铁芯将轴拉入并打开行李舱。线路断路器用以防止电磁线圈因电流过大而过热。

3. 中控门锁的分类

门锁控制器的种类很多,按其控制原理大致可分为________、________和________三种门锁控制器。

1)晶体管式

晶体管式门锁控制器的内部有两个________、一个________、一个________。继电器由晶体管开关电路控制,是利用电容器的充放电过程控制一定的脉冲电流持续时间,使执行机构完成锁门和开门动作。

2)电容式

该门锁控制器利用电容器充放电特性,平时电容器充足电,工作时把它接入控制电路,使电容器放电,使继电器通电而短暂吸合,电容器完全放电后,通过继电器的电流中断而使其触点断开。

3)车辆速度感应式

装有一个车辆速度为10km/h的感应开关,当车辆速度大于10km/h时,若车门未上锁,则无须驾驶人动手,门锁控制器会自动将门上锁。

4. 中控门锁的工作原理

1)继电器控制的中控门锁控制系统

使用门锁继电器的中控门锁控制电路如图6-40所示。

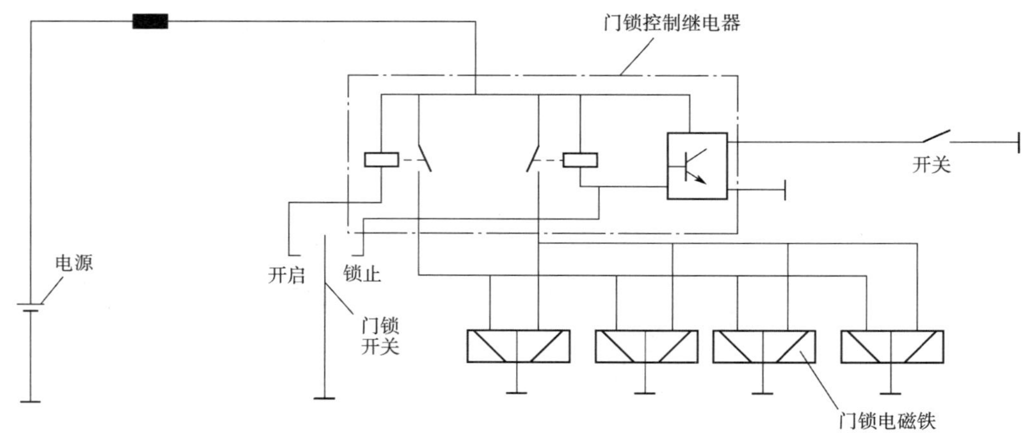

图6-40 门锁继电器控制的中控门锁电路

当用钥匙转动锁芯,门锁开关中的“开启”触点闭合时,电流便经过蓄电池正极、熔断丝、开锁继电器线圈后经门锁开关搭铁,开锁继电器开关闭合,电流经过门锁电机或门锁电磁线圈搭铁,四个车门同时打开。当用钥匙转动锁芯,门锁开关中的“锁止”触点闭合时，锁止继电器通电使其开关闭合，四个车门同时锁住。开关受车辆速度的控制，可以实现自动闭锁。

2）电脑（ECU）控制的中控门锁系统

防盗和中控门锁 ECU 的控制电路如图 6-41 所示。

（1）用钥匙锁门和开锁。

①锁门：当把钥匙插入驾驶人侧或副驾驶人侧门锁的锁芯内并向锁门方向转动时，钥匙控制开关 16 将锁门侧（L）接通，这样 ECU 端子 13 和接地端接通，相当于开关 16 向 ECU 输入锁门信号。此信号经过反相器 C 或门 A 锁门定时器，使晶体管 VT_1（起开关作用）导通，从而使继电器 No. 1 通电。电流通过继电器线圈的电路为：蓄电池 1→易熔线 3→熔断器 6→ECU 的 24 号端子→继电器 No. 1 的电磁线圈→晶体管 VT_1→接地。

继电器 No. 1 号通电使其触点闭合，接通了门锁电机电路。电路为：蓄电池 1→易熔线 2、4→断路器 5→ECU 的 8 号端子→继电器 No. 1 接通的触点→ECU 的 4 号端子→门锁电机 21、22、23 和 24→ECU 的 3 号端子→继电器 No. 2 接地触点→接地→蓄电池负极。门锁电机转动，将四个门锁全部锁上。

②开锁：当将钥匙插入驾驶人侧或副驾驶人侧门锁锁芯内并向开锁方向转动时，钥匙控制开关 16 向开门（UL）侧接通，防盗和门锁 ECU20 的 9 号端子与接地之间接通，即开关 16 向 ECU 输入一个开锁请求信号。此信号经过反相器 D 或门 B 开锁定时器，使晶体管 VT_2 接地。

继电器 No. 2 通电使其触点闭合，接通了门锁电机电路。电路为：蓄电池 1→易熔线 2、4→断路器 5→ECU 的 8 号端子→继电器 No. 2 接通的触点→ECU 的 3 号端子→门锁电机 21、22、23 和 24→ECU 的 4 号端子→继电器 No. 1 接地触点→接地→蓄电池负极。门锁电机反向转动，全部开锁。

（2）用门锁控制开关锁门和开锁。

①锁门：把驾驶人侧或副驾驶人侧门锁控制开关 15 推向锁门（LOCK）位置时，防盗和门锁 ECU20 的 16 号端子与接地之间接通，即开关 15 向 ECU 输入一个锁门请求信号。此信号经过反相器 A 或门 A 锁门定时器，使晶体管 VT（起开关作用）导通，从而使继电器 No. 1 通电。电流通过继电器线圈的电路为：蓄电池 1→易熔线 3→熔断器 6→ECU 的 24 号端子→继电器 No. 1 电磁线圈→晶体管 VT_1→接地。

继电器 No. 1 通电使其触点闭合，接通了门锁电机电路。电路为：蓄电池 1→易熔线 2、4→断路器 5→ECU 的 8 号端子→继电器 No. 2 接地触点→接地→蓄电池负极。门锁电机转动，将四个门锁全部锁上。

②开锁：当把驾驶人侧或副驾驶人侧门锁控制开关 15 推向开锁（UL）位置时，防盗和门锁 ECU20 的 17 号端子与接地之间接通，即开关 15 向 ECU 输入一个开锁请求信号。此信号经过反相器 B 或门 B 开锁定时器，使晶体管 VT_2（起开关作用）导通，从而使继电器 No. 2 通电，电流通过继电器线圈的电路为：蓄电池 1→易熔线 3→熔断器 6→ECU 的 24 号端子→继电器 No. 2→晶体管 VT_2→接地。

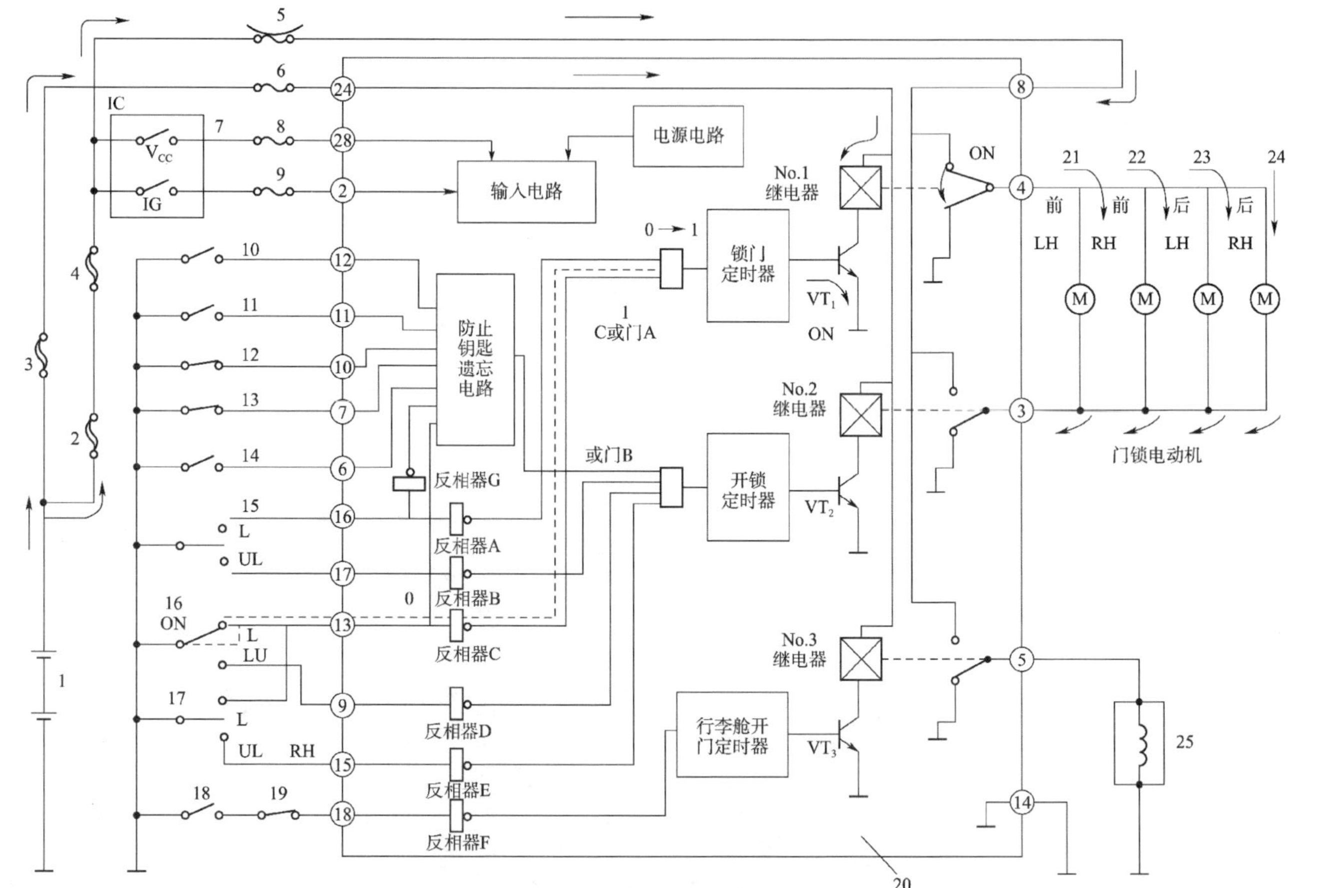

图 6-41　ECU 控制的中控门锁系统电路

1-蓄电池;2-易熔线(ALT);3-易熔线(MAIN);4-易熔线(AMI);5-断路器;6-DOME 保险;7-点火开关;8-CIG(电烟器);9-ECU-LG 保险;10-左前门锁开关;11-右前门锁开关;12-左前位置开关;13-右前位置开关;14-钥匙开锁报警开关;15-门锁控制开关(双投);16-钥匙开关门锁;17-门锁报警开关;18-行李舱门开启器开关;19-主开关;20-防盗和门锁;21-左前门锁电机;22-右前门锁电机;23-左后门锁电机;24-右后门锁电机;25-行李舱门开启器电磁阀

蓄电池 No. 2 通电使其触点闭合,接通了门锁电机电路。电路为:蓄电池 1→易熔线 2、4→断路器 5→ECU 的 8 号端子→继电器 No. 2 接通的触点→ECU 的 3 号端子→门锁电机 21、22、23 和 24→ECU 的 4 号端子→继电器 No. 1 接地触点→接地→蓄电池负极。门锁电机反向转动,将四个门锁全部开锁。

(3)行李舱门锁的控制。

当主开关 19 和行李舱门锁开关的 18 接通时,防盗和门锁 ECU20 的 18 号端子与接地之间接通,即向 ECU 输入一个后备厢开锁请求信号。此信号经过反相器 F 和行李舱开锁定时器,使晶体管 VT_3(起开关作用)导通,从而使继电器 No. 3 电磁线圈通电。电流通过继电器线圈的电路为:蓄电池 1→易熔线 3→熔断器 6→ECU 的 24 号端子→继电器 No. 3 的电磁线圈→晶体管 VT→接地。

继电器 No. 3 通电使其触点闭合,接通了行李舱门锁电磁线圈的电路。电路为:蓄电池 1→易熔线 2、4→断路器 5→ECU 的 8 号端子→继电器 No. 3 接通的触点→ECU 的 5 号端子→行李舱门锁电磁线圈 25→接地→蓄电池负极,从而使行李舱门锁打开。

(4)防止点火钥匙锁入车内。

若驾驶人未从点火开关中拔出点火钥匙便打开前车门,准备离开,由于前车门打开和点火钥匙未拔出,门锁开关 10 和钥匙警告开关 14 均保持接通状态,并将信号送给 ECU 的防止钥匙遗忘电路。此时,当按下门锁按钮或门锁控制开关时,门立刻被锁上。但位置开关 12 或门锁控制开关经 ECU 的 10 号(或 16 号)端子,将一信号送给防止钥匙遗忘电路,再经反向器 D 或门 B 开锁定时器到晶体管 VT_2 使 VT_2 导通,继电器 No. 2 电磁线圈通电,因而使所有门锁开锁。

3)中央电动门锁电子控制电路

中央电动门锁电子控制电路图如图 6-42 所示。W_1,W_2 分别为控制门锁开关的控制线圈,其中 W_1 为关闭车门的控制线圈,W_2 为开启车门的控制线圈,它们的存在实现了真正意义上的电子控制。其工作过程如下:

(1)锁止车门。

当将钥匙插入锁筒内并旋转一定的角度后,车门门锁开关接通控制电路,通过一系列的控制使继电器 W_1 的电磁线圈通电,吸合 K_1 触点,使门锁电机的电路导通并构成闭合回路,电机转动将门锁锁扣锁止。其电路为:蓄电池的正极→熔断器→二极管 VD_6→三极管 VT_1 发射极→电阻 R_3→二极管 VD_1→电容器 C_1→锁止开关→蓄电池的负极。C_1 充电瞬间,VT_1、VT_2 导通,继电器 W_1 线圈有电流通过而产生吸力将 K_1 触点吸到 ON 的位置。这时的电流由蓄电池的正极→熔断器→K_1→执行机构(电机)→K_2→蓄电池的负极。电机有电流通过,产生动力拉下车门锁扣杠杆,锁止车门。

当电容器 C_1 充电完毕时,三极管 VT_1 无基极电流通过而截止,三极管 VT_2 也随之截止,继电器线圈 W_1 失电而吸力消失,开关 K_1 断开,电机无电流通过也停止工作,锁止车门结束。

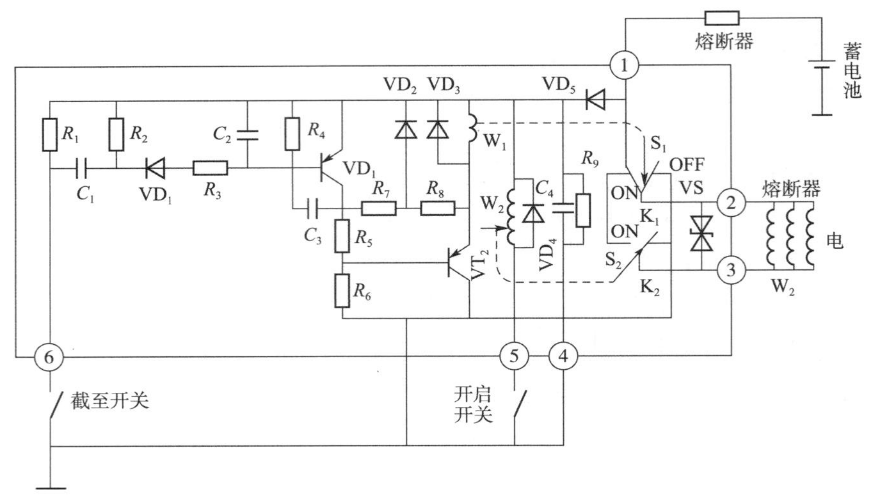

图 6-42　中央电动门锁电子控制电路图

(2)打开车门。

当驾驶人需要将门锁打开时,可将钥匙插入门锁锁筒内并旋转一定角度,车门锁开启开关闭合。这时,蓄电池的电流由正极→熔断器→继电器 W_2→开锁开启开关→蓄电池的负极。由于继电器 W_2 的线圈通电而产生吸力,使 K_2 处于 ON(接通状态),电机产生动力,由于通过电机的电流方向与车门锁止时相反,所以车门锁锁扣被拉起,车门锁被打开。

4)带有车辆速度感应器的中控门锁

车辆速度感应式门锁控制电路如图 6-43 所示。在中央集控门锁系统中加载车辆速度为 10km/h 的感应开关,当车辆速度在 10km/h 以上时,若车门未上锁,驾驶人无需动手,则门锁控制器自动将门上锁。如果个别车门要自行开门或锁门可分别操作。

当点火开关接通时,电流流经报警灯可使 3 个车门的报警灯开关(此时门未锁)搭铁,报警指示灯亮。若按下锁门开关,定时器使三极管 T_2 导通一下,在三极管 T_2 导通期间,锁定继电器线圈 L_1 通电,常开触点闭合,门锁执行机构通正向电流,执行锁门动作。当按下开锁开关,则开锁继电器线圈 L_2 通电,常开触点闭合,门锁执行机构通反向电流,执行开门动作。汽车行驶时,若车门未锁,且车辆速度低于 10km/h 时,置于车辆速度表内的 10km/h 车辆速度感应开关闭合,此时稳态电路不向三极管 T_1 提供基极电流;当行车辆速度度高于 10km/h 时,车辆速度感应开关断开,此时稳态电路给三极管 T_1 提供基极电流,T_1 导通,定时器触发端经 T_1 和车门报警开关搭铁,如同按下锁门开关一样,使车门锁定,从而保证行车安全。

5)中控门锁电路

整车共装备了 4 个车门控制单元,即驾驶人侧车门控制单元 J386、前排乘客侧车门控制单元 J387、左后门车门控制单元 J388、右后门车门控制单元 J389。J386 通过舒适 CAN 与 J387 通信,J388 通过 LIN 总线与 J386 通信,J389 通过 LIN 总线与 J387 通信。当驾驶人按压驾驶人侧车门上的上锁按钮 E08 开锁键,驾驶人侧车门控制单元 J386 接收到开关 E308 的开锁信号,通过舒适 CAN 总线和 LIN 总线发送车门开锁信息,各个车门控制单元接收到信息后,接通门锁电机供电电路,电机工作,将中控锁开启,车门可以打开。车门闭锁原理与之相同。

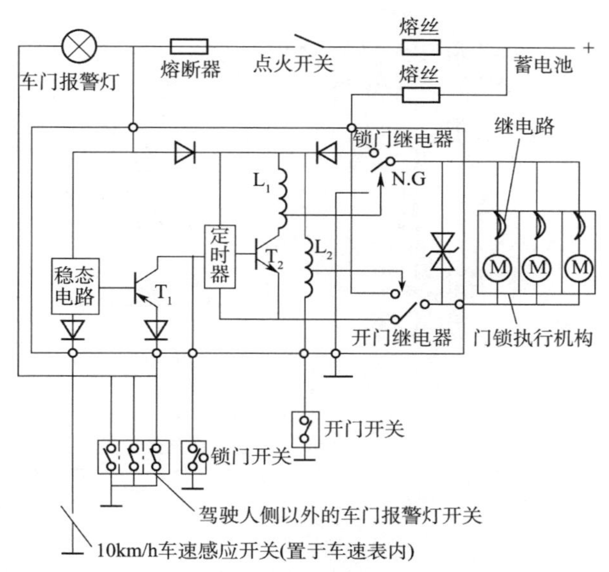

图 6-43　车辆速度感应式门锁控制电路

5. 遥控门锁系统

遥控门锁系统也叫________,其作用是给门锁系统加一个遥控器。遥控门锁系统是对汽车车门开闭装置的动作器进行无线遥控的装置,可为驾驶人提供一个方便打开车门的手段。同时这个系统还可以提供除中控门锁功能外相关的行李舱、灯光和喇叭的控制功能。

遥控门锁系统一般是在________电控门锁系统的基础上加上以下部件:________、________以及________等。

1)手持遥控器

遥控器按照遥控信号的载体可分为红外线式遥控器、无线电波式遥控器以及超声波式遥控器。其中红外线式遥控器和无线电波式遥控器应用较为广泛。

2)接收器

接收器对接收的信号进行放大和调制,用来检查身份鉴定代码是否相符,当代码一致时,判别功能代码,并驱动相应的执行器。现代汽车广泛采用红外线式接收器和无线电波式接收器。

3)接收天线

接收天线的功用是接收遥控器输出信号,同时也可用作收音机天线。

遥控门锁的基本原理:通过遥控门锁的发射器发出微弱电波,此电波由汽车天线接受后送至中控门锁中的ECU进行对比,若识别对比后的代码一致,ECU将把信号送至执行器来完成相应的动作,工作过程如图6-44所示。

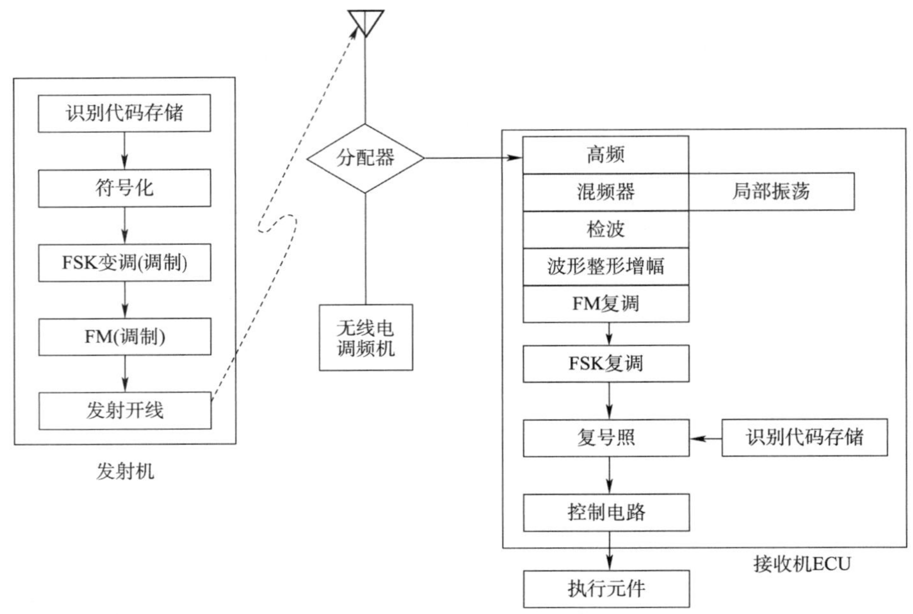

图6-44　遥控门锁工作示意图

6. 汽车中控门锁故障分析

(1)操作门锁控制开关,所有门锁均不动作。

可能原因:

①这种故障一般发生在电源电路中,首先检查熔断器是否熔断,如熔断应予更换。若更换熔断器后又立即熔断,说明电源与门锁执行器之间的线路有搭铁或短路故障,用万用表查找出搭铁部位,即可排除。

②若熔断器良好,检查线路接头是否松脱、搭铁是否可靠、导线是否折断。可在门锁控制开关电源接线柱和定时器或门锁继电器电源接线柱上测量该处的电压,判断输入电动门锁系统的电源线路是否良好。

(2)操作门锁控制开关,不能开门或锁门。

可能原因:这种故障是由于开门或锁门继电器、门锁控制开关损坏,可能是继电器线圈烧断、触点接触不良、开关触点烧坏或导线接头松脱。

(3)操作门锁控制开关,个别车门锁不能动作。

可能原因:这种故障仅出在相应车门上,可能是连接线路断路或松脱、门锁电机(或电磁铁式执行器)损坏、门锁连杆操纵机构损坏等。

(4)当车辆速度高于规定时,门锁不能自动锁定。

可能原因:车辆速度传感器损坏或车辆速度控制电路出现故障。首先应检查电路中各接头是否接触良好,搭铁是否良好,电源线路是否有故障,然后检查车辆速度传感器。车辆速度传感器的检查可采用试验的方法,也可采用代换法,即以新传感器代换被检传感器。采用代换法时,若故障消除,则说明旧传感器损坏;若故障仍存在,则应进一步检查速度控制电路中各个元器件是否损坏。

(二)制订工作方案

1. 任务分工(表 6-24)

学生任务分配表 表 6-24

班级		组号		指导教师	
组长		任务分工			
组员 1		任务分工			
组员 2		任务分工			
组员 3		任务分工			
组员 4		任务分工			
组员 5		任务分工			
组员 6		任务分工			

2. 工量具、仪器设备与耗材准备

(1)使用的工量具有:________________。

(2)使用的仪器设备有:________________。

(3)使用的耗材有:________________。

3. 具体方案描述

____

____

____

____

____

三、计划实施

(一)安全注意事项及技能要点

1. 安全注意事项

(1)实训汽车停在实训位上,没有经过老师批准不准起动。首先应先检查车轮的安全顶块是否放好，汽车驻车制动器是否拉好，变速器挡位是否放在 P 挡（AT）或空挡（MT），车前有没有人。

（2）实训开始后，坐在驾驶室操作的学生必须听老师的指挥。

（3）万用表功能挡位开关必须放置正确的位置，以防损坏万用表。

2. 技能要点

（1）识读中控系统电路图时，除了掌握电路的具体走向外，还要熟悉电路中电器元件的连接器各端子的功能。

（2）根据电路图上所标注的电器元件，在实车上应明确其具体位置、连接器的位置以及连接器端子的数目。

（3）在检测中控开关性能时，要将开关闭合后，再测试开关输出端子的电信号。

（4）拔插控制单元插接器时，需要关闭点火开关及断开蓄电池负极。

（二）汽车中控门锁检查与更换任务实施

中控门锁检查与更换操作方法及说明见表 6-25。

中控门锁检查与更换操作方法及说明 表 6-25

步骤	操作方法及说明	质量标准及记录
中控门锁的拆装	拆卸： （1）断开蓄电池负极； （2）拆卸车门饰板； （3）拆卸门锁总成； （4）拆卸锁块。 安装： 以拆卸相反的顺序进行	是否规范拆装 □是 □否
控制单元 J387 的检查	使用中控按钮或遥控器实现解锁、落锁动作，用专用示波器捕捉 J387 的波形。若波形正常，则说明 J387 能正常发出控制信号 	波形是否正常 □是 □否 J387 是否正常发出控制信号 □是 □否

续上表

步骤	操作方法及说明	质量标准及记录
门锁电机的检查	使用中控按钮或遥控器实现解锁、落锁,使用示波器检测门锁电机电压波形,使用中控按钮或遥控器实现解锁、落锁。若捕捉波形有电压,说明电机工作正常;若捕捉波形为一条0V的直线,则说明电机工作异常	波形是否正常 □是 □否 门锁电机是否工作正常 □是 □否
线束的检查	(1)使用万用表,检测T20a/11至T8u1的电阻,若测得电阻为0.7Ω,说明导线正常;若测得电阻为无穷大,说明导线断路。 (2)使用万用表,检测T20a/13至T8u/2的电阻若测得电阻为0.7Ω,说明导线正常;若测得电阻为无穷大,说明导线断路	电阻为:______ 导线是否正常 □是 □否 电阻为:______ 导线是否正常 □是 □否

四、评价反馈(表6-26)

评价表 表6-26

评分项目	评分标准	分值(分)	得分(分)
学习目标	能明确本任务的知识、技能、素养目标,理解任务在工作中的重要程度	5	
工作任务分析	能清晰描述完成本次工作任务内容	2	
	能清晰描述完成本次工作任务需必备的技能与知识点	2	
有效信息获取	中控门锁的功能	5	
	中控门锁的分类	5	
	中控门锁的组成	5	
	中控门锁控制器及中控门锁的工作原理	5	

续上表

评分项目	评分标准	分值(分)	得分(分)
实施方案制订	能清晰地制订并填写本次中控门锁的检查与更换的准备作业计划	5	
	能组织或协同工作小组成员,明确本次任务所需仪器设备、工具、材料的准备与清点,并准备记录	5	
	能组织或协同工作小组成员交流,优化检查方案并记录	5	
任务实施	能完成中控门锁的拆装	10	
	能完成中控门锁控制单元的检查	10	
	能完成中控门锁电机的检查	10	
	能完成中控门锁线束的检查	10	
任务评价	能通过本次任务实施,结合自己在实训过程中的表现,进行自我评价及自我反思并记录	3	
职业素养	按规定时间完成项目作业	2	
	遵守实训室管理规定、劳动纪律	2	
	积极参与课堂活动、回答问题	2	
	能够按时出勤	2	
思政要求	弘扬劳动精神、奋斗精神、奉献精神;了解安全操作要求,养成安全文明操作的习惯	5	
总计		100	
改进建议: 教师签字: 日期:			

学习活动 6　电动座椅的检查与更换

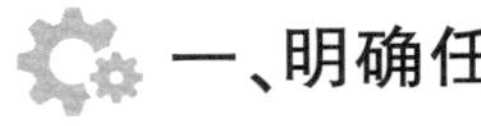

一、明确任务

根据任务描述,对故障车辆进行检测,需要对电动座椅进行检查与更换,使其恢复正常使用性能。

二、工作准备与计划制订

(一)知识准备

电动座椅是指以________为动力,通过________和________来调节座椅的各种位置,使驾驶人和乘员乘坐舒适的座椅。作为人和汽车之间联系部件的座椅,对其性能的要求越来越高,由过去的固定式不可调的座椅发展到能够上、下、前、后和靠背倾斜度机械调节的座椅,今天又进一步发展到带记忆性的电子控制自动调节的座椅,从而提高了驾驶人和乘员乘坐舒适性,减轻了驾驶人和乘员长时间乘车的疲劳。

座椅的调节正向多功能化发展,使座椅的安全性、舒适性、可操作性日益提高。根据电动座椅出现的时期不同、汽车豪华的程度不同或生产技术的先进程度的不同,车辆配置的电动座椅也不同。

带电子控制的电动座椅自动化程度高,它能够使座椅前后滑动、座椅的前后部垂直上下调节、座椅的高度调节、靠背的倾斜度调节、枕垫的上下调节,以及腰垫的调节等。这种座椅是靠电子控制的,有的还有记忆功能,它能把驾驶人调定的座椅位置靠电脑储存下来,作为以后调节的依据。驾驶人需要调节时,只要按一下按钮即可按记忆自动调节到理想的位置。

1. 电动座椅的作用

电动座椅为驾驶人提供便于操作、舒适而又安全的驾驶位置,为乘员提供不易疲劳、舒适而又安全的乘坐位置。

2. 对电动座椅的要求

(1)在车厢内布置要合适,尤其是驾驶人的座椅,必须处于最佳的驾驶位置。

(2)按人体工程学的要求,必须具有良好的静态与动态的舒适性。其外形必须符合人体生理功能,在不影响舒适性的前提下,力求美观大方。座椅应成凹形,以防止汽车转弯时驾驶人及乘员横向滑动而滑出座椅,同时座椅的前部可适当高于后部,这样汽车制动时可阻碍驾驶人及乘员向前滑动。另外,座椅的面料应有适当的粗糙度,以增大驾驶人及乘员与座椅之间的摩擦阻力,增强乘坐的稳定性。

(3)采用最经济的结构,尽可能地减少质量。

(4)必须十分安全可靠,应具有充分的强度、刚度与耐久性。对可调的座椅,要有可靠的锁止机构,以保证安全。

(5)应有良好的振动特性,能吸收从车厢传来的振动。

(6)应具有各种调节结构,可适应不同驾驶人和乘员在不同条件下获得最佳位置,以提高乘坐舒适性。

3. 电动座椅的类型

电动座椅的类型根据分类方式的不同可分为以下几种:

1）根据使用电机的数量分类

根据使用电机的数量，电动座椅可分为________、________、________和________等。

（1）单电机式。单电机式只能对电动座椅的前后两个方向进行调整。

（2）双电机式。双电机式可以对电动座椅的4个方向进行调整，即不仅前后两个方向的位置可以移动，其高低也可以进行自动调整。

（3）三电机式。三电机式可以对电动座椅的6个方向进行调整，即不仅能向前后两个方向移动，还可分别对座椅的前部和后部的高低进行调整。

（4）四电机式。四电机式的调整功能除了具有以上三电机式的调整功能以外，还可对靠背的倾斜度进行调整。

电动座椅装用的电机最多可达8个，除了保证上述基本运动外，还可对头枕高度、座椅长度和扶手的位置进行调整。

2）根据有无加热器分类

根据有无加热器，电动座椅可分为无加热器式与有加热器式两种。有加热器式电动座椅可以在冬季寒冷的时候对座椅的坐垫进行加热，以使驾驶人和乘员乘坐更舒适。

3）根据有无存储功能分类

根据有无存储功能，电动座椅可分为无存储功能与有存储功能两种。有存储功能的电动座椅，可以将每次驾驶人和乘员调整电动座椅后的数据存储下来，作为以后重新调整座椅位置时的基准。

此外，在座椅中还附加了一些特种功能的装置，如在气垫座椅上使用电动气泵，对各个专用气囊（腰椎支撑气囊、侧背支撑气囊、座位前部的大腿支撑气囊）进行充气，起到调节支撑腰椎、侧背、大腿的作用。

4. 六向电动座椅的构造

1）电动座椅的结构

六向电动座椅的结构如图6-45所示。

六向电动座椅形式是三个电机移动的________不同方向：座椅的整体上、下高度调节和前、后滑动调节，以及前倾、后倾的调节。电动座椅前后方调节量一般为100～160mm，座位前部与后部的调节量约30～50mm。全程移动所需时间约为8～10s。电动座椅一般由________和________组成。

（1）控制装置。

电动座椅组合开关包括________、________和________（即上下和前后），有的电动座椅组合控制开关安装在车门上，有的安装在座椅旁边，使驾驶人和乘员操纵方便。

（2）执行机构。

执行机构用来完成驾驶人的指令，在传动装置提供的动力前提下完成座椅的调整，以实现座椅的调节。其主要由电机、传动、调节装置等组成。

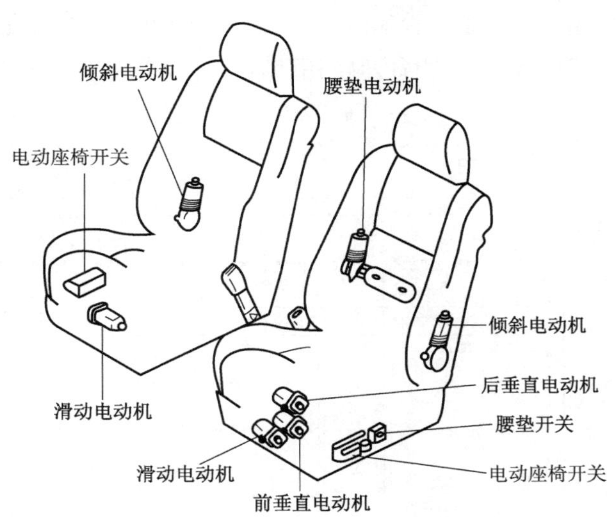

图 6-45　电动座椅的结构

①电机。

电机的作用是为电动座椅的调节机构提供________。此类电机多采用双向电机,即电枢的旋转方向随电流的方向改变而改变,使电机按不同的电流方向进行正转或反转,以达到座椅调节的目的。电机的数量取决于电动座椅的类型,通常六向调节的电动座椅装有三个电机。为防止电机过载,电机内装有熔断丝,以确保电器设备的安全。

②传动、调节装置。

传动装置的作用是将电机的动力传给座椅________,使其完成座椅的调整。它主要由联轴器、软轴、减速器与螺纹千斤顶或齿轮传动机构等组成。电动座椅动力传递过程是:电机的动力→软传动轴→减速器→螺纹千斤顶或齿轮传动机构,使座椅按驾驶人和乘员的理想位置进行调节。

2)电动座椅的工作过程

电动座椅的控制电路如图 6-46 所示,它主要由蓄电池、组合控制开关和三个电机等组成。组合控制开关内部有四套开关触点。驾驶人和乘员通过控制开关上的按钮来调节座椅的位置。

(1)电动座椅前倾的调节。

电动座椅前倾的调节实际上就是座椅前部垂直的上下调节。

①前部上升电路。

如需要电动座椅前部垂直上升时,可接通调节组合控制开关 3 中的前倾开关。此时电路中电流由蓄电池 1 的正极→熔断器 2→组合控制开关中①左侧触点→前倾电机 6→熔断丝→组合控制开关中①右侧触点→组合控制开关中③右侧触点→搭铁→蓄电池的负极,构成闭合回路,电机 6 转动,座椅前部垂直上升。

②前部下降电路。电流由蓄电池 1 的正极→熔断器 2→组合控制开关中①右侧触

点→熔断丝→前倾电机 6→组合控制开关中①左侧触点→组合控制开关中③左侧触点→搭铁→蓄电池的负极，构成闭合回路，电机 6 反转，座椅前部垂直下降。

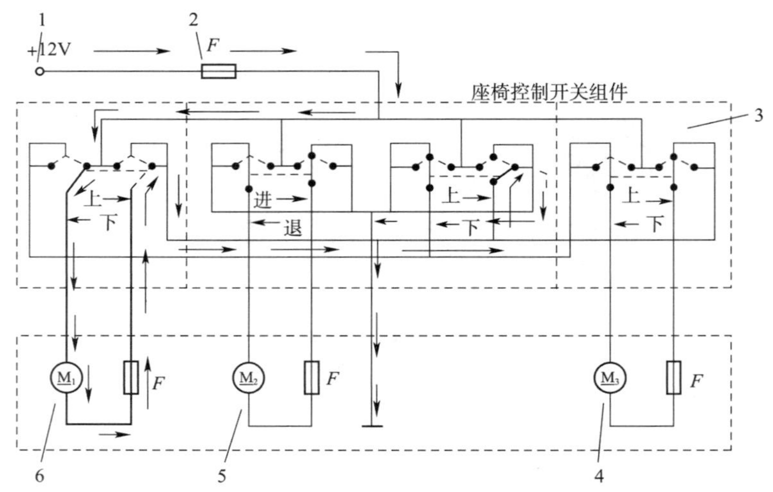

图 6-46　电动座椅的控制电路

1-蓄电池正极；2-熔断器；3-组合控制开关；4-后倾电机；5-电机；6-前倾电机

(2)电动座椅后倾的调节。

电动座椅后倾的调节实际上就是座椅后部垂直的上下调节。

①后部上升电路。如需要电动座椅后部垂直上升时，可接通调节组合控制开关 3 中的后倾开关，这时，电流由蓄电池 1 的正极→熔断器 2→组合控制开关中④左侧触点→后倾电机 4→熔断丝→组合控制开关中④右侧触点→组合控制开关中③右侧触点→搭铁→蓄电池的负极，构成闭合回路，电机 4 转动，座椅后部垂直上升。

②后部下降电路。蓄电池 1 的正极→熔断器 2→组合控制开关中④右侧触点→熔断丝→后倾电机 4→组合控制开关中④左侧触点→组合控制开关中③左侧触点→搭铁→蓄电池的负极，构成闭合回路，电机 4 反转，座椅后部垂直下降。

(3)电动座椅的上下调节。

当需要调节座椅的高度时，驾驶人接通座椅的上升(或下降)的开关③，电机 4 和 6 同时通电同向转动，实现座椅的上、下调节。

①座椅的上升电路。电机 6 电路：蓄电池 1 正极→熔断器 2→③左侧触点→①左侧触点→电机 6→电机熔断器→①右侧触点→③右侧触点→搭铁→蓄电池的负极，电机 6 正转。

电机 4 电路：蓄电池 1 正极→熔断器 2→③左侧触点→④左侧触点→电机 4→电机熔断器→①右侧触点→③右侧触点→搭铁→蓄电池的负极，电机 4 正转。

②座椅的下降电路。

座椅的下降电路同上面类似，只是电机 6 和 4 同时反转。

(4)座椅前进和后退的调节。

①前进电路：蓄电池 1 正极→熔断器 2→②左侧触点→电机 5→电机熔断器→

②右侧触点→搭铁→蓄电池的负极,电机5正转,座椅前进。

②后退电路:蓄电池1正极→熔断器2→②右侧触点→电机熔断器→电机5→②左侧触点→搭铁→蓄电池的负极,电机5反转,座椅后退。

5. 自动座椅

1) 自动座椅的结构。

自动座椅的结构如图6-47所示,自动座椅的基本结构及驱动方式与普通电动座椅相似,不同之处在于附加了一套________系统。电子控制系统有两套控制装置:一套是________的,它包括电动座椅开关、腰垫开关、腰垫电机以及一组座椅位置调整电机。每人可根据需要,通过相应的座椅开关和腰垫开关来调整,此套控制方式与普通电动座椅完全相同。另一套是________的,它包括一组位置传感器、储存和复位开关、ECU及与手动系统共用的座椅位置调整电机,此套装置可以根据位置传感器的信号将座椅位置储存起来,以备下次恢复座椅位置时使用。驾驶人可以根据不同需要,通过操纵储存与复位开关选择使用这两套装置。

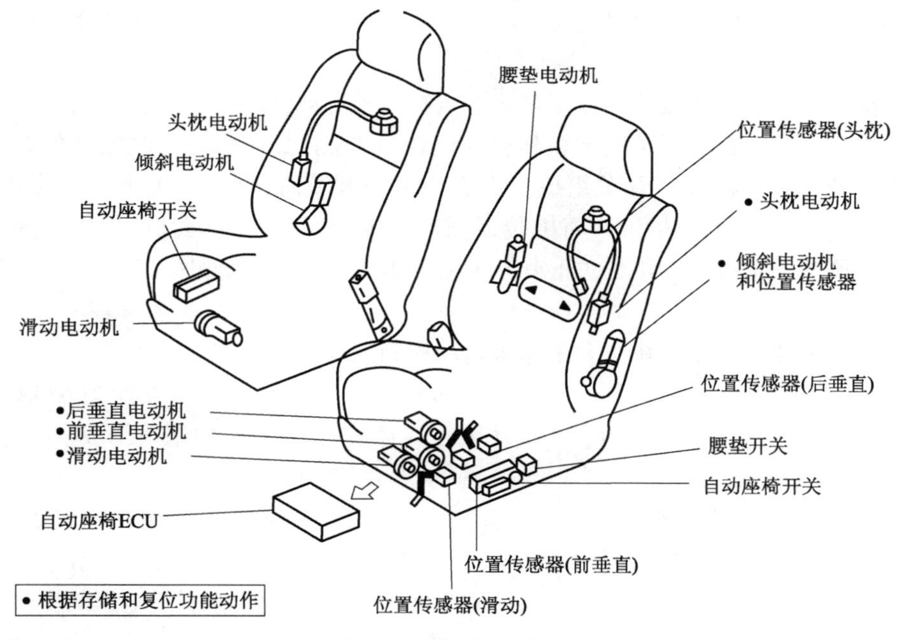

图6-47 自动座椅的结构

现代高级轿车的电动座椅多采用6向调整方式,这种系统除具有改变座椅的前后、高低、靠背斜度位置的电子驱动装置外,还设了一个具有存储功能的电子控制装置,该装置只要一按按钮,就能按存储的各个座椅位置的要求调整位置。

2) 电子控制自动调节电动座椅

一种典型的电子控制可调座椅结构原理框图如图6-48所示,它有4个电机用来调整座椅,还有一个单独的存储器存储4个座椅的位置。

电子控制自动调节电动座椅主要由电气控制部分和执行机构等组成。

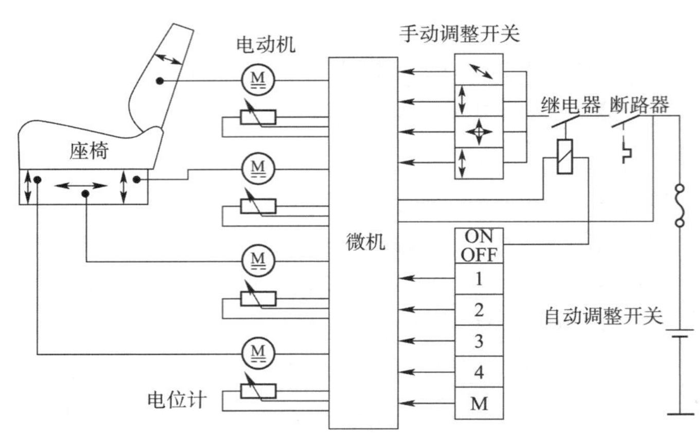

图 6-48　电子控制可调座椅结构原理

(1)电气控制部分。

电气控制部分主要由继电器、保护装置、控制开关(手动调节开关、存储复位开关)、电子控制模块、位置电位器等组成。继电器的作用是接通和断开控制系统的电路。

①保护装置。保护装置的作用是防止电气设备过载,保护电气设备的安全。

②控制开关。控制开关安装在驾驶人座椅的左侧,其作用是控制座椅的调节,由手动调节开关和存储复位开关组成。当需要个别调节时,可按开关上的标志进行操作。存储是通过操纵存储开关,将电位器输送来的电压信号存储在电子控制模块中,作为以后调节的依据。复位开关的作用是通过操纵复位开关使座椅根据记忆恢复到原来的位置。

③电子模块。电子模块主要是用来自动控制座椅的调节。

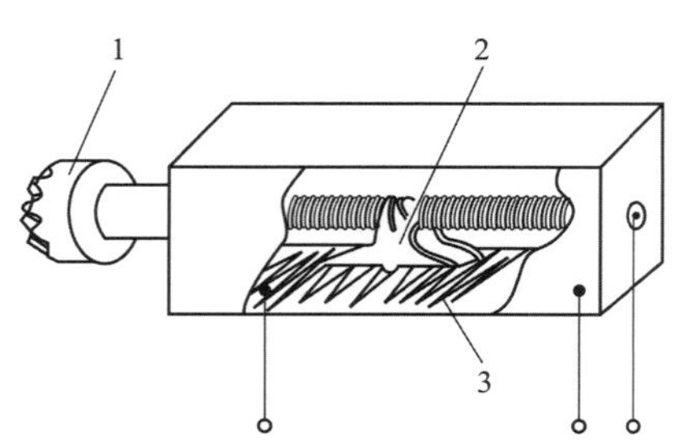

图 6-49　电动座椅的位置电位器
1-齿轮(电机驱动);2-滑块;3-电阻丝

④位置电位器。位置电位器如图 6-49 所示,它主要由壳体、螺杆、滑块、电阻等组成。其作用是将座椅的位置转变成电压信号输送给电子模块存储起来。当调节座椅时,电机将动力传给螺杆使螺杆转动,螺杆又带动滑块在电阻丝上滑移,于是改变了电阻值。电阻值的变化引起电压的变化,当座椅的位置调定后将电压输送给电子模块,驾驶人只要按下存储按钮,就能将选定的调节位置进行存储作为重新调节基准。使用时只要按指定的按键,座椅就会调节到预先选定的座椅位置上。

(2)执行机构。

执行机构用来执行驾驶人的指令,以实现座椅的调整。它主要由电机、传动装置和调节机构等组成。电机将电能转换为机械能最终产生转矩,通过传动装置驱动调整机构对座椅进行调整。电机多采用双向式永磁电机。传动装置的作用是将电机的动力传给调整机构,以使座椅实现调节。传动装置主要由传动轴和联轴器等组成。为了便于布置,有的传动轴是软传动轴。传动轴的一端通过联轴器与电机连接,另一端与调节机构连接。座椅的调节机构主要由蜗轮蜗杆减速器、螺杆和螺母(千斤顶)以及支承等组成。

6. 座椅加热系统

座椅加热器通常由布置在座椅内部的电阻加热丝组成,这些加热丝缝合在座椅罩内,通过通电产生热量。加热材料可以是合金丝或碳纤维,它们被编织成具有阻燃性能的特种纤维材料,并配备有高灵敏度的温控装置以确保安全。当座椅内的电阻加热丝通电后,会产生热量,然后通过热传递把热量传递给乘坐者和座椅表面。温度传感器监控座椅的温度变化,并控制加热丝的通断电,以保持座椅在一个合适的温度范围内。为了维持合适的温度并防止过热,座椅加热垫内通常布置有两个温度控制器,设置有不同的接通和断开温度阈值。

7. 电动座椅的工作原理

电动座椅的控制电路如图 6-50 所示,电动座椅的电机采用永磁式结构,利用调整开关可控制电流流经电机的方向。

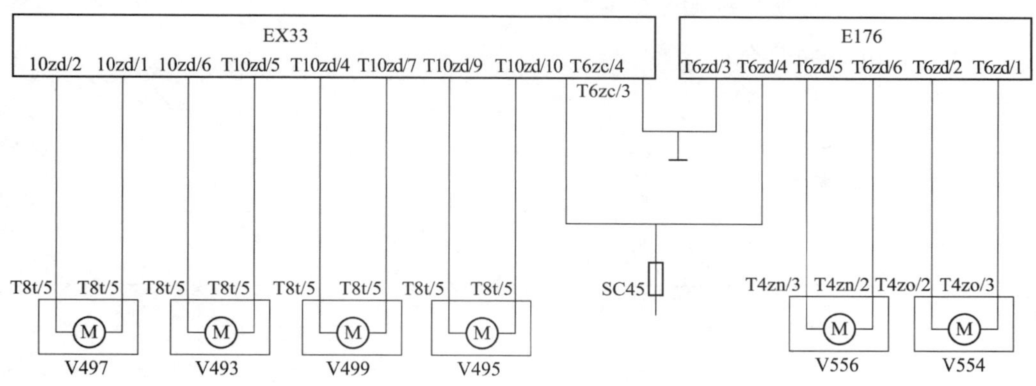

图 6-50 电动座椅的控制电路

其控制电路包括:左前座椅调节操作单元 EX33、驾驶人腰部支撑调节开关 E176、左前侧座椅靠背调节电机 V495、左前腰部支撑高度调节电机 V554、左前腰部支撑前后位置调节电机 V556、左前侧座椅纵向调节电机 V493、左前侧座椅倾斜度调节电机 V497、左前部座椅高度调节电机 V499。流过电机的电流方向决定了电机的旋转方向,而电流的流向则由调整开关决定。当驾驶人操作电动座椅开关(集成在操作单元一体)时,开关信号输送至电动座椅操作单元,操作单元控制根据驾驶人的意图,控制对应电机的电流流向,实现电机转动,完成座椅调整。

8. 电动座椅故障分析

座椅无法调节或某个方向不能动作的可能原因有:熔断器熔断、线路断路、座椅开关故障、某个方向对应的电机损坏、开关损坏、对应的线路断路等。

(二)制订工作方案

1. 任务分工(表6-27)

学生任务分配表　　表6-27

班级		组号		指导教师	
组长		任务分工			
组员1		任务分工			
组员2		任务分工			
组员3		任务分工			
组员4		任务分工			
组员5		任务分工			
组员6		任务分工			

2. 工量具、仪器设备与耗材准备

(1)使用的工量具有:________________________________。

(2)使用的仪器设备有:________________________________。

(3)使用的耗材有:________________________________。

3. 具体方案描述

____

____

____

____

____

三、计划实施

(一)安全注意事项及技能要点

1. 安全注意事项

(1)实训汽车停在实训位上,没有经过老师批准不准起动。首先应先检查车轮的安全顶块是否放好,汽车驻车制动器是否拉好,变速器挡位是否放在P挡(AT)或空挡(MT),车前有没有人。

(2)实训开始后,坐在驾驶室操作的学生,必须听老师的指挥。

(3)万用表功能挡位开关必须放置正确的位置,以防损坏万用表。

2. 技能要点

(1)识读后视镜系统电路图时,除了掌握电路的具体走向外,还要熟悉电路中电器元件的连接器各端子的功能。

(2)根据电路图上所标注的电器元件,在实车上应明确其具体位置、连接器的位置以及连接器端子的数目。

(3)检查电机时,只需要检测一个方向时电机的工作情况,即可知电机的性能好坏。

(4)检查座椅开关性能时,要将开关闭合后再测试开关输出端子的电信号。

(二)电动座椅的检查与更换任务实施

右前座椅调节功能故障诊断(表6-28)。

右前座椅调节功能故障诊断操作方法及说明 表6-28

步骤	操作方法及说明	质量标准及记录
检查故障具体症状	打开点火开关,操作右前电动座椅调节开关	靠背倾斜调节是否正常 □是 □否 腰部支撑调节是否正常 □是 □否 座椅上下调节是否正常 □是 □否 座椅纵向调节是否正常 □是 □否
检测右前座椅纵向调节电机V493供电	使用万用表直流电压挡,红黑表笔分别连接V493接脚T4zj/2和T4zj/1,点火开关置于ON挡,操作前排乘客侧座椅调节单元EX33中座椅纵向调节按钮,读取万用表示数	万用表读数为:______ 右前座椅纵向调节电机V493供电是否正常 □是 □否

续上表

步骤	操作方法及说明	质量标准及记录
在 EX33 处，检测 V493 供电	使用万用表直流电压挡，红黑表笔分别连接 EX34 接脚 T10zd/5 和 T10zd/6，点火开关置于 ON 挡，操作前排乘客侧座椅调节单元 EX34 中座椅纵向调节按钮，读取万用表示数 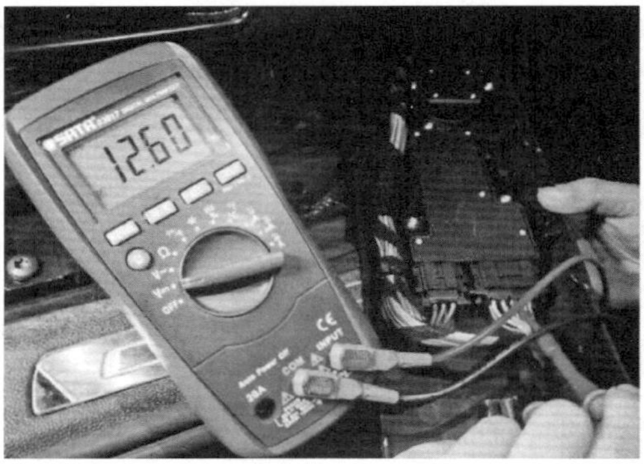	万用表电压为：______ 右前座椅纵向调节开关本身供电是否正常 □是　□否 EX33 与 V493 间的线路是否有故障 □是　□否
检测 EX33 与 V493 间的线路	（1）使用万用表电阻挡，红黑表笔分别连接 EX33/T10zd/6 端子、V493/T4zj/1 端子；  （2）使用万用表电阻挡，红黑表笔分别连接 EX33/T10zd/5 端子、V493/T4z/2 端子 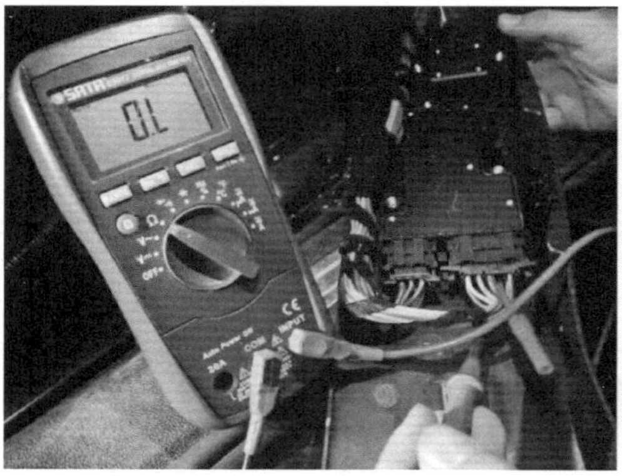	测得电阻为：______ 线路是否正常 □是　□否 测得电阻为：______ 线路是否正常 □是　□否

续上表

步骤	操作方法及说明	质量标准及记录
排查线路故障并修复线束	破开线束,查找断路点,修复断路线束,使用万用表直流电压挡,检测 V493/T4zj/2 与 V493/T4zj/1 间电压,操作前排乘客侧座椅调节单元 EX33 中座椅纵向调节按钮	测得电压为:______ 线路故障是否恢复 □是 □否
修复后功能测试	打开点火开关,操作右前电动座椅调节开关	各功能是否正常 □是 □否

四、评价反馈(表 6-29)

评价表 表 6-29

评分项目	评分标准	分值(分)	得分(分)
学习目标	能明确本任务的知识、技能、素养目标,理解任务在工作中的重要程度	5	
工作任务分析	能清晰描述完成本次工作任务内容	2	
	能清晰描述完成本次工作任务需必备的技能与知识点	2	
有效信息获取	电动座椅的作用	5	
	电动座椅的类型	5	
	电动座椅的组成	5	
	电动座椅的八种调节功能	5	
	电动座椅的工作原理	5	
实施方案制订	能清晰地制订并填写本次电动座椅的检查与更换的准备作业计划	5	
	能组织或协同工作小组成员,明确本次任务所需仪器设备、工具、材料的准备与清点,并准备记录	5	
	能组织或协同工作小组成员交流,优化检查方案并记录	5	

续上表

评分项目	评分标准	分值(分)	得分(分)
任务实施	能完成电动座椅基本检查及故障现象确认	7	
	能完成右前座椅纵向调节电机 V493 供电检测	7	
	能完成 EX33 与 V493 间的线路检测	7	
	能完成右前座椅线路故障排查,并修复线束	7	
	能完成右前座椅故障修复后功能测试	7	
任务评价	能通过本次任务实施,结合自己在实训过程中的表现,进行自我评价及自我反思并记录	3	
职业素养	按规定时间完成项目作业	2	
	遵守实训室管理规定、劳动纪律	2	
	积极参与课堂活动、回答问题	2	
	能够按时出勤	2	
思政要求	弘扬劳动精神、奋斗精神、奉献精神;了解安全操作要求,养成安全文明操作的习惯	5	
总计		100	
改进建议: 教师签字: 日期:			

学习活动 7　电动后视镜的检查与更换

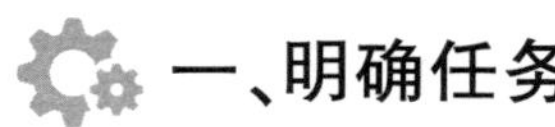

一、明确任务

根据任务描述,对故障车辆进行检测,需要对电动后视镜进行检查与更换,使其恢复正常使用性能。

二、工作准备与计划制订

(一)知识准备

1. 电动后视镜的作用

汽车后视镜给驾驶人提供车身两侧的________,一般都会在车的左右两侧各配备一个后视镜。有些车辆还可实现后视镜的电动________功能。有的后视镜具有________功能,可随时清除后视镜面上的雨雪等,保持后视镜清晰,且操作简单;有的后视镜安装有雷达或红外测距器,使驾驶人清楚地了解后车距本车的距离、速度以及后车的高度等,以便及时采取避让措施。

汽车上后视镜的位置直接关系到驾驶人能否观察到车后的情况,而驾驶人调节其位置又比较困难,尤其是前排乘员门一侧的后视镜。因此,现代汽车的后视镜都设计成电动后视镜,如图 6-51 所示。

图 6-51　电动后视镜外形图

2. 电动后视镜的分类

现代汽车的后视镜多数为电动,由电气控制系统来操纵。其分类方式主要有以下四种:

1)按安装位置分类

按安装位置分类,后视镜可分为________、________和________3 种。内后视镜安装在汽车驾驶室内部,供驾驶人观察和注视车内后部乘员或物品的情况。现在多数轿车采用电动外后视镜,而对于内后视镜仍采用传统的方式。

2)按后视镜的镜面形状分类

按后视镜的镜面形状分类,后视镜可分为________、________和________3 种。另外,还有一种菱形镜,其镜表面平坦,截面为菱形,通常用作防眩目的内后视镜。

3)按反射膜材料分类

按制镜时涂用的反射膜材料分类,后视镜可分为铝镜、铬镜、银镜和蓝镜 4 种。

4)按调节方式分类

按后视镜的调节方式分类,后视镜可以分为________和________两种,两者在结构上有较大的差别。

(1)车外调节式。车外调节式是在车停止状态下,通过用手直接调节镜框或镜面位置的方式来完成的调节。一般的大型汽车、载货汽车和低档客车都采用车外调节式。

(2)车内调节式。车内调节式是指驾驶人在行驶中调节后视镜。中、高档轿车大都采用车内调节式。该方式又分为手动调节式(钢丝索传动调节或手柄调节)和电动调节式两种。电动调节式后视镜是目前中、高档轿车普遍采用的标准装备。

3.电动后视镜的组成

电动后视镜的结构

电动后视镜主要由________、________和________等组成。每个后视镜都有________驱动装置,由电动后视镜开关进行操纵,其中一个电机和传动机构用于后视镜水平方向的转动,另一个电机和传动机构则用于后视镜垂直方向的转动。

驾驶人通过控制器发出调整后视镜角度位置指令给永磁式直流电机,永磁式直流电机驱动联动机构以达到调整后视镜的角度位置,并通过霍尔传感器进行后视镜所在位置控制,电动后视镜的结构和控制开关如图6-52a)和b)所示,它主要以电枢轴为中心,由使后视镜能上下、左右方向灵活变换位置的两个独立的微电机、永久磁铁和霍尔集成电路等构成。根据霍尔集成电路产生的信号电压,可对后视镜的所在位置进行检测。

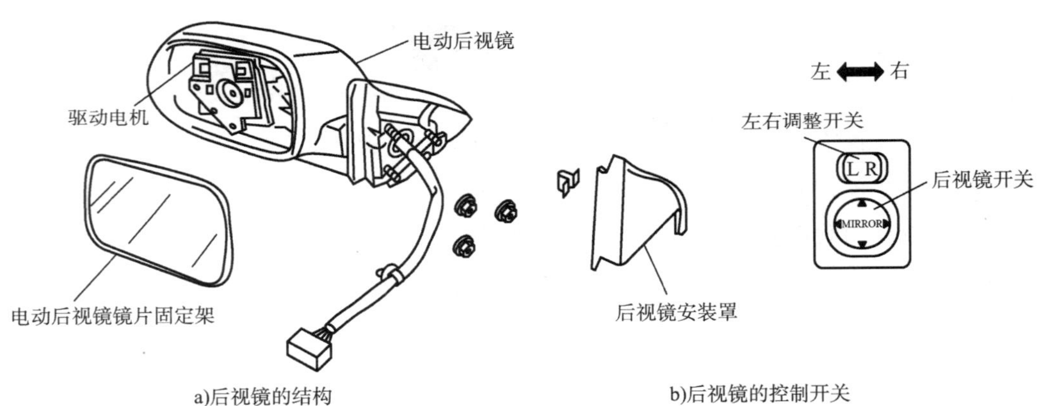

图6-52　电动后视镜的结构和控制开关

有的汽车的电动后视镜还带有可伸缩功能,由后视镜伸缩开关控制电机工作,驱动伸缩传动装置带动后视镜收回和伸出。

有的汽车的后视镜具有防眩目功能,防眩目内后视镜为一种液晶,其结构是在CH液晶里面放置偏光板,玻璃板被放置在经过真空镀铝的反光镜后面。

有些汽车的后视镜还带有存储功能,即在该后视镜控制系统装有驱动位置存储器、复位开关和位置传感器等,在进行此功能的操作时,可将后视镜的调整位置存储起来,需要时可以自动回复到原来所调整的位置。

4.电动后视镜的工作原理

电动后视镜控制系统的基本原理如图6-53所示。当控制开关向下扳时,触头B与触头D、C及E分别相通,电流经电源→触头E→触头C→电机→触头B→触头D→

接地,电机即转动,使后视镜做垂直方向运动;当控制开关向上扳时,触头 B 与 E、C 与 D 分别接触,电流经电源→触头 E→触头 B→电机→触头 C→触头 D→接地,由于流过电机的电流发生改变,因此电机反方向转动,后视镜做水平方向运动。

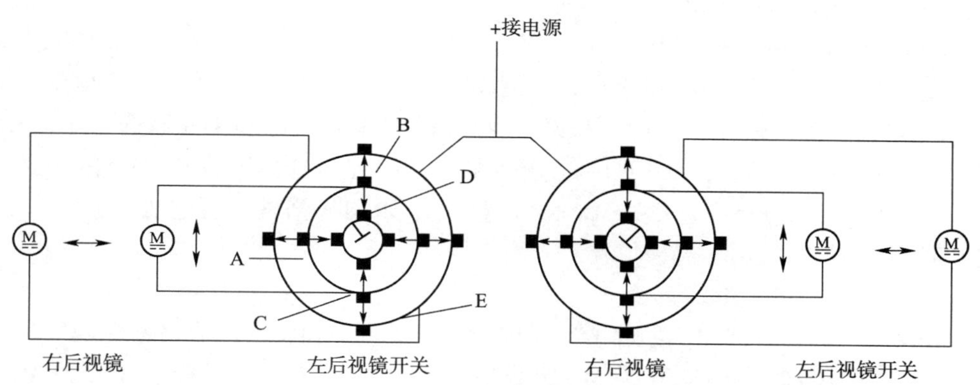

图 6-53 电动后视镜控制系统的基本原理

1)普通电动后视镜的控制电路

普通电动后视镜控制电路如图 6-54 所示。M_{11} 为左或右选择开关,M_{21} 为左右调整开关,M_{22} 为上下调整开关。

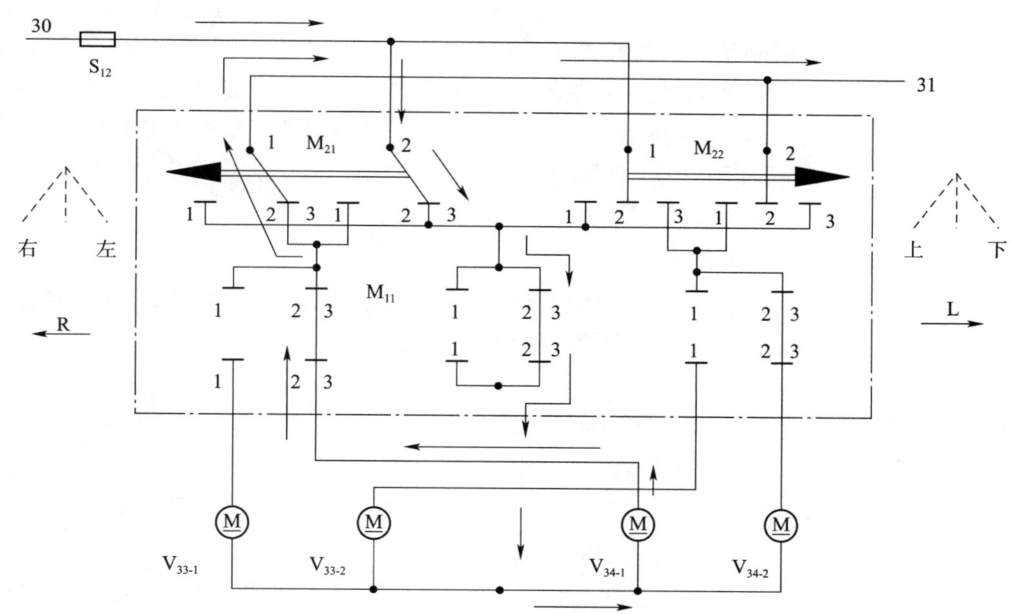

图 6-54 普通电动后视镜控制电路

工作过程:

(1)调整左侧后视镜左转。

先将左右选择开关 M_{11} 拨至“L”,再按调整开关 M_{21}“L”。电流由蓄电池正极“+”→

点火开关→熔断丝→调整开关 M_{21} 接线柱 2(上)→3(右)→左右选择开关 M_{11}-3(上)→选择开关左右 M_{11}-3(下)→左侧左右电机→左右选择开关 M_{11}-3(下)→左右选择开关 M_{11}-3(上)→调整开关 M_{21}-3→调整开关 M_{21}(上)1→搭铁→蓄电池负极"-",形成电流回路,使左侧镜面左转动。

(2)调整左侧后视镜右转。

先将左右选择开关 M_{11} 拨至"L",再按调整开关 M_{21}"R"。电流由蓄电池正极"+"→点火开关→熔断丝→调整开关 M_{21} 接线柱 2(上)→1(左)→左右选择开关 M_{11}-3(上)→左右选择开关 M_{11}-3(下)→左侧左右电机→左右选择开关 M_{11}-3(下)→左右选择开关 M_{11}-3(上)→调整开关 M_{21}-1→调整开关 M_{21}-1→搭铁→蓄电池负极"-",形成电流回路,使左侧镜面右转动。

(3)调整左侧后视镜上转。

先将左右选择开关 M_{11} 拨至"L",再按调整开关 M_{22}"上"。电流由蓄电池"+"→点火开关→熔断丝→调整开关 M_{22} 接线柱 1(上)→1(右)→左右选择开关 M_{11}-3(上)→左右选择开关 M_{11}-3(下)→左侧上下电→左右选择开关 M_{11}-3(下)→左右选择开关 M_{11}-3(上)→调整开关 M_{22}-1→调整开关 M_{22}-2→搭铁→蓄电池"-",形成电流回路,使左侧镜面上转动。

(4)调整左侧后视镜下转。

先将左右选择开关 M_{11} 拨至"L",再按调整开关 M_{22}"下"。电流由蓄电池正极"+"→点火开关→熔断丝→调整开关 M_{22} 接线柱 1(上)→3(右)→左右选择开关 M_{11}-3(上)→左右选择开关 M_{11}-3(下)→左侧上下电机→左右选择开关 M_{11}-3(下)→左右选择开关 M_{11}-3(上)→调整开关 M_{22}-3→调整开关 M_{22}-2→搭铁→蓄电池负极"-",形成电流回路,使左侧镜面下转动。同理,右侧后视镜的调整与上方法相同,只要将左右选择开关(M_{11})拨至"R"即可。

2)电动双后视镜的控制电路

电动双后视镜控制电路如图 6-55 所示。每个后视镜都用一个独立的开关控制,操纵开关能使一个电机单独工作,也可使两个电机同时工作。

工作过程:

(1)"升"的过程。实线框"升/降"开关中的箭头开关均和"升"接通,此时的电流方向为:电源→熔断丝 30→开关端子→"升右"端子→选择开关中的"左"→端子 7→左电动后视镜连接端子 8→"升/降"电机→端子 6→开关端子 5→升 1→开关端子 6→搭铁,形成回路,这时左后视镜向上旋转运动。

(2)"降"的过程。实线框"升/降"开关中的箭头开关均和"降"接通,此时的电流方向为:电源→熔断丝 30→开关端子 3→降 1→开关端子 5→左电动后视镜连接端子 6→"升/降"电机→左电动后视镜连接端子 8→开关端子 7→选择开关中的"左"→"降左"端子→开关端子 6→搭铁,形成回路,这时左后视镜向上旋转运动。

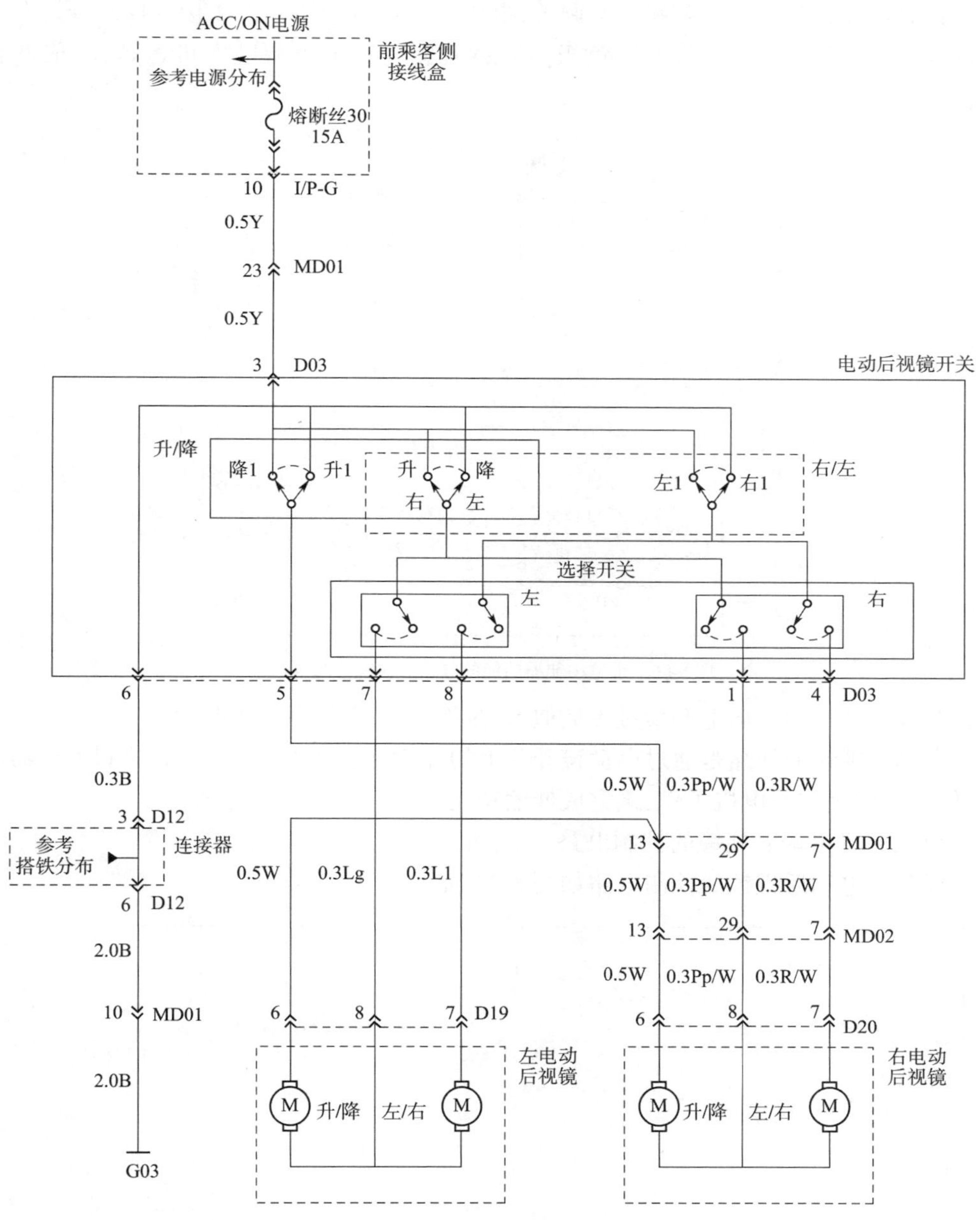

图 6-55　电动双后视镜控制电路

3)带电动伸缩功能的电动后视镜的控制电路

带电动伸缩功能的电动后视镜控制电路如图 6-56 所示。

工作过程:在进行调整时,首先通过左/右调整开关选择好要调整的后视镜,如调整左镜时,开关打向左侧,此开关分别与 7、8 接点接通,再通过控制开关即可进行该镜的上下或左右调整。如果进行向上调整,可将控制开关推向上侧,此时控制开关分别与向上接点、左向上接点接合。电路由蓄电池正极熔断器点火开关控制开关向上接点左/右调整，开关 7 接点左侧镜上下调整，电机 1 接点电动镜开关 2 接点控制开关左上接点，电动镜开关 3 接点蓄电池负极，形成回路，左镜上下调整电机运转，完成调整过程。

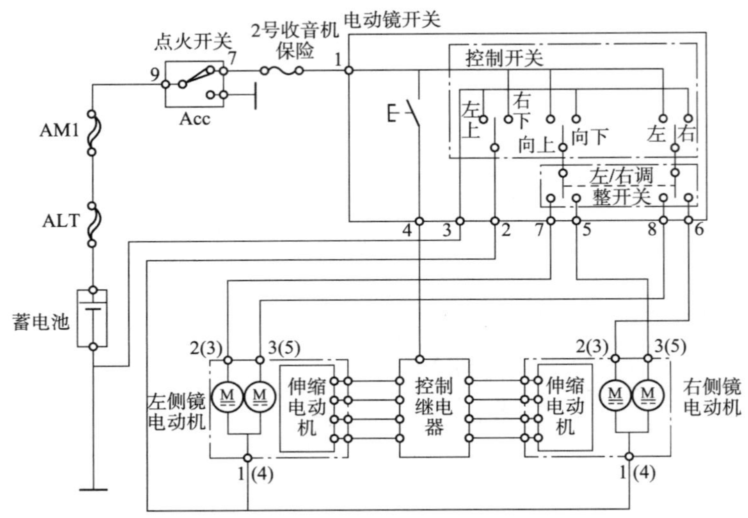

图 6-56　带电动伸缩功能的电动后视镜控制电路

其他调整过程与向上调整过程类似，通过接通不同的开关即可完成。

电动后视镜的伸缩是通过电动镜开关上的伸缩开关控制的，该开关控制继电器动作，使左右两镜伸缩电机工作，来完成伸缩功能。

4）任务里电动后视镜的控制电路

任务里电动后视镜的控制电路如图 6-57 所示。

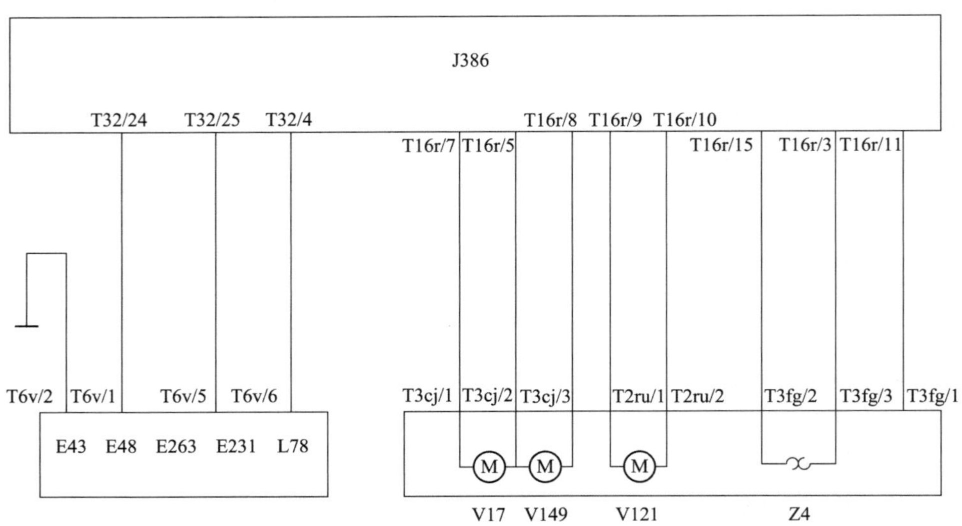

图 6-57　任务里电动后视镜的控制电路

右侧后视镜工作过程：打开点火开关，将后视镜开关选择在右侧后视镜调节位置，后视镜开关输出两个信号电压，控制单元 J386 接收到信号后，将信号与内部存储的数据进行比对，根据比对结果，J386 作出对右侧后视镜调节的指令，J386 将右侧后视镜调节指令通过舒适 CAN 总线传递至前排乘客侧车门控制单元 J387，J387 直接驱动右侧后视镜里的垂直电机或水平电机工作，机械机构带动后视镜向上下或者左右运动。

左侧后视镜工作过程与右侧后视镜工作过程类似。

5. 电动后视镜故障分析

电动后视镜调节全部失灵和电动后视镜部分功能不正常的可能原因有：保险装置及线路断路、开关及电机有故障等。

（二）制订工作方案

1. 任务分工（表 6-30）

学生任务分配表 表 6-30

班级		组号		指导教师	
组长		任务分工			
组员 1		任务分工			
组员 2		任务分工			
组员 3		任务分工			
组员 4		任务分工			
组员 5		任务分工			
组员 6		任务分工			

2. 工量具、仪器设备与耗材准备

（1）使用的工量具：________________________________。

（2）使用的仪器设备有：________________________________。

（3）使用的耗材有：________________________________。

3. 具体方案描述

____

____

____

____

____

三、计划实施

(一)安全注意事项及技能要点

1. 安全注意事项

(1)实训汽车停在实训位上,没有经过老师批准不准起动。首先应先检查车轮的安全顶块是否放好,汽车驻车制动器是否拉好,变速器挡位是否放在 P 挡(AT)或空挡(MT),车前有没有人。

(2)实训开始后,坐在驾驶室操作的学生,必须听老师的指挥。

(3)万用表功能挡位开关必须放置正确的位置,以防损坏万用表。

(4)电动后视镜开关不能长时间接通,否则会导致熔断丝烧坏。

2. 技能要点

(1)识读后视镜系统电路图时,除了掌握电路的具体走向外,还要熟悉电路中电器元件的连接器各端子的功能。

(2)根据电路图上所标注的电器元件,在实车上应明确其具体位置、连接器的位置以及连接器端子的数目。

(3)在调节后视镜时应先调节左侧后视镜位置,再调整右侧后视镜位置。

(4)拔插控制单元插接器时,需要关闭点火开关及断开蓄电池负极。

(二)电动后视镜的检查与更换

电动后视镜的检查与更换操作方法及说明见表 6-31。

电动后视镜的检查与更换操作方法及说明 表 6-31

步骤	操作方法及说明	质量标准及记录
电动后视镜调节装置的拆装	拆卸: (1)断开蓄电池负极; (2)拆卸扶手; (3)沿箭头方向用小螺丝刀松开固定卡;	是否正确拆装 □是 □否

续上表

步骤	操作方法及说明	质量标准及记录
电动后视镜调节装置的拆装	(4)从开关定位件中拔出车外后视镜调节装置。 安装: 以拆卸相反的顺序进行	
控制单元的检查	使用万用表直流电压挡,红表笔接 T16r/10、黑表笔接 T16r/9,操作车外后视镜调节装置 EX11 折叠、伸展后视镜。测量电压均为 12.40V,说明控制单元能正常发出控制信号  	测量电压为:________ 控制单元是否正常发出控制信号 □是　□否
后视镜电机 V121 的检查	使用万用表直流电压挡,红黑表笔连接 V121,车外后视镜调节装置 EX11 折叠、伸展后视镜。读数均为 12.6V,说明后视镜电动机 V121 工作正常	测量电压为:________ V121 是否工作正常 □是　□否

续上表

步骤	操作方法及说明	质量标准及记录
后视镜线束的检查	(1)使用万用表,检测 J386/T16r/9 至 VX4/T2ru/2 的电阻。若测得电阻值为 0.7Ω,说明导线正常;若测得电阻值为无穷大,说明导线断路。 (2)使用万用表,检测 J386/T16r/10 至 VX4/T2ru/1 的电阻。若测得电阻值为 0.7Ω,说明导线正常;若测得电阻值为无穷大,说明导线断路	阻值为:________ 线束是否正常 □是 □否 阻值为:________ 线束是否正常 □是 □否

四、评价反馈(表 6-32)

评价表 表 6-32

评分项目	评分标准	分值(分)	得分(分)
学习目标	能明确本任务的知识、技能、素养目标,理解任务在工作中的重要程度	5	
工作任务分析	能清晰描述完成本次工作任务内容	2	
	能清晰描述完成本次工作任务需必备的技能与知识点	2	
有效信息获取	电动后视镜的作用	5	
	电动后视镜的分类	5	
	电动后视镜的组成	5	
	电动后视镜的工作原理	5	
实施方案制订	能清晰地制订并填写本次电动后视镜的检查与更换的准备作业计划	5	

续上表

评分项目	评分标准	分值(分)	得分(分)
实施方案制订	能组织或协同工作小组成员,明确本次任务所需仪器设备、工具、材料的准备与清点,并准备记录	5	
	能组织或协同工作小组成员交流,优化检查方案并记录	5	
任务实施	能规范完成电动后视镜的拆装	10	
	能规范完成电动后视镜控制单元的检查	10	
	能规范完成电动后视镜电机的检查	10	
	能规范完成电动后视镜线束的检查	10	
任务评价	能通过本次任务实施,结合自己在实训过程中的表现,进行自我评价及自我反思并记录	3	
职业素养	按规定时间完成项目作业	2	
	遵守实训室管理规定、劳动纪律	2	
	积极参与课堂活动、回答问题	2	
	能够按时出勤	2	
思政要求	弘扬劳动精神、奋斗精神、奉献精神;了解安全操作要求,养成安全文明操作的习惯	5	
总计		100	
改进建议: 教师签字: 日期:			

任务习题

1. 单选题

(1)在讨论气囊胀开时,甲说气囊胀开后,驾驶人一侧的气囊在1s后瘪掉;乙说从撞击瞬间起到气囊充满气为止的时间小于100ms。( )

A. 甲正确　　B. 乙正确　　C. 两人均正确　　D. 两人均不正确

(2)在讨论气囊传感器时,甲说各传感器上的箭头必须指向汽车的后方,乙说一定不要将气囊传感器托架弄弯或扭曲。试问谁正确?( )

A. 甲正确　　B. 乙正确　　C. 两人均正确　　D. 两人均不正确

(3)在拆下蓄电池搭铁线不少于(　　)S 后才可以进行安全气囊的拆卸工作。

A. 5　　B. 10　　C. 15　　D. 20

(4)在讨论充气器的工作时,甲说氮气是气囊胀开的主要产物,乙说气囊胀开的期间,发热剂中的氧化铜产生氢气,试问谁正确?(　　)

A. 甲正确　　B. 乙正确

C. 两人均正确　　D. 两人均不正确

(5)汽车电动车窗的电机一般为(　　)。

A. 单向交流式　　B. 双向交流式

C. 永磁单向直流式　　D. 永磁双向直流式

(6)引起电动车窗系统中一扇车窗不能工作的可能原因是(　　)。

A. 车门开关断路　　B. 主熔断丝熔断　　C. 电路短路　　D. 主开关短路

(7)某车窗不能升降或只能一个方向运动的可能原因,不正确的是(　　)。

A. 该车窗按键开关损坏　　B. 该车窗电机损坏

C. 连接导线短路　　D. 安全开关故障

(8)电动车窗的控制,甲认为,主控开关对系统集中控制,乙认为锁止开关对司机窗控制,你认为(　　)。

A. 甲对　　B. 乙对　　C. 甲乙都对　　D. 甲乙都不对

(9)下列选项中不属于天窗的作用的是(　　)。

A. 通风换气　　B. 除雾　　C. 扩大视野　　D. 减小风阻

(10)汽车天窗利用(　　)压换气原理,依靠汽车在行驶时气流在车顶快速流动形成(　　)压,将车内污浊的空气抽出,从而使车内与车外的空气形成流动,完成空气的转换,过滤车空气。

A. 正　正　　B. 正　负　　C. 负　负　　D. 负　正

(11)当点火开关处于(　　)挡位,汽车电动车窗即可工作。

A. lock　　B. acc　　C. on　　D. st

(12)现代低配汽车为了节约成本大多采用(　　)车窗来节约汽车成本。

A. 前排后排电动　　B. 前排后排手动

C. 前排电动后排手动　　D. 前排手动后排电动

(13)刮水器电机是一个(　　)开关的电机。

A. 闸刀　　B. 延时　　C. 复位　　D. 自动

(14)刮水器电机通过三个不同的组合,改变正负电刷之间(　　)的线圈数,从而实现变速。

A. 并联　　B. 串联　　C. 混联　　D. 没关系

(15)中控门锁系统中的门锁控制开关用于控制所有门锁的开关,安装在(　　)。

A. 驾驶人侧门的内侧扶手上　　B. 每个门上

C. 门锁总成中　　D. 防盗控制器中

(16)门锁控制开关的作用是(　　)。

A. 在任意一车门内侧实现开锁和锁门动作

B. 在乘客车门内侧实现开锁和锁门动作

C. 在驾驶人侧车门内侧实现开锁和锁门动作

D. A 或 B

(17)电动后视镜是通过改变电机(　　),来实现上下及左右的调整。

A. 电压大小　　B. 电压方向　　C. 电流大小　　D. 电流方向

(18)汽车遥控器操作的距离一般在(　　)。

A. 1 ~ 5m　　B. 1 ~ 10m　　C. 1 ~ 15m　　D. 1 ~ 20m

(19)汽车电机式门锁执行器中(　　)直接检测车门的开与闭。

A. 门控灯开关　　B. 钥匙控制开关

C. 门锁控制开关　　D. 限位开关

(20)当操作门锁控制开关时,不能开门或锁门,该故障一般出现在(　　)。

A. 开门继电器、门锁控制开关

B. 车辆速度传感器或车辆速度控制电路

C. 相应车门

D. 电源电路

2. 判断题

(1)安全气囊只能一次性工作,而座椅安全带收紧器却可以多次重复使用。(　　)

(2)拆下来的安全气囊为了放置稳妥,应使较平整的一面即装饰盖面朝下放置在地面上。(　　)

(3)当有几个拆下来的安全气囊放置在一起时应准放整齐。(　　)

(4)安全气囊是防止汽车碰撞的一种主动安全装置。(　　)

(5)电动车窗的升降主要是利用电机的正转和反转实现的。(　　)

(6)电动车窗一般装有两套开关,分别为总开关和分开关,这两套开关之间是相互独立的。(　　)

(7)驾驶人侧车窗有手动和自动控制功能。(　　)

(8)操作电动车窗时,如果出现某个机械部位卡死,则会引起熔断丝烧断或热敏开关断开,从而避免电机烧坏。(　　)

(9)电动车窗的主开关接地失效会导致所有车窗均不能动作。(　　)

(10)永磁电机采用改变电机磁极磁通的方法变速。(　　)

(11)每 2 ~ 3 个月用湿海绵轻擦天窗滑轨和密封胶条,再喷上橡胶保护剂,并对天窗的传动机构和轨道进行润滑。在涂完润滑剂后,将天窗完全打开再完全关闭几次,然后用软布擦掉多余的润滑剂,以免弄脏车内。(　　)

(12)就算自动停位器铜环滑片形相不同,但刮水器电机控制方式相同。(　　)

(13)刮水器电机蜗杆涡轮用于减速。 ( )

(14)后风窗玻璃和前照灯具上刮水器通常只设一个速度挡位。 ( )

(15)永磁电机采用改变电机磁极磁通的方法变速。 ( )

(16)中央集控门锁有三个控制功能,即中央控制、速度控制和单独控制。 ( )

(17)中央集控门锁由控制部分和执行部分两部分组成。 ( )

(18)每个电动后视镜的镜片后面都有 4 个电机来实现后视镜的调整。 ( )

(19)电动座椅一般使用单向电机。 ( )

(20)为防止电动座椅过载,在电机内部装有断路器。 ( )

(21)座椅加热系统中可通过调整可变电阻调整座椅的加热速度。 ( )

(22)门锁控制开关在左前门内侧的扶手上,为杠杆型开关。将开关推向前是开门,推向后转动。 ( )

(23)采用电子式转向锁的车辆,只有在使用合法钥匙时,转向柱锁方可打开,转向盘才可转动。 ( )

(24)中控门锁中钥匙未锁报警开关的作用是用来检测车门是否已经锁好。 ( )

(25)些汽车的中控门锁系统,当打开点火开关起动车辆,当车辆速度高于规定值时,车门会自动锁定,当车辆速度低于规定值时,车门就会自动解锁。 ( )

3. 实操练习题

(1)查阅相关资料,对安全气囊进行自诊断功能操作。

(2)查阅相关资料,检查与更换右前车窗及电机。

(3)查找相关资料,检修车窗系统的自锁功能。

(4)查阅相关资料,检查与更换天窗玻璃及开关。

(5)查找相关资料,检修天窗。

(6)查阅相关资料,检修洗涤系统,更换刮水片。

(7)查找相关资料,更换刮水器电机。

(8)查找相关资料,检修中控门锁系统。

(9)查找相关资料,检查驾驶室座椅及后视镜调节开关。

附录

本教材配套数字资源列表

序号	资源名称	资源类型	所在页码
1	汽车蓄电池常见类型	视频	2
2	继电器结构3D结构展示	视频	62
3	继电器工作原理	视频	62
4	点火开关功用	视频	63
5	照明系统分类	视频	77
6	前照灯作用	视频	78
7	前照灯组成	视频	78
8	闪光器工作原理	视频	117
9	电动车窗开关结构	视频	182
10	电动车窗工作原理	视频	182
11	刮水器组成	视频	201
12	电动后视镜的结构	视频	242

参考文献

[1] 蔡兴旺. 汽车构造与原理[M]. 北京:机械工业出版社,2013.

[2] 从晓英. 汽车维护与检测[M]. 上海:同济大学出版社,2010.

[3] 齐峰. 汽车维护测[M]. 北京:机械工业出版社,2023.

[4] 李建明. 汽车电气设备构造与检修[M]. 北京:人民交通出版社股份有限公司,2020.

[5] 窦宏,陈浩. 汽车电器理实一体化[M]. 北京:人民交通出版社股份有限公司,2018.

[6] 曹剑波,许小兰. 汽车电气设备构造与维修[M]. 北京:人民交通出版社股份有限公司,2020.

[7] 上汽通用汽车有限公司. 汽车电子与电气系统及检修[M]. 北京:高等教育出版社,2022.

[8] 马书红,周立红,陈月. 汽车电气构造与维修[M]. 2 版. 北京:北京理工大学出版社,2021.

[9] 姚为民. 汽车构造(上册)[M]. 7 版. 北京:人民交通出版社股份有限公司,2021.

[10] 麻友良. 汽车电器与电子控制系统[M]. 北京:机械工业出版社,2018.

[11] 周建平,悦中原. 汽车电气设备构造与维修[M]. 4 版. 北京:人民交通出版社股份有限公司,2020.

[12] 张振. 汽车电器设备结构与维修[M]. 北京:机械工业出版社,2020.

[13] 肖宏. 汽车电气结构与拆装[M]. 北京:机械工业出版社,2017.

[14] 刘大诚,屈进勇. 汽车电气设备构造与检修[M]. 北京:北京理工大学出版社,2021.

[15] 秦航,杨良根. 汽车电器设备构造与维修[M]. 重庆:重庆大学出版社,2020.

[16] 王彬,刘福祥,焦安提. 汽车电气设备构造与维修实训[M]. 成都:电子科技大学出版社,2019.

[17] 黄汉飞,臧敏,曾基明. 汽车电气设备构造与检修[M]. 成都:电子科技大学出版,2019.

[18] 胡光辉,仇雅莉. 汽车电气[M]. 3 版. 北京:北京理工大学出版社,2021.

[19] 杨吉英,何健,雷跃峰. 汽车电气设备构造与维护[M]. 2 版. 北京:北京理工大学出版社,2021.